中国浦东干部学院
CHINA EXECUTIVE LEADERSHIP ACADEMY.PUDONG

　　中国浦东干部学院（CELAP）是一所国家级干部教育院校。学院以提高执政能力、保持和发展党的先进性为培训目的，以改革开放走中国特色社会主义道路的时代精神为教学主线，以国际性、时代性、开放性为办学特色，以提升全面建成小康社会的领导能力和执政能力为培训重点。

新世纪
学术文库

何丽君　著

灵性领导研究

中国法制出版社
CHINA LEGAL PUBLISHING HOUSE

总　序

中国浦东干部学院（CHINA EXECUTIVE LEADERSHIP ACADEMY. PUDONG，CELAP）是一所国家级干部教育院校。习近平同志要求中国浦东干部学院"要按照国际性、时代性和开放性要求，在帮助学员树立国际视野、提高执政能力方面更有特色"，使学院努力成为"具有国际性、时代性、开放性特点的新型干部教育培训基地和开展国际培训交流合作的窗口"。学院积极探索、大胆创新，富有特色地开展干部培训，初步形成了以提高执政能力、保持和发展党的先进性为培训目的，以改革开放走中国特色社会主义道路的时代精神为教学主线，以国际性、时代性、开放性为办学特色，以提升全面建成小康社会的领导能力和执政能力为培训重点，围绕中国特色新型工业化、信息化、城镇化和农业现代化讲新理论、新知识、新实践的干部教育的"浦东模式"。创办十多年以来，学院为国内培训了近十万名各级各类干部，为世界上一百二十多个国家培训过党派领袖、政府官员和企业高管，从而在国家级干部教育培训格局中发挥着不可替代的独特作用，得到广大干部的好评和世界各国的广泛认可。

学院吸引和汇聚了一批优秀的教师，他们当中既有海外学成归来的学子，也有来自国内著名高校、科研机构的青年才俊。

几年来，他们秉持服务于中华民族伟大复兴事业的使命感和责任感，凭着火热的创业激情和渊博的学识，以及对干部教育培训事业的执着和热爱，默默耕耘和奉献，在高质量完成了教学任务的同时，笔耕不辍，在自己所属的学科领域精心耕耘，取得了累累硕果。他们近年来的学术研究通过对中国乃至世界范围内现实问题的追踪，深入探讨理论前沿问题，及时总结实践领域有益的经验，为中国干部教育培训提供了许多鲜活的教材，并为探索中国未来发展之路提供了有益的借鉴和启示。

学院组编出版过"中浦院书系"（四十余本）、"博士文库"（十余本），还有众多案例集和个人专著。此次编辑出版的"新世纪学术文库"是中国浦东干部学院教师近年来学术成果的又一次集体展示，是体现学院办学特色的学术成果集结。文库围绕改革开放进程中的重大理论与现实问题，集中反映了中国经济和社会发展的新理论、新知识和新实践。文库涉及中国特色社会主义理论、政府职能转型与社会发展、经济全球化与对外开放、领导力提升与建设、公共突发事件案例研究等理论前沿与社会热点问题。这些成果为探讨中国社会在新的历史时期政治、经济、社会、文化等诸多领域所呈现的新景象、新问题、新态势提供了崭新的视角，同时也为学院创新干部教育理论、丰富干部教育培训内容开辟了广阔的发展空间。

值此文库付梓之际，我们衷心希望，此文库不仅可以为领导干部讨论现实问题和探索未来发展之路提供鲜活的思想源泉，而且对那些热衷于思考当代全球化及高速转型中的中国社会热点问题的研究者与学习者有启发作用。我们也认识到，当今世界正处于大变革大调整时期，中国社会的变化也是日新月异，我院教师的研究因此也需要与时俱进，不断深化。希望我们的老师再接再厉，力争产生更多更好的学术成果，为把中国建设成为更具活力、更具发展潜力、更具国际竞争力的现代化国家提供有效的智力支持。

全国政协委员

中国浦东干部学院常务副院长、教授　　冯　俊

目 录

Contents

导　言

一、现代文明与人类生活

城市文明大大拓宽了人类的活动范围，给人们带来物质生活的空前繁荣。人类追求物质的欲望空前膨胀，许多人为此奔相竞走，嚣嚣不可终日。人们内心深处衍生了许多失衡的现象，逐渐"异化于自己，异化于同类，异化于自然",① 其结果是丧失了同自我、同社会、同自然的连接，造成心灵的折磨、精神的苦楚。

（一）现代文明引致人与自我之间的疏远

在现代生活中，人们逐渐感受到现代文明并不必然带来自由、解放和幸福。"在许多深层意义上，现代性并没有实现它所许诺的更好的生活。"② 在市场化进程中，人们不经觉察中旋转于物欲横流的社会，陷入了无情的"忙"与"盲"之中，我们还有多少时间，多少空间去倾听自己内心的声音？

---

① 〔美〕弗洛姆著，冯川主编：《弗洛姆文集》，北京：改革出版社 1997 年版，第 397 页。（弗洛姆也译作"弗罗姆"。）

② 转引自王治河："斯普瑞特奈克和她的生态后现代主义"，载《国外社会科学》1997 年第 6 期，第 50 页。

　　人本是有情感、有个性的自主个体，但是在"市场倾向"中，人并"没有感到自己是一种积极的因素，也没有感到自己是人类力量的承担者。"① "人觉得自己是一种具有市场使用价值的物品"，② "其生命力变成了投资，以便获得在现存市场条件下可能得到的最大利润"。③ 人不再把自己当作活生生的人，而是作为一件待价而沽的商品。人的目标就是在市场上成功出卖自己，他的外貌、头脑、灵魂，他在生活中的学习和工作，以及他的品质、技术、知识、情感等都是他"人格包裹"中的财宝。一旦人沉浸于尽力适应外界需要之时，人就难以体验到自我的存在，而转变为失去自我的物品。"物没有自我，变成了物的人也不可能有自我"。④ 人丧失了自我与自我意识，丧失了主动性和创造性，感受到无家可归的失落感和无根感，变成了一个完全受支配的"经济原子"。处于异化状态的人不再是活生生的健全人，而嬗变为失去自我的机器人、待价而沽的商品人、贪婪占有的消费人。

　　逐渐地，"我们发现自己陷入严重的危机之中，这场危机与其说是经济危机，不如说是人的危机"。⑤ 人们似乎聚焦于积聚资本，而非实现人的幸福。科技不断创新，经济高速发展，世界越来越像一架永动机，个人如同大机器中的一个齿轮，被动而无奈地随之不停

---

① 〔美〕弗洛姆著：《健全的社会》，欧阳谦译，北京：中国文联出版公司1988年版，第143页。

② 同上。

③ 〔美〕弗洛姆著，冯川主编：《弗洛姆文集》，北京：改革出版社1997年版，第397页。

④ 〔美〕弗洛姆著：《健全的社会》，欧阳谦译，北京：中国文联出版公司1988年版，第144页。

⑤ 〔美〕弗洛姆著：《精神分析的危机》，许俊达等译，北京：国际文化出版公司1988年版，第76页。

旋转，其重要性决定于他的地位的高低，他的资本的多寡。地位高的、资本多的就成为一个重要的齿轮，而地位低的、资本少的则无足轻重。人就如此服务于一个独立于他自身之外的目标。在物欲的追逐过程中，人们的生活紧张而单调，人们的精神贫乏而空虚。沉浸于惊慌恐惧情绪之中的人们深感人生意义的失落、精神价值的丧失，人们被绝望、孤独、"无家可归"的情绪所笼罩着，以至于找不到自己安身立命的"精神家园"，无法实现生命的根本转变。"许多人察觉到一种在社会上以及在自己生活中的空虚感……除了耗费在消费与生产上的精力外，许多人的感觉可以用新闻周刊（Newsweek 1995 年 3 月）封面上出现一个男人的倦容，而标题是'枯竭'来做总结……我们的生活步伐本身已经丧失了灵魂，我们似乎都匆促地去撷取与消费，却用极少的时间花在单纯的乐趣上……"① 人变成了"空心人"、"没有个性的人"、"孤独的人"、"单向度"的人。人们专注于更为疯狂的工作，专注于功利的行为，而逐渐丧失行动自由和思维自由，成为"被操纵"和"被捉弄"的生物，其结果是心为物役、道德沦丧，迷失真正的自我，走入精神的荒原，给人类带来无穷的精神烦恼、价值迷茫和信仰危机。人类忽视了自己最根本的人类价值，人类的创造物成了主宰创造者的异己力量。

在这个充满混乱、怀疑、狂躁而令人不安的时代里，人们容易迷失在追逐名利、财富、权势及地位的游戏规则中，往往在汲汲营营之后才发现，原来自己一点也不快乐。对物质的永不满足，导致人们对生存空间，特别是灵性空间的挤压。人们的心似乎已越来越

---

① 荣恩·米勒著：《学校为何存在？美国文化中的全人教育思潮》，张淑美、蔡淑敏译，台北：心理出版社股份有限公司 2007 年版，第 3 - 4 页。

被外在物欲所牵制，而逐渐远离了内心与真我，远离了那原本是与自己、他人、自然环境、万事万物联系在一起的"灵性"。灵性被人的功名利禄之心所遮蔽，被人的狂妄自大之举所残害，被人的工具化、机器化所泯灭。我们看到的往往只是一个社会的角色，而被遮蔽、被异化、被扭曲的恰恰是我们心灵的声音。此时，人的心灵体验发生了根本性的转变：孤独的主体、浮躁的心态、忙碌的生活、无义的追寻。正如文德尔班所言，"这个时代的世界精神忙于尘世的具体事务，面向外界，而不面向内心世界，不向自身，不在自己独有的家园里自我享受"。[①] 社会期待湮没个体希望，远大目标脱离平凡生活，物质欲求代替心灵享受，具体目标的实现掩盖对生活意义的追求。"大脑支配着一切，因为心灵已放弃了一切。"[②] 人的关怀更多转向功利关怀，而将精神和心灵推向了沙漠。

占有和谋取，追求和获得，大概是与生俱来的。但欲壑难填，无有穷期，得则大喜，不得则大懊丧、大失落。神经如同淬火一般经受着极热与极冷的考验，难免疲于奔命，身心俱弛。一旦得到了渴求已久的欲望，新的欲望又会继续驱使着人去拼搏，人总是处在一种"在路上"的状况。在灵性危机之中，人们舍弃了心灵，沉溺于物欲，疯狂追逐着外在物质，不再追寻灵性为我们所指引的方向，中断了我们与宇宙之间的联结，使自我不再归属于一个富有意义和价值的更为广阔的环境之中。而人之所以区别于动物，之所以为人的真正理由——精神世界的追求，在人们面前却显得那么苍白无力。

---

① 〔德〕文德尔班著：《哲学史教程（下卷）》，罗达仁译，北京：商务印书馆1993年版，第858页。

② 〔德〕奥斯瓦尔德·斯宾格勒著：《西方的没落》，吴琼译，上海：上海三联书店2006年版，第338页。

人们似乎已无能力享受快乐与幸福，已忘了停下来休息，呼吸一下新鲜空气，倾听鸟儿婉转的鸣唱，看看头顶的蓝天白云、身边的繁花绿树，似乎忘却了用那颗好奇的心去感受、去观察这个神奇世界，眼中只有那遥远而永不可及的地平线……

（二）现代文明导致人与人之间的疏远

在现代生活中，人们迷失在敛聚金钱、追逐名利、追求享受的物欲之中，人与人之间的关系是一种疏远和利己主义的关系。所有的东西，无论是精神的，还是物质的，都变成了交换和消耗的对象。联结人与人的本该是爱的情感和友好的伴侣关系，但现在却蜕变成"一种两个抽象物、两个活机器之间相区别利用的关系"，① 即成了一种相互间有利可图的交易关系。在利己主义原则支配下，每个人都视对方为实现自己目标的手段，彼此之间相互利用、相互欺诈。现代人的爱也变成了交换品，无论是兄弟爱、母爱，还是情爱，都渗透着商品交换的原则。热情友好的表面隐藏着疏远冷漠和难以察觉的不信任，真正的感情枯萎了。"人与人之间的关系从本质上讲不过是已经异化为自动机器的人与人之间的关系。"②

人与人之间的疏远冷漠，也带来道德层面潜在的隐忧。凡"我"所喜爱的事物，或巧取，或豪夺，想方设法占为己有，甚至不惜践踏他人的利益，牺牲他人的生命。为了一己之私，人类不惜对大自然杀鸡取卵，竭泽而渔。为了一国之利，许多国家不惜向别国转移污染，以邻为壑，甚至发动战争。从全球金融危机到环境危机，从

① 〔美〕弗洛姆著：《健全的社会》，欧阳谦译，北京：中国文联出版公司1988年版，第140页。

② 〔美〕弗洛姆著，冯川主编：《弗洛姆文集》，北京：改革出版社1997年版，第397页。

恐怖主义到各种群体性事件……都是灵性危机的外在显现。为满足自我的贪欲，为争取生存的物资和空间，人与人、族与族、国与国以私我为中心，钩心斗角，你争我抢，相互攻击，将彼此视为互不相关、独立存在的个体，不惜出卖内心深处的良知，甚至不惜以牺牲他人的利益为代价，引发不同层次的道德问题和社会冲突。

以乳品企业为例。在追逐利润的驱使下，一些乳品企业砸下重金进行广告宣传，而忽略了至关重要的奶源建设。为了满足市场疯狂扩张的需要，企业以脆弱的生产基地支撑着不断疯狂膨胀的品牌，三聚氰胺最终演变成行业"潜规则"。2008 年，三聚氰胺事件引致国人"恐奶"、乳业老大蒙牛和伊利一度濒临资金链断裂、三鹿宣布破产倒闭，中国乳业经历了有史以来爆发的最严重危机。2010 年 6 月 1 日，由卫生部批准公布的乳品安全国家标准正式实施。乳品新国标在行业内外引发一场激烈的争论。争论焦点之一是蛋白质含量，新国标中，蛋白含量每 100 克含 2.8 克，这个数字低于国际标准 3.0 克，也低于 1986 年旧国标的 2.95 克。争论焦点之二是每毫升牛奶中的菌落总数，新标准由原来的 50 万上升到了 200 万，比美国、欧盟 10 万的标准高出 20 倍。有舆论指出，乳业新国标让中国原奶质量降到全世界最低。

又以 2011 年 5 月塑化剂事件为例。台湾地区一家公司生产的食品添加物"起云剂"中违法掺入塑化剂 DEHP，演变为一场重大的食品安全危机。起云剂常见原料是阿拉伯胶、乳化剂、棕榈油或葵花油，而该公司制造起云剂时偷梁换柱，用塑化剂 DEHP 取代成本贵 5 倍的棕榈油以图牟取暴利。在台湾，塑化剂 DEHP 被确认为第四类毒性化学物质，为非食用物质，不得用于食品生产加工。塑化剂 DEHP 如用作食品添加剂，会危害男性生殖能力，促使女性性早熟，引发恶性肿瘤、造成畸形儿等。在短短一周内，这种化工业用剂突然闯入台湾食品界，波及食品行业、保健行业和医药行业。台湾发现受塑化剂污染的产品超过 500 项，其中更有"统一"、"白兰氏"等知名品牌，对人们的生活生命带来极为恶劣和不良的影响，其危害程度远超过人们的想象。

再以默多克新闻集团的窃听事件为例。现代媒体经营模式是产业化经营，商业化运作使得媒体在代替大众行使舆论监督权的同时，也要实现商业利益最大化。一直以来，《世界新闻报》都用耸人听闻的标题、雷人而短小的内容以及肆无忌惮的"深度报道"吸引公众注意力。公众与法律的习惯性放纵使得以《世界新闻报》为代表的媒体开始无视法律底线，为了公众的青睐而冒险非法获得信息。面对《世界新闻报》窃听众多名人、政治家、军人、甚至伦敦地铁爆炸案遇难者家属的电话而引起的公愤，2011 年 7 月，英国首相卡梅伦成立独立调查委员会，对《世界新闻报》一系列窃听丑闻进行调查。商业的短视、伦理的缺乏让《世界新闻报》失去了公众的同情和法律的豁免。愈演愈烈的窃听丑闻事件导致《世界新闻报》黯然退场、英国高官引咎辞职、默多克新闻帝国摇摇欲坠，陷入困境。

企业逐利至上，国家亦是如此。利比亚蕴藏着丰富的石油、天然气，经济较为富裕，而军事力量相对落后。长期以来，利比亚奉行反帝、反殖、反霸独立的不结盟外交政策，既不与美国结盟，也不与任何其他国家结盟，并将石油利益掌握在自己手中，不愿让西方国家随意瓜分利比亚的石油利益，进而损害了西方国家的相对利益。自 2008 年金融危机爆发以来，美国、欧洲各国一直都没有找到新的经济增长点。借利比亚内乱之际，西方国家一致同意，出动空军打击利比亚政府军，扶持反政府暴乱分子，用军事打击利比亚的方案来转移国内的政治经济矛盾。在联合国决议刚刚通过几个小时后，法国率先向利比亚发动攻击。紧接着，2011 年 3 月 19 日，美军实施"奥德赛黎明"行动，位于地中海的导弹驱逐舰巴里号向利比亚发射战斧式巡航导弹。在这次行动中，美军共发射了 110 多枚战斧导弹。一场由利比亚本国人民引发的利比亚骚乱，经过一个多月的演变，转化为法、英、美主导的多国部队与利比亚的利比亚战争。

　　近些年来，政治、经济和社会领域的各种纷争事件不断上演，给人类的安全、世界的和平带来巨大的潜在威胁。人们的道德底线一降再降，无一不在挑战着人们心灵的承受能力，挑战着社会脆弱的信任体系。毫无疑问，市场需要自由竞争，但是，不需要没有边界的自由竞争。不择手段的竞争无疑是野蛮的，也是丑陋的。

（三）现代文明导致人与自然之间的疏远

　　古往今来，人们一直生活在大自然的厚泽之下，自然为人类活动提供丰富的生产和生活资料，如同一位慈祥的母亲哺育人类的成长发展，滋养大地万物生生不息。大自然关爱生命，关爱人类，它使人类成为生命演化链条上的最终成果，成为大地上最为璀璨的一颗明珠。地球上的淡水、阳光、空气、热量，所有的动物和植物都是人类生命的转化形式和生存基础，离开它们，人类生活就不复存在，也就没有我们丰富的精神世界。

　　而在"人定胜天"思想的影响下，长期信奉"人是万物主宰"的"人类"毫无节制地、贪婪地、肆无忌惮地向大自然开战，以从未有过的热情改造自然、利用自然、蔑视自然。在"财富—欲望"的过度追求中，急功近利的人们按捺不住向苍山、湖沼、草原要粮的热情，无节制地开发资源，毁林开荒、滥垦草原、围湖造田。人们竭尽全力地发展所谓的工业文明，享受着丰饶的生活，却也诱发了人与自然的疏远，一个又一个生态悲剧不断上演。滥垦草原带来的土地沙漠化使土地的生产力下降，越来越多的沙尘暴遮天蔽日，向幽灵一样漂浮在城市的上空。毁林开荒使森林覆盖率严重下降，森林"地球之肺"的功能正在日益丧失，加剧了全球气候变暖的进程。大规模水土流失引发越来越多洪水和泥石流等自然灾害，吞噬着人们赖以生存的家园。围湖造田使湖泊蓄水面积不断缩小，削弱了湖泊天然的蓄洪和调洪能力，恶化了湖泊周围的生态环境……

现代生活中，人类实践能力大幅增强，引致人与自然的关系高度紧张。尽管人与自然的关系已受到世人普遍的关注，但生态环境破坏的情况仍然十分严重，自然界不断向人类进行报复，人类陷入了深刻的生存危机之中。南方干旱、沙尘呼啸、地震频发、火山爆发，大自然的异常现象令人们目不暇接。不断加剧的全球自然灾害，已严重威胁着人类的生命安全。恩格斯早就警告过，"我们不要过分陶醉于我们人类对自然界的胜利。对于每一次这样的胜利，自然界都对我们进行报复"。① 他还说，"我们必须时时记住……我们连同我们的肉、血和头脑都是属于自然界和存在于自然之中的。"② 人类和自然对立是极为荒谬的。人是自然界的一部分，人与自然环境密不可分。我们需要多倾听自然的声音，尊重自然，与自然和谐相处。

对于上述人与自我、人与人、人与自然之间日益疏远的心理和社会现象，心理学家马斯洛早有预见。在提出人的需要层次理论后，马斯洛逐渐意识到自我实现并不能成为人的终极目标。如果一味强

---

① 马克思、恩格斯著：《马克思恩格斯选集》（第四卷），中共中央马克思恩格斯列宁斯大林著作编译局编译，北京：人民出版社1995年版，第383页。

② 同上，第384页。

调自我实现，则会导向不健康的个人主义，甚至于自我中心的倾向，进而在自我实现需要之上增设了一个层次——灵性需要（spiritual need）。"缺乏超越的及超个人的层面，我们会生病、会变得残暴、空虚，或无望，或冷漠。我们需要'比我们更大的'东西，激发敬畏之情……"① 马斯洛所谓"比我们更大的"东西，指的就是灵性。人们需要超越自我，需要超越自我实现。如果将人生比做一棵果树的话，"身"如同果树的树干和枝叶，"心"如同果树的花朵，而"灵"，则是果树的果实。灵性，是人类生命的核心，是人类存在的根源和本质，也是组织成长之源头。没有灵性，我们的视线会被遮蔽，我们的生命会变得毫无生气，我们的目标会极其有限。现代社会发展到今天，物质越来越充裕，愈来愈多的人希望生命有更大的发挥，希望感受生命的成就感，希望感受生命的某种意义，而不仅是一份稳定的工作与薪水。这就要求领导追寻生命的意义，拥抱德行的生活，将灵性作为自我、团队和组织的重要修炼内容之一，在平静、反思、希望和关爱中追求更高的灵性生活。

二、现代领导理论的不足

由于受实证主流思潮的支配与影响，现代领导理论倾向于认为只有秉持价值中立的立场才是符合科学精神的客观典范，进而把领导活动纳入到科学的研究程式之中，试图通过实证式研究和逻辑化推理得出一些普遍性结论，这种科学的研究范式也给现代领导理论带来了一些不利影响。

---

① Maslow, A. H. (1968). Toward a Psychology of Being. NewYork：Van Nostrand Reinhold, pp. Ⅲ - Ⅳ.

（一）现代领导理论崇尚技术，而忽视价值

科学的研究范式更多触及那种被称为管理技巧的东西，那种世俗化的权威。现代领导理论对技术的推崇达到了无以复加的地步，而忘记了领导价值这一基础性问题。事实上，我们采取的任何行动都存在着价值维度。价值问题渗透于领导的所有决策中，融入组织的每个角落里。

在科学范式的现代领导理论指引下，许多领导囿限于过度狭隘的知识灌输、技巧训练之中，价值与意义逐渐游离于人们的研究视野之外，甚至被视为是与领导活动毫不相干的东西。忽视人文和价值因素的单纯领导技术研究往往会使领导学变成缺乏关怀的诡计之学，任由工具性的过程和程序变为目的本身，贯穿于领导活动之中的价值观念、伦理观念和道德观念逐渐游离于人们的研究视野之外，甚至被视为是与领导活动毫不相干的东西。换言之，我们往往过分地推崇以物为基础的理性领导，突出服务于科学化、技术化的形式合理性，而淡化以人为基础的人文领导，祛除人的主观判断和价值因素。我们对技能的过于着迷已使我们忽视了领导的心灵。根据这种仅强调工具理性价值的现代领导典范来推动的领导实践，其发展结果就是领导片面追求领导工作的科学化、技术化，把效率和效用作为组织的根本价值取向，无形之中抹杀或忽视伦理、道德等价值因素在领导实践中的作用。进而，许多领导依赖于一些世俗的权威，把效率和效用作为组织的根本价值，忽视了诸如意识、责任、义务、自我牺牲等对领导实践的影响，造成领导目标的错置，领导内涵的空虚，许多非道德、反道德和不道德的事件频频发生。

（二）现代领导理论崇尚一元，而忽视多元

在理性、效率、一致性的要求下，现代领导理论将领导视作处于复杂权力金字塔顶端的"英雄"。"绝大部分领导研究只是停留在研究决策的风格和水平、下属满意程度的结果评估、个体的顺从与表现、组织效能等方面。"① 组织成员的自主性与差异性遭受忽视，致使他们难以在科层体制中获得满足，引致自我放逐（边缘化）。

每位组织成员都有自己独特的风格与个性、强项与潜能，差异性、异质性无所不在。一元只能使人成为丧失个性、无血无肉的个体，多元才是事物和生活的本真。无差异的领导世界是苍白枯燥的世界，正因有了多元，我们的世界才如此绚丽多彩。领导理论需要尊重个性与多样性，建构多元的方式与方法，创设多样的情景与平台，引导、协调和提升多样性，彼此均衡协同、共生共存，以多元范式去研究复杂的领导现象和活动，在多样性间求沟通、理解、对话和融洽，展现组织成员的个性，激活组织成员的潜能，提升组织的凝聚力、创造力和生命力。

（三）现代领导理论崇尚理性，而忽视灵性

在工具理性与技术本位的影响下，现代领导理论过分张扬理性，过分依赖于实证，过分依赖于数据。一味追求量化和客观的现代领导理论强调科层甚于专业，重视心理过于精神，支离了组织成员完整的生活与人格，忽视了从多视角观察与剖析真实的领导现象。

现代领导理论更多将精力放置于组织的理性面向，而忽视组织的灵性面向。理性思维占主导的领导者认为，要确保组织的顺利运行，必须排除情绪与心灵等要素。在如此完全理性的模式下，组织成员没有心灵的生存空间，其结果便是错失了灵性层面所蕴藏的丰富能量与活力。人们更多追逐、适应、认识和发展外部的物质世界，

———————

① 〔美〕托马斯·J.萨乔万尼著：《道德领导：抵及学校改善的核心》，冯大鸣译，上海：上海教育出版社 2002 年版，第 4 页。

成为追逐利益、满足欲望的工具与手段，沦落为经济主义、功利主义、实用主义的奴隶，离本真的心灵世界愈加遥远。而外在化的价值取向难以唤醒组织成员的心灵世界，难以激活组织成员的内在潜能。人类社会之所以纷繁复杂、丰富多彩，很大程度上与人的灵性有关。在领导实践中，理性和灵性相互交织、相互融合。如果没有灵性的存在，人类就没有爱、没有恨，如此构成的组织、社会也必然是一个毫无生机的冰冷社会。领导真正的挑战是如何面对自己与组织成员的心灵。外在的问题，不过是内心深处某种问题的症候罢了。如果我们不去倾听内在心灵的声音，自己内心深处的渴求恐怕永远无法满足。在如此的领导世界中，活生生的、有血有肉的组织成员逐渐失去原本拥有的灵性，成为名副其实的理性机器。领导理论需要同时关注理性面向和灵性面向，彼此相互补充，相互配合，以不断提升领导效能。

　　总的来看，在过去一百年里，领导学文献可以说是汗牛充栋，但是领导学理论发展仍相当缓慢，[①] 步履维艰。正如萨乔万尼所提出的，领导是与心灵（spiritual）有关的，而不是与心理学（psycholog-ical）有关的；领导是与理念（ideas）有关的，而不是与人际因素（persons）有关的。[②] 我们过多考虑了领导行为的因素，过高重视科学主义的领导研究。由此，"领导之手"从"领导之脑"和"领导之心"中割裂开来，领导过程与本质分离，其结果是领导理论更崇尚技术，而忽视价值；更崇尚一元，而忽视多元；更崇尚理性，而

　　① Yukl, G. A. （2002）. Leadership in Organizations. Upper Saddle River, NJ: Prentice Hall.

　　② 〔美〕托马斯·J. 萨乔万尼著：《道德领导：抵及学校改善的核心》，冯大鸣译，上海：上海教育出版社 2002 年版，第 5 页。

忽视灵性，造成领导学文献"几近空泛"。领导所面对的人，并不是一个技术动物、经济动物，而是一个懂得"为何而生"的真正的人，一个有着丰富情感和健全人格的人。领导理论需要回归人的本真，回归人的本性，关注人的完整性、独立性和个体性。

三、灵性领导理论的回应与意义

随着人类价值的多元化及自主意识的逐渐觉醒，领导理论亦产生典范革命或典范转移的发展趋势，从传统的特质论、行为论与权变观点的技术层面转而探讨组织文化、意义追寻；从研究"领导是什么"转而探讨"谁是领导"；从传统保守的领导行为模式转而重视组织意义与共同信念的新型领导行为模式。领导研究由昔日强调理性、科技、线性、量化等特征的领导典范逐渐转为重视意识、价值、道德、人性、共生等特征的新型领导典范，强调领导应具有远见与抱负，并透过策略运用文化导引及价值建立实现组织的变革与创新，增进领导效能。灵性领导理论正是这种新型领导理论的典型代表之一。灵性领导理论从哲学视阈出发，关注组织成员的灵性面向，关注组织成员的对话过程，以更为广义的视阈来观察领导统御，追求领导意义。

（一）灵性领导理论的回应

灵性领导理论诘难工具理性价值，反省科学实证主义主宰下的领导学话语方式，批判现代领导理念与实务中的谬误，质疑领导学实证技术方法的霸权。

其一，灵性领导理论关注价值问题。灵性领导的中心议题，就是与价值相关的哲学问题。在他们看来，领导与价值紧密不可分，任何领导实践都根植于人类的愿望或价值之中，没有任何事情是真正超越于价值之外的事情。如果试图通过科学的调查、精确的推理、常规的思考、数字的例证等来解决领导面临的所有问题，就可能陷入思考的怪圈，陷入理智的死胡同——逻辑的绝路。为此，一些学者借助于对领导、价值观与哲学背景的探讨提出，灵性领导才是真正的领导者。

其二，灵性领导理论尊重多元价值。灵性领导理论摆脱僵化的形式理性，拒绝用一元方法论去认识、理解和解释事物，推崇"本体论的平等"，尊重与强调世界的多样性，肯定与追求价值的多元化，重建人的精神信仰和精神支柱。灵性领导理论从统一性所构成的"牢笼"迷途知返，克服从单一理念出发观照世界的不足，注重个体间、群体间的差异，多视角、多向度地审视世界，恢复"人之为人的本真状态"，建立一个开放、独特和多元的理论体系。

其三，灵性领导理论注重灵性面向。人既是一种生物性的存在，又是一种社会性的存在，更是一种精神性的存在。灵性领导理论试图动摇我们误认为不可动摇的领导观念，将领导领域对灵性的要求自边陲推至核心，重新唤醒人们对领导灵性之维的思索，努力发掘领导技术背后的理论体系与凌驾于领导策略之上的规律。灵性领导如同洪流世界中的一股清流，超越现实生活中的苦与痛、逆境与顺境，引领组织成员反思生命中的深层价值观，追求更高层次的灵性涵养，滋养组织成员的内在生命，提升组织成员的心灵境界。在"充溢的高峰体验"中，组织成员找回生命的灵、返回人类的魂，体验创造性的乐趣，追求卓越的工作业绩，让人与自我、与他人、与社会、与自然的关系还原成"我们和宇宙最原初的关系"。

灵性领导理论试图改变科学理性支配下领导研究的"心灵图景"，关注价值、尊重多元、关怀灵性，在平静、反思、希望和关爱中化解现代人与自我、与社会、与自然的各种冲突与矛盾。

（二）灵性领导理论的意义

人类总在询问一些基本的、或者说是终极的问题：生命的意义是什么？在疲倦、消沉或沮丧时，为什么还要继续前进？人类渴望在自己的经历中寻找意义和价值，渴望超越自己和眼前的瞬间，渴望在某个较为广阔的、赋有意义的环境里看待自己的生活。灵性领导理论为解答这些问题提供了思维路径，有助于达成人与自我、人与社会、人与自然之间的和谐。

其一，灵性领导理论有助于促进人与自我之间的和谐。实证研究表明，人的职业生涯到达一定阶段后，金钱不再是重要的因素，物质也难以满足马斯诺需求层次理论中的最高需求，这一研究结果与中国古代圣贤所崇尚的生活方式不谋而合。中国古代圣贤非常注重物质欲求上的节制和心灵世界的享受。孔子崇尚"饭蔬食饮水，曲肱而枕之，乐亦在其中矣"，① 称赞"居于陋巷，一箪食，一瓢饮"，② 清心寡欲而乐在其中的"回"为圣贤，视富贵如浮云，外在的物质只是过眼云烟，只有心灵享受和追求才是永恒。老子认为，"五色使人目盲，驰骋田猎使人心发狂，难得之货使人行方，五味使人之口爽，五音使人之耳聋。是以圣人之治也，为腹而不为目。故去彼而取此。"③ 圣人只求吃饱肚子，保持内在的清静恬淡而不贪求纵情于声色之娱。他们需要的不是奢侈的物质生活，而是悠游的心灵生活。正因摆脱物质和权利的欲求，对外物没有丝毫贪念，才能不被欲望和诱惑所羁绊，才能触及真正的幸福与自由，才能带来心灵的历练、润泽与提升。

---

① 毛起著：《论语章句》，南京：南京大学出版社 2009 年版，第 69 - 70 页。

② 〔宋〕朱熹撰，金良年今译：《四书章句集注（下）》，上海：上海古籍出版社 2008 年版，第 378 页。

③ 〔春秋〕李耳著，梁海明译注：《老子》，太原：山西古籍出版社 2001 年版，第 21 页。

面对快速变化、多元更替的社会大环境，人们容易迷失自己熟悉的方向。人们历经大起大落、大悲大喜，之中的高潮与低谷、幸与不幸都由自己的内心牵引而来。凡事归咎其因，播下种子的总是自己。灵性，如同一股清冽的泉水，如同一阵清新的甘霖，给人们焦灼躁动的心灵与浮沉不定的生活带来一丝清凉的慰藉，给世界增添一份柔美。灵性领导消除内心的傲气与霸气，抛却世事的华丽与浮躁，冷观外界的诱惑和纷扰，克服充满贪欲的"小我"，在柔软的内心深处还原本真纯洁的自我，不以物喜、不以己悲，从容地生活，淡定地工作，简单地思想，在心平气和中感悟生命的真谛，追逐生命的意义，实现生命的超越与完善。在多元开放的对话之中，灵性领导怀着一颗好奇之心，如同孩子一般感受、观察、发现心中未曾发现的领域。灵性领导带领组织成员远离终日喧哗、忙于生计的现实世界，浇灭组织成员心头炽热的物欲之火，引导组织成员把视线转向自己的内心，寻觅心灵的宁静，在"争名于朝，争利于市"的人群中进退自如，游刃有余。宁静淡泊的组织成员不拘泥于形式，不受外物拘束，不渴盼他人的赞美之声，也不在意世人的种种眼色。无论是富裕显赫，还是贫穷卑贱，无论受人追捧，还是遭受漠视，无论是呼风唤雨，还是势单力薄，都不会困扰自我，敞开心门，体验最深的满足和至乐。朗心一颗，赏庭前花开花落，明目一盏，观天上云卷云舒。退守于清心寡欲、与世无争的世界，不纠结思考，不闲言碎语，放下自我，谦和平静，以一颗悠然不动之心面对万事万物。值得指出的是，灵性领导并非简单粗暴地干涉人的心灵，控制人的思想或者是像捏泥人一样塑造人的灵魂，而是促使暂时迷茫的心灵转向光明之处，使灵魂从变化莫测的惶恐之中转向真实的实在世界，复苏内在的生命历程，肯定可贵的生命价值，使内在生命获得更新、调整与再生。

　　其二，灵性领导理论有助于促进人与人之间的和谐。人是一个复杂的统一体，具有多种多样的需求，其中人与人之间的和谐是人类生存的重要需求之一。人的本质是一切社会关系的总和。正确认识和处理人与人的关系，既是进行个人正常活动的重要条件，又是个人发展的基础和前提。灵性领导从不争夺权力，而是拥有一颗仆人之心，将领导过程看成是为他人服务的过程，而不是控制他人的过程。在灵性共同体的构建过程中，灵性领导力图泯除人与人之间的界限，将自己与他人融合为一体，以他人的需求为需求，以他人的喜乐为喜乐，欲令他人远离痛苦的折磨，欲令他人的生命充满快乐。

　　在平静、反思、希望和关爱之中，灵性领导关注人生的意义，回应跟随者的需求，关怀跟随者的内心世界，激发跟随者的创造潜能。在灵性的观照下，组织成员超越外在的利益交换，尊重世界和人的多样性，所思所行皆以有利于他人为重。组织成员逐渐淡化潜在的自我意识，打破以自我为中心的狭隘心态，克服内心深处的空无感、疏离感以及无根感，共同体验生命的意义价值，共同创造生命的伦理世界。组织成员之间不再相互欺诈，相互排挤，而是相互照顾、相互提挈。灵性，对于缓和当代社会的矛盾和冲突，实现人与人的和谐、组织与组织的和谐乃至于国家与国家间的和平都具有积极意义。

　　其三，灵性领导理论有助于促成人与自然之间的和谐。灵性领导意识到，人与自然的关系是一个亘古的话题，它反映着人类文明与自然演化的相互作用。人之为人不在于掠夺自然界、征服自然界，而在于关爱自然界、关爱自然界中的生命。面对资源的短缺、物种的濒危、生态的失衡，灵性领导胸怀"等视物我"的平等精神，人类与万物各自拥有独立、自主且平等的生存权利。无论是人类，或是有情识的动物，还是有生命的植物和无机物，一切均拥有同等的价值。就其本质来说，人类的本质并非优于其他物种，而是与其他物种具有相同的本质。人类并非其他生物的主宰者，更非自然的宰制者，人与自然乃立足于相同的基础，是并列的共生关系。当人与自然之间的张力均衡时，就是人类发展顺利、走向成功的时候。而当人与自然之间张力失衡的时候，也就是人类发展遭遇挫折的时候。

灵性领导反思传统工业文明的高增长、高消耗、高污染的发展模式，引导组织成员正确认识人与自然的关系，形成人与自然和谐共处的价值取向和思维模式。组织成员跳出人类中心主义，也不陷入自然中心主义的极端，把人类视为生态系统中的普通一员，把人类降到非人类生命存在的地位，处理好近期利益与长远利益、生态效益和经济效益的关系。组织成员重新匡正人与自然的关系，不仅尊重、爱护人类的生命，还尊重、爱护其他动植物的生存权利，自觉积极地维护自然的生态平衡，恢复自然原有的生机和活力，最终达至宇宙和谐和"天人合一"的境界。

人性的本质既不单纯是生物自我，也不单纯是灵性自我，而是从生物自我向灵性自我的永恒运动、永恒发展。人性的丰满之处就在于生物自我与灵性自我的完满发展，如同月亮般清澈的认识理性与太阳般热烈的情欲感性的完满统一。唯有灵性，而不是物性，才能分享他人的快乐与幸福，才能感受他人的伤痛与苦楚，才能彻底消除个体的差异与隔阂。从"物性"崇拜到"灵性"追求，达至"领导之心"的层次，灵性为我们认识领导实践提供了一个重要的视角。在"灵性之心"的触动下，灵性领导逐渐走出"理性之心"，回归灵性的根基，超越自我，关爱众生，与宇宙融为一体。在"我们"同舟共济的空间里，问题不再存在，组织成员重新获得生命源源不绝的内在动力。

第 一 章

灵性领导研究综述

第一节 灵性与灵性领导的研究概述

一、灵性内涵的研究

2000多年前，自古希腊哲学家德谟克利特提出"灵性说"起，古往今来许多哲学家都竭力想弄清，灵性是什么？从字义来说，灵性"spirituality"源自拉丁文字根"spiritus"，英语的"spirit"，又被译为"灵修"、"信念"和"灵性"等，有心、灵魂、精神、活力、力气等意思，最初指的是精气之意。① 《圣经》提及，神用地上的尘土造人，将生命气息吹在他鼻孔里，他就成了有灵的活人。灵性具有高度的主观性，我们可能都体验过灵性，却又难以将这种体验与他人交流。因此，灵性往往被心理学视为"黑箱子"。

大部分学者认为，灵性聚焦于内部的连接感，与宗教紧密不可

① Alfons Deeken 著：《生与死的教育》，王珍妮译，台北：心理出版社股份有限公司 2002 年版。

分割。他们认为，灵性表达了上帝和自我的连接，[1] 或是灵魂之间的连接，[2] 自我与神、真主之间的关联。[3] 宗教是特殊的，而灵性是一般的。[4] 宗教是一个较为狭窄的概念，之中包含一些特别的仪式和符号，而灵性是一个更为宽泛的信念和价值概念。[5] 相对于宗教而言，灵性包含了更多内容。[6] 宗教常被视作通往灵性的路径之一，[7] 但宗教并非灵性运作的唯一领域。[8] 培养灵性并不一定要有宗教信仰，灵性并不限于教徒（指各种宗教）才能拥有。不论是否拥有宗教信仰，人们均可培养灵性。

　　人们越来越关注灵性问题，但是学者对灵性的界定仍因人而异。

[1]　Korac-Kakabadse, N., Kouzmin, A., & Kakabadse, A. (2002). Spirituality and Leadership Praxis. Journal of Managerial Psychology, 17, 165 –182.

[2]　Ashmos, D. P., & Duchon, D. (2000). Spirituality at Work: A Conceptualization and Measure. Journal of Management Inquiry, 9, 134 –145.

[3]　Shahjahan, R. A. (2004). Centering Spirituality in the Academy: Toward a Transformative Way of Teaching and Learning. Journal of Transformative Education, 2 (4), 294 –312.

[4]　Houston, P. D. (2002). Why spirituality, and Why now? The School Administrator, 59 (8), 6 –8.

[5]　Zellars, K. L., & Perrewe, P. L. (2003). The Role of Spirituality in Occupational Stress and Well-being. In R. A. Giacalone & C. L. Jurkiewicz (Eds.), Handbook of Workplace Spirituality and Organizational Performance. New York: M. E. Sharp; pp: 300 –313.

[6]　Grant, K. (2008). Shift in Spiritual Leadership: Analysis of Metanoia Stories to Get at the Spiritual Aspect. (Doctoral dissertation). Virginia Beach, VA, Regent University. pp: 62.

[7]　Hayes, M. (2001). The Emergence of a Fourth Force in Psychology: A Convergence Between Psychology and Spirituality? In S. Porter, M. Hayes, & D. Tombs (Eds.), Faith in the Millennium. Sheffield, England: Sheffield Academic Press; pp: 106 –122.

Dent, E. B., Higgins, M. E., & Wharff, D. M. (2005). Spirituality and Leadership: An Empirical Review of Definitions, distinctions, and Embedded Assumptions. The Leadership Quarterly, 16, 625 –653.

[8]　傅佩荣著：《完整人生－I》，北京：北京理工大学出版社 2011 年版。

在心理学文献中，威廉·詹姆斯最早对灵性做出定义。詹姆斯认为，"灵性是人类超越自身的过程。对于信仰上帝的人来说，灵性是他们与上帝的关系的体验。对于人道主义者来说，灵性是与他人相处的自我超越体验。对某些人，它可能是与自然或宇宙（无论怎样描述它们）的和谐或同一的体验。它引导我们进入一个王国，在那儿我们可以体验到与某种大于自身的事物的联合，并由此找到自己最大的安宁"。①

1969 年，马斯洛提出了 Z 理论，指出灵性是人的最高需求。②在马斯洛看来，灵性的最高需求，是"超越个人需求协助他人达到自我实现的机会"的需求，追求的是利他和自我超越的生活目标。除了满足短期动机、存在动机之外，人类还具有超越短期、存在动机的"爱的存有"的潜能。这种存有认知不是自我实现者经历"高峰经验"时灵光乍现的瞬间感，而是一种具有稳定特质的"宁静认知"。透过这种爱道、爱人类、爱宇宙的"宁静认知"，人类超越时间、自我、他人意见和文化限制，了解自己的存有意识、存有本身，为人类、宇宙发展牺牲奉献，成为一个具有超越能力的"超越的自我实现者"。"灵性"是人性本源之一，也是人类的高级精神活动之一。

Banks，Poehler 和 Russell（1984）对灵性的建构如下：（1）灵性是与生俱来的、能统合个人的力量。（2）灵性是一种生命的意义，帮助个人获得成就感。（3）灵性是人与人之间共同的结合力量。（4）灵性是个人的信念和感受力，是对超自然和无形力量的认知和

---

① 转引自 http：//heal. cpst. net. cn/xlgw/zszy/2007_07/184842479. html.

② Maslow, A, H., (1969). Z Theory. Journal of Transpersonal Psychology, 1 (1), 31 – 47.

看法。[1]

David Elkins（1988）等认为，"灵性是个体对神圣、意义感、高意识与超越的寻找和体验。真正灵性人士（不论信仰宗教与否）包括九种因素：（1）超越个人的层次：个人对于超越层次的亲身体验；（2）生活的意义与目的：每个人的生命都具有深刻意义，其之所以存在必有一目的；（3）生活有一使命：某种天职及使命感；（4）生命的神圣性：每个人的生命都是庄严、无价而神圣的；（5）以不同角度看待物质的价值：不刻意排斥物质的享受，也不将物质享受视为人生最重要的目标；（6）博爱：个人内心固有的正义感及慈悲心，愿意服务他人及爱人；（7）理想主义：个人具有愿意为其高尚理想及改善世界而献身的行动；（8）对痛苦死亡的意识：对人类痛苦与死亡的深刻体会，增进个人对生命的欣赏与重视；（9）灵性上的成就：个人在灵性上的成长反映个人与其所重视的存在价值、他人与自然的关系。[2]

Reed. P. G（1992）认为，灵性透过不同缔结将自我连接到超越自我的面向，并赋予其意义。缔结的要素包含希望、内在意义、神秘经验和宗教行为，而缔结的类型则包含个人的内在缔结、人际间缔结和超越个人的缔结。透过缔结，人们扩大了原来的自我界限，超越自我，超越现状，赋予平常事物以特别的意义。[3]

---

① Banks, R. L., Poehler, D. L., &Russell, R. D（1984）. Spirit and Human-spiritual Interaction as a Factor in Health and in Health Education. Health Education, 15（5），16 – 18.

② Elkins, D. N., Hedstrom, L. J., Hughes, L. L., Leaf, J. A., &Saunders, C. L.（1988）. Toward a Humanistic-Phenomenological Spirituality: Definition, Description, and Measurement. Journal of Humanistic Psychology, 28, 5 – 18.

③ Reed. P. G.（1992）. An Emerging Paradigm for the Investigation of Spirituality in Nursing. Research Nursing and Health, 15（5），349 – 357.

Neufeldt & Guralnik（1991）认为，"灵性经由体悟人生的目的、个人的价值系统、个体与内外的关系，以及对人之所以为人、我们的存在、爱的存在等深层经验的探索，而达成一种生命圆满的感觉。灵性活动是人类一种更高层次的觉醒，可以是外显的行为，也可以是个人内在的心理活动，包括自我观照、反省、个人对他人与上帝关系的感知，是全人类与万事万物相联结的感觉。"[①]

Emmons（2000）认为：（1）灵性是一种超越生理与物质存在的能力，对神、上帝、上天或终极存有回应；（2）灵性是经验更高层意识的能力，倾向于相信超越感官世界的经验，发展个人内在心灵世界的洞察力；（3）灵性是一种净化日常生活的能力，建立自己的价值观，与此同时，也尊重他人寻求生命意义、真理及终极价值；（4）灵性是一种利用心智解决问题的能力、内在创造的能力和想象的能力；（5）灵性是一种可为德行的能力，促进人类美好的特质，如爱、忠诚、良善谦卑与宽恕等。[②]

张淑美、陈慧姿（2008）将灵性归纳分为两个不同层面：（1）从内在生命层面而言，灵性是统合身心的力量，激发个人的生命意义与成就感，带来生命的能量。（2）从与外在世界互动层面而言，灵性与他人、宗教信仰、乃至宇宙万物之间紧密联系，也可由内在生命往外联系与延伸，体会个人的生命意义与价值。灵性并不强调独自体会个体的存在意义，而更强调和外在世界产生缔结，不论是与他人、与宗教信仰、与自然环境，乃至于与超自然无形力量

---

① Neufeldt, V., & Guralnik, D. B. (1991). Webster's New World Dictionary. New York: Simon&Schuster.

② Emmons, R. A., (2000). Is Spirituality an Intelligence? Motivation, Cognition, and the Psychology of Ultimate Concern. International Journal for the Psychology of Religion, 10 (1), 3－26.

的联结。①

在灵性认识基础之上，有些学者提出灵性智能的概念。Gardner（1999）将存在智能作为灵性智能的代表。在他看来，灵性智能是思考有关宇宙或存在方面的问题，包含心灵、身体、自我、自然、超自然。② 再比如，Wolman（2001）将灵性智能定义为：人类探索生命意义的终极问题，并亲自体验个人与个人之间、个人与外在世界之间密切关联的能力。③ 还比如：Zohar 与 Marshall（2004）将灵性看作是意义、价值观和基本目的。在他们看来，人类是灵性的创造物，在生命及生活经验中寻求意义及价值。他们从心理学、哲学和神学的角度出发，将人的心理智能分为智性、情性及灵性三类。智性是"连续性"的思考，情性是"联想性"的思考，而灵性是"超越性"的思考。Zohar 与 Marshall 根据神经心理学及东方哲学，将灵性智慧描绘为将自我与万物统合的动态自我形成，是发展"意义"和"价值"的源头，是智力智慧和情绪智慧的基础。灵性智慧并不必然与宗教相关，许多无神论者都有很高的灵性智慧，而许多活跃和振臂疾呼的宗教家灵性智慧却很低。具体说来，灵性智慧包括九项能力：（1）灵活有效的调适；（2）深刻的自我敏觉；（3）面对与忍受痛苦；（4）面对与超越苦难；（5）激发存在的价值观与眼光；（6）免除不必要的伤害；（7）对于现象背后实体的整体关照；（8）倾向洞察不同人事之间的连接；（9）探寻生命的本源与问题

---

① 张淑美、陈慧姿："高雄地区高中教师灵性健康现况之研究"，载《生死学研究》2008 年第 7 期，第 89 - 137 页。

② Gardner, H.（1999）. Intelligence Reframed：Multiple Intelligences for the 21st Century. New York：N. Y. Basic Books.

③ Wolman, R. N., （2001）. Thinking with Your Soul：Spiritual Intelligence and Why it Matters. New York：Harmony Books.

的真谛。①

总的看来，有关灵性的界定多达几百种，学者们难以对此达成共识。当然，"定义"随着时代变迁而有所不同，灵性没有统一的定义并非是致命的问题。人们对"黑箱子"的认识需要时间的累积，而现有文献对灵性的论述也已逐渐勾勒出灵性的内在含义。具体而言，学者主要从如下几方面来描述灵性：

其一，关注人的生存意义。学者们认为，灵性倾向于高度自省与觉察，与人们对终极性问题的思考紧密相连。Fairholm（2000）指出，灵性指引着人们寻找价值和意义，指引着人们理解这个世界。②Dent，Higgins 和 Wharff（2005）、Hicks（2002）指出，灵性是对人们生存意义的追问。③ Miller（2007）也认为，灵性是为人们生命带来意义与方向的一种能量。④ 人们不断探究：我是谁？我在为谁工作？我的未来在哪里？⑤ 生命的本质是什么？人生的目的是什么？宇宙的源头是什么？是否存在一种终极的力量或价值……在探索生命意义和目的的过程中，人们不断找寻生命的深层含义。

---

① Zohar, D. , & Marshall, I. （2004）. Spiritual Capital：Wealth We Can Live By. San Francisco：Berrett-Koehler Publishers.

② Fairholm, G. W. （2000）. Capturing the Heart of Leadership：Spirituality and Community in the New American Workplace. Westport：Praeger.

③ Dent, E. B. , Higgins, M. E. , & Wharff, D. M. et. al. （2005）. Spirituality and Leadership：An Empirical Review of Definitions, Distinctions, and Embedded Assumptions. The Leadership Quarterly, 16, 625 – 653.

Hicks, D. A. （2002）. Spiritual and Religious Diversity in the Workplace. Implications for Leadership. The Leadership Quarterly, 13, 379 – 396.

④ Miller, J. P.《生命教育：推动学校的灵性课程》，张淑美主译，台北：学富出版社 2007 年版。

⑤ Krishnakumar, S. , and Neck, C. , （2002）. The What, Why and How of Spirituality in the Workplace. Journal of Managerial Psychology, 17, 153 – 164.

其二，强调人的内在美德。学者们认为，灵性与宽恕、包容、同理心、利他等德行高度关联。在追逐灵性的过程中，人们不断修炼和提升自我的内在德行。Gull & Doh（2004）认为，灵性是商业道德的基础。[①] Kriger &Seng（2005）提出一系列灵性价值，比如：宽恕、和善、正直、同情和诚实。[②] Reave（2005）也提出包含正直、信任、道德影响、诚实沟通、谦卑等在内的灵性价值。[③] 杨克平（1997）则指出，灵性是人类将之内向发展成个人的诚实、爱、关怀、智慧、想象力与怜悯心等特征。[④] 在灵性的指引下，人们拥抱和追逐着德性人生。

其三，关切人的生存环境。学者们还认为，灵性展现在人们与自我、与他人、与社会、与自然、与宇宙良好关系的联结之中。Stamp（1991）认为，灵性存在于自我和世界间的内在关联感。[⑤] Dyson. J（1997）认为，自我、他者、上帝之间的关系是灵性的主要要素，而灵性的内容则包括：意义、希望、缔结关联和信仰。[⑥] Fairholm（2000）指出，灵性是一种内在的自我意识，是自我与我们

---

① Gull, G. A. , & Doh, J. （2004）. The "Transmutation" of the Organization: Toward a More Spiritual Workplace. Journal of Management Inquiry, 13, 128 – 139.

② Kriger, M. P. , & Seng, Y. （2005）. Leadership with Inner Meaning: A Contingency Theory of Leadership Based on the Worldviews of Five Religions. The Leadership Quarterly, 16, 771 – 806.

③ Reave. L. , （2005）. Spiritual Values and Practices Related to Leadership Effectiveness University of Western, 16（5）, 655 – 687.

④ 杨克平："护理实务中之灵性照护"，载《护理杂志》1997 年第 3 期，第 77 – 80 页。

⑤ Stamp, K. （1991）. Spirituality and Environmental Education. Australian Journal of Environmental Education, 7（1）, 79 – 86.

⑥ Dyson J. Cobb M. Forman D. （1997）. The Meaning of Spirituality: a Literature Review. Journal of Advanced Nursing, 26（6）, 1183 – 1188.

所处世界之间的结合方式。[1] Mitroff & Denton（1999）则将灵性看作是人与自我、与他人、与宇宙相连的感觉。[2] Benefiel（2005）将灵性视为个体与一个更大存在之间的关系。[3] 蔡进雄认为，灵性指引着人们探索自我与自我、自我与他人、自我与环境、自我与宇宙之间的关系。[4] 萧雅竹（2002）亦认为，灵性是一个人最核心、最深沉的部分，是一种自我与自我、自我与他人及环境、自我与宇宙或是至高无上力量之间的关系。[5]

二、工作场所灵性的研究

20 世纪 90 年代以来，工作场所的不安全性、不确定性导致越来越多的学者和实践者开始关注灵性。30 多个 MBA 项目中开设灵性课程，Robbins（2003）更将灵性议题融入组织行为教科书中，这表明灵性已部分获得组织与管理领域主流的认同。[6] 而在实践中，一些大的企业，比如 Intel，Wal-Mart，Xerox，Ford，Nike 等都关注着工作场所灵性。工作场所灵性逐渐演变为学者和实践者共同关注的重要主题之一。

---

① Fairholm, G. W. (2000). Capturing the Heart of Leadership: Spirituality and Community in the New American workplace. Westport: Praeger.

② Mitroff, I. I., & Denton, E. A. (1999). A Spiritual Audit of Corporate America: A Hard Look at Spirituality, Religion, & values in the workplace. San Francisco, CA: Jossey-Bass.

③ Benefiel, M. (2005). The Second Half of the Journey: Spiritual Leadership for Organizational Transformation. The Leadership Quarterly, 16, 723 - 747.

④ 蔡进雄："提升教育领导的新境界：论灵性与教育领导"，载《教育研究月刊（台北）》2006 年第 146 卷，第 78 - 86 页。

⑤ 萧雅竹："灵性概念之认识与应用"，载《长庚护理（台北）》2002 年第 4 期，第 345 - 351 页。

⑥ 〔美〕Stephen P. Robbins、〔美〕Mary Coulter 著：《管理学》，林孟彦译，台北：华泰文化事业股份有限公司 2003 年版。

　　由于灵性的定义相当多元，若要彻底界定工作场所灵性并不容易。[1] Giacalone 与 Jurkiewicz（2003）认为，大多学者对工作场所灵性的定义与 Ashmos & Duchon（2000）提出的内在生命（inner life）、有意义的工作（meaningful work）及共同体（community）相类似。[2] 其中，内在生活强调员工在工作中经常进行自我反省、沉思与祷告。有意义的工作即员工认同组织的理想与价值，相信工作本身具有不凡的意义与目的。而共同体则注重人们在相互信任的氛围中工作，获得属于团体或是与别人相连的"归属感"。在"内在生命"、"有意义的工作"和"共同体"的交互影响下，员工心情愉悦，精力充沛，工作更加投入。

　　保持组织灵性是一个复杂的任务（Konz & Ryan，1999），[3] 但它仍然值得人们去努力（Fry，Vitucci& Cedillo，2005）。[4] 越来越多的研究表明，如果唤醒组织成员的灵性，组织将从中获益。相对于典型的经济驱动而言，工作场所灵性的驱动力更为有效，员工生产力更高（Mitroff & Denton，1999）。[5] 相对于那些不鼓励发展灵性的组

---

①　Hutson，S.（2000）. Why Religion Matters: The Fate of the Human Spirit in an Age of Disbelief. New York: Harper & Row.

　　Rubenstein，R. L.（1987）. Spirit Matters: The Worldwide Impact of Religion on Contemporary Politics. New York: Paragon House.

②　Ashmos，D. ，& Duchon，D. P.（2000）. Spirituality at Work: A Conceptualization and Measure. Journal of Management Inquiry，9（2），134 – 145.

③　Konz，G. N. P. ，& Ryan，F. X.（1999）. Maintaining an Organizational spirituality: No easy task. Journal of Organizational Change Management，12，200 – 210.

④　Fry，L. W. ，Vitucci，S. ，& Cedillo，M.（2005）. Spiritual Leadership and Army Transformation: Theory，Measurement，and Establishing a Baseline. Leadership Quarterly，16（5），835 – 862.

⑤　Mitroff，Ian and Elizabeth A. Denton.（1999）. A Spiritual Audit of Corporate America: A Hard Look at Spirituality，Religion，and Values in the Workplace. San Francisco，C. A. : Jossey-Bass.

织而言，鼓励发展灵性的组织业绩更高（Neck& Milliman，1994）。[1]
借助于工作场所灵性的提升，人们在一个有意义的环境中彼此尊重、
关心与认可（Adams 和 Csiernik，2002），[2] 获得自我超越的经验，拥
有与他人休戚与共的愉悦感觉（Jurkiewicz 与 Giacalone，2004），[3] 拥
有积极的心情（Shaw，1999），[4] 完美和快乐的工作体验（Krahnke，
Giacalone 和 Jurkiewicz，2003），[5] 归属感、满足感和主人翁意识油然
而生（Adams 和 Csiernik，2002）。[6] 既有研究指出，蕴含灵性的组织
在组织文化上表现出四个正向特质：明确的组织目标、信任与尊重、
对员工的人道关怀、鼓励员工表达情感。[7] 工作场所灵性起源于个体

---

[1]　Neck, Christopher and John Milliman. （1994）. Thought Self-Leadership: Finding Spiritual Fulfillment in Organizational Life. Journal of Managerial Psychology, 9 （6）, 9 - 16.

[2]　Adams, D. W. , & Csiernik, R. （2002）. Seeking the Lost Spirit: Understanding Spirituality and Restoring it to the Workplace. Employee Assistance Quarterly, 17, 31 - 44.

[3]　Jurkiewicz, C. L. , Giacalone, R. A. （2004）. A Values Framework for Measuring the Impact of Workplace Spirituality on Organizational Performance. Journal of Business Ethics, 49 （2）, 129 - 142.

[4]　Shaw, J. D. （1999）. Job Satisfaction and Turnover Intentions: The Moderating Role of Positive Effect. Journal of Social Psychology, 139, 242 - 244.

[5]　Krahnke, K. , Giacalone, R. A. , & Jurkiewicz, C. L. （2003）. Point-counterpoint: Measuring Workplace Spirituality. Journal of Organizational Change Management, 16, 396 - 405.

[6]　Adams, D. W. , & Csiernik, R. （2002）. Seeking the Lost Spirit: Understanding Spirituality and Restoring it to the Workplace. Employee Assistance Quarterly, 17, 31 - 44.

[7]　Burack, Elmer H. （1999）. Spirituality in the Workplace. Journal of Organizational Change Management, 12 （3）, 280 - 291. Ichniowski, Casey et al. （1996）. What Works at Work: Overview and Assessment. Industrial Relations, 35 （3）, 299 - 333. Milliman, John et al. （1999）. Spirit and Community at Southwest Airlines: An Investigation of a Spiritual Values-Based Model. Journal of Organizational Change Management, 12 （3）, 221 - 233. Mitroff, Ian and Elizabeth A. Denton. （1999）. A Spiritual Audit of Corporate America: A Hard Look at Spirituality, Religion, and Values in the Workplace. San Francisco, C. A. : Jossey-Bass. Robbins, Stephen P. and Tim Judge. （2006）. Organizational Behavior. Upper Saddle River, N. J. : Prentice Hall.

良好的愿望，在信任、互惠和团结之中营造激励性组织文化，提升组织绩效，转化为持久的组织卓越。①

Garcia-Zamor 等（2003）从个人与组织两个层面探讨工作场所灵性。个人层面工作场所灵性探讨乃是为了寻求工作意义、满足感、归属感、完整感与快乐等因素；而组织层面工作场所灵性探讨乃是为了寻求职场伦理正当性、组织文化和谐性等因素，融合两者以改善组织生产与竞争能力。一些组织生产力低下的原因，就在于组织员工没有将灵性与组织工作相融合。而一旦具有灵性的人进入一个与理想相符的职场，他们就会和同事相处愉快，并在工作上有所表现。②

Robbins 与 Junge（2006）亦指出，组织强调组织灵性可以带来许多正面的效益。具体包括：（1）组织灵性可以平衡"混乱的生活"，让没有群体感的人们，在工作中找到彼此间的关怀与联结；（2）对于没有宗教信仰者而言，组织灵性足以填满信仰的缺口，弥补无形的空虚；（3）忙碌的工作完全宰制人们的生活，组织灵性可以帮助员工了解工作的意义；（4）组织灵性可以帮助员工将生命的价值与工作相结合；（5）组织灵性可以弥补追求物质生活导致的生命遗憾。③

Moxley（2000）也指出，灵性组织与没有灵性的组织之间差异巨大。具有灵性的组织强调个体与他人的联结感，个体与组织的使命与价值相一致，组织成员运用心理、生理、情绪及灵性工作。而

① Marques, J. F. (2006a). The Spiritual Worker: an Examination of the Ripple Effect that Enhance Quality of Life in-and Outside the Work Environment. Journal of Management Development, 25, 884–895.

② Garcia-Zamor, Jean-Claude. (2003). Workplace Spirituality and Organizational Performance. Public Administration Review, 63, 3, 355–363.

③ Robbins, Stephen P. and Tim Judge. (2006). Organizational Behavior. Upper Saddle River, N. J.: Prentice Hall.

在没有灵性的组织中，竞争胜于合作与社群，个人与组织的使命与价值缺乏一致性，组织成员仅仅运用心理及生理工作（Moxley，2000）。[①]（参见表1.1）

表1.1 灵性与没有灵性的差异

灵性（spirited）	没有灵性（dispirited）
使用四种能量（心理、生理、情绪、灵性）在工作	使用生理及心理在工作
工作就是事业	工作就是工作
与他人的联结感；多使用合作与社群方式	分离，无联结感；竞争多于合作与社群
员工与组织的价值观一致	员工与组织的价值观缺乏一致性
工作拥有意义与目的	工作缺乏意义与目的
员工充满活力	员工缺乏活力
员工参与领导活动之中	由上而下的领导方式

资料来源：Leadership & spirit（p. 39），Moxley，2000，San Francisco，CA：Jossey-Bass.

许多学者专注于工作场所灵性与工作结果变量之间的讨论，如：组织承诺、工作绩效、离职意图、领导决策、工作倦怠等。工作场所灵性激励员工展现积极的工作态度（HernandezLopez，Ramos Ramos，& Ramos Ramos，2009），[②] 影响员工的工作行为（Stevison，Dent& White，2009），[③] 员工的离职率下降（Conlin，1999），[④] 表现

①　Moxley（2000）. Leadership & Spirit. San Francisco，CA：Jossey-Bass.

②　Hernandez Lopez，L. ，Ramos Ramos，R. ，& Ramos Ramos，S. （2009）. Spiritual Behaviour in the Workplace as Atopic Forresearch. Journal of Management，Spirituality & Religion，6（4），273 – 285.

③　Stevison，M. ，Dent，E. & White，D. （2009）. Toward a Greater Understanding of Spirit at Work：A Model of Spiritat Work and Outcomes. In Academy of Management Proceedings of Academy of Management Annual Meeting，August 7 – 11，Chicago，IL，1 – 6.

④　Conlin，M. （1999）. Religion in the Workplace. Business Week，November 08，150 – 158.

出更优越的绩效、更高的组织伦理和更高的工作满意度（Lee 等，2003；Clark，2001；Geh & Tan，2009）。[1] 工作场所灵性增加与创造力、员工满意度、团体绩效和组织承诺呈正相关关系（Krishnakumar& Neck，2002；Duchon & Ashmos，2005）。[2] 当然，灵性不仅影响工作场所中员工的工作绩效，还有助于员工获得健康快乐的生活状态（Fry，Vitucci 与 Cedillo，2005）。[3] 工作场所灵性促使个体心情愉悦、信任他人、真实生活，与此同时，也可以培育思绪集中、情绪稳定、包容开放的组织环境（Heaton 等，2004）。[4] Witmer 与 Sweeney（1992）提出健康整体模式，个人有五大基本的生活任务：灵性、自省、工作、友谊及爱，灵性是其他四项任务的核心。[5]

---

[1] Lee, Dong-Jin et al. (2003). A Study of Quality of Work Life, Spiritual Well-Being, and Life Satisfaction. in Robert A. Giacalone and Carole L. Jurkiewicz. eds. Handbook of Workplace Spirituality and Organizational Performance. Armonk, N. Y. : M. E. Sharpe, 209 – 230.

Clark, Emma. (2001). Spirituality Goes to Work. BBC News Online 8 August 2001 in http：//news. bbc. co. uk/2/hi/business/1475995. stm. Latest update 17 March 2009.

Geh, E. & Tan, G. (2009). Spirituality at Work in a Changing World：Managerial and Research Implications. Journal of Management, Spirituality and Religion, 6 (4), 287 – 300.

[2] Krishnakumar, S. , and Neck, C. , (2002). The What, Why and How of Spirituality in the Workplace. Journal of Managerial Psychology , 17, 153 – 164.

Duchon, Dennis and D. Ashmos Plowman. (2005). Nurturing the Spirit at Work：Impact on Work Unit Performance. The Leadership Quarterly, 16 (5), 807 – 833.

[3] Fry, L. W. , Vitucci, S. , & Cedillo, M. (2005). Spiritual Leadership and Army Transformation：Theory, Measurement, and Establishing a Baseline. Leadership Quarterly, 16 (5), 835 – 862.

[4] Heaton, D. H. , Schmidt-Wilk, J. and Travis, F. , (2004), Constructs, Methods, and Measures for Researching Spirituality in Organizations, Journal of Organizational Change Management, 17 (1), 62 – 82.

[5] Witmer, J. M. , & Sweeney, T. J. (1992). A Holistic Model for Wellness and Prevention Over the Life Span. Journal of Counseling & Development, 71, 140 – 148.

还有些学者探讨特殊行业的工作场所灵性问题。他们发现，若从事服务行业的员工表现出更高的工作场所灵性特质，其工作绩效更为卓越。Milliman 等（1999）在对美国西南航空公司员工的研究中发现，由于西南航空公司的员工表现出较高的灵性特质，公司绩效因此获得提升。① Canda 与 Furman（1999）、Faver（2004）的研究表明，灵性是社会工作者展现其专业的重要激励手段，也是支持他们提供优质服务的重要力量。② Duchon 与 Ashmos（2005）对一家医院体系六个加护病房与急诊室的研究表明，如果组织成员普遍感觉工作比较有意义，对组织怀有归属感，接受服务的病人满意度就比较高。③ 此外，还有一些学者指出，工作场所灵性是提供有效医疗照护的重要影响因素，在癌症患者以及老人照护上的表现尤为明显（Boozer and Maddox，1992；Goleman，1998）。④

总体看来，工作场所灵性是一个相对较新的议题，与其相关的理论发展仍非常有限（Fry，2003）。⑤ 现代人多以工作作为个人的成

---

① Milliman, John et al.（1999）. Spirit and Community at Southwest Airlines: An Investigation of a Spiritual Values-Based Model. Journal of Organizational Change Management, 12（3），221 – 233.

② Canda, Edward R. and Leola D. Furman.（1999）. Spiritual Diversity in Social Work Practice: The Heart of Helping. New York, N. Y.: Free Press.

Faver, Catherine A.（2004）. Relational Spirituality and Social Caregiving. Social Work, 49（2），241 – 249.

③ Duchon, Dennis and D. Ashmos Plowman.（2005）. Nurturing the Spirit at Work: Impact on Work Unit Performance. The Leadership Quarterly, 16（5），807 – 833.

④ Boozer, Robert and E. Nick Maddox.（1992）. Leadership and Spirituality. Journal of Management Education, 16（4），503 – 510.

Goleman, Daniel.（1998）. What Makes a Leader? Harvard Business Review, 76（6），92 – 102.

⑤ Fry, L. W.（2003）. Toward a Theory of Spiritual Leadership. Leadership Quarterly, 14（6），693 – 727.

长中心，灵性培育需要更多依赖于工作场所。一个富有灵性的组织影响组织成员的工作状态（如：工作满意、组织承诺、工作倦怠等），激发组织成员的内在潜能，增强组织成员的关爱能力，帮助组织成员解决工作与生活之间的冲突，达致工作生活间的平衡与和谐。越来越多的组织通过创造团结、点燃热情和赋予工作意义等方式拓展灵性，激发人们的工作积极性（Bolman & Deal，1995）。[1] 在促进个体发展的过程中，灵性领导协助个体自主发现其生命存在的意义，将个体发展和组织发展融为一体，自然而然地实现着组织卓越。随着组织情绪研究的展开，组织灵性不再是一个具有禁忌的研究主题（McDonald，1999），[2] 转而成为现代管理与组织关心的主题之一。许多公共行政与管理学者（Bruce，Willa & John，1999；Garcia-Zamor，2003；Rhodes，2003；Fairholm，2004）指出，灵性领导与工作场所灵性是未来公共部门改革必须探究的新方向，并期待落实于教育与实践之中。[3] 更有学者指出，灵性运动也许是自 20 世纪 50 年

① Bolman，L. G.，& Deal，T. E.（1995）. Leading with Soul: An Uncommon Journey of Spirit. San Francisco，CA: Jossey-Bass.

② McDonald，M.（1999）. Shush. The Guy in the Cubicle is Meditating: Spirituality is the Latest Corporate Buzzword. U. S. New and World Report，126（17），46 – 47.

③ Bruce，Willa & Novinson，John（1999）. Spirituality in Public Service: a Dialogue. Public Administration Review，59（2），163 – 169.

Garcia-Zamor，Jean-Claude.（2003）. Workplace Spirituality and Organizational Performance. Public Administration Review，63（3），355 – 363.

Rhodes Terrel L.（2003）. When the Spirit Moves You: Administrative，Law，and Spirituality in the Workplace. In R. A. Giacalone and C. L. Jurkeiwocz（Eds），Handbook of Workplace Spirituality and Organizational Performance. 3 – 28 Armonk，NY: M. E. Sharpe.

Fairholm，Matthew R.（2004）. Different Perspectives on the Practice of Leadership. Public Administration Review，64（5），577 – 590.

代潜能开发运动以来最重要的管理趋势，将成为组织的最终竞争力（Mitroff & Denton，1999）。[1]

三、灵性领导的研究

（一）在领导类型之中研究灵性

随着研究的深入以及商业伦理的发展，领导学大师们提及领导者时，一改过去管理学对组织物性的特别关注，而转向一些特别的词汇。比如：领导需要关爱、最佳的领导者就是仆人。爱、仆人及付出等用语，事实上也正是灵性领导的重要内涵。学者们将灵性融入某种特殊的领导类型之中。比如：仆人型领导。Greenleaf（1977）提出仆人型领导，领导者遵循某种灵性价值来为他人服务，不仅为自己的组织服务，也为所在社区服务。[2] Hale & Fields（2007）认为，仆人型领导帮助他人发现自己的灵性，以促进人与人之间的信任和利他主义。[3] 有些研究发现，拥有灵性的领导和仆人型领导行为之间存在正向关联（Beazley，2002；Beazley & Gemmill，2005）。[4] Covey（1991）用"以原则为中心的领导"来探讨领导中的灵性问题。Covey 认为，人们存在着四种智商：身体的智商、情感的智商、

---

① Mitroff, I. I. , & Denton, E. A. (1999). A Spiritual Audit of Corporate America: A Hard Look at Spirituality, Religion, & values in the workplace. San Francisco, CA: Jossey-Bass.

② Greenleaf, R. K. (1977). Servant-leadership: A Journey into the Nature of Legitimate Power and Greatness. New York: Paulist Press.

③ Hale, J. , & Fields, D. (2007). Exploring Servant Leadership Across Cultures: A Study of Followers in Ghana and the USA. Leadership, 3, 397 – 417.

④ Beazley, D. A. (2002). Spiritual Orientation of a Leader and Perceived Servant Leader Pehavior: A Correlational Study. Minneapolis, Walden University.

Beazley, D. A. , & Gemmill, G. (2005). Spirituality and Servant Leader Behavior: A Correlational Study. Paper presented at the International Conference on Applied Management and Decision Sciences, 23 – 24 January, Athens, Georgia, USA.

智慧的智商、灵性的智商，而灵性的智商是核心和基础，指引着其他类型的智商。[①] "以原则为中心的领导"受到灵性的智商的指引，遵循自然规则和宇宙规律来行动，相信他人，帮助他人，激发他人在工作中的才能、活力和创造力，建立生命中的内在灵性平衡，以更好应对环境的变化和压力。Fleming（2004）则从历史与当代领导者的案例中（比如，佛陀、孔子、耶稣、达赖喇嘛、甘地、纳尔逊曼德拉等）探寻领导中的灵性问题，进而引发对"充满感情的领导"的讨论。[②] 总的来看，无论是对仆人型领导，还是对"以原则为中心的领导"、"充满感情的领导"的探讨，学者都注重将灵性融入各种领导类型之中，以不断提升领导效能和组织绩效。

（二）探究灵性与领导之间的关系

越来越多的学者发现，灵性是成功领导之心，对领导有效性而言具有积极效应（Bolman & Deal，1995）。[③] 领导若缺乏灵性，将会导致短视近利（Soder，2002），[④] 导致贪婪、控制及无道德的自恋行为（Hoyle，2002）。[⑤] 没有"灵性"的领导如同种子没有雨露，没有土壤，没有阳光，也没有新鲜的空气，业已丧失了生存的源头、发展的动力。在组织灵性的演化过程中，领导扮演着中心角色（Ca-

---

① Covey, S. R. (1991). Principle-centered Leadership. New York: Fireside.

② Fleming, K. Y. (2004). Soulful Leadership: Leadership Characteristics of Spiritual Leaders Contributing toIncreased Meaning in Life and Work. (Doctoral dissertation). Phoenix, AZ, University of Phoenix.

③ Bolman, L. G., & Deal, T. E. (1995). Leading with Soul: An Uncommon Journey of Spirit. San Francisco, CA: Jossey-Bass.

④ Soder, R. (2002). A Way to Engage Not Escape, The School Administrator, 59 (8), 29 – 31.

⑤ Hoyle, J. R. (2002). The Highest Form of Leadership. The School Administrator, 59 (8), 18 – 21.

cioppe，2000)。[1] 相对于经济价值而言，领导者更注重雇员内在核心价值观的工作场所，长期看来更为成功，也更有成效。灵性领导是组织长期成功的关键要素（Fry，2003)。[2] 领导的灵性影响着组织和组织成员（Geaney，2003),[3] 增强领导与组织成员之间的相互信任（Conger，1994)。[4] 领导若拥有灵性，就可提高员工的工作满意度和组织承诺（Marques，2006a),[5] 引导员工更加快乐、安详和平静（Giacalone & Jurkiewicz，2003)。[6] 员工远离害怕的情绪，全身心投入到创新的工作之中，工作更忘我、更来劲（Ashmos & Duchon，2000),[7] 工作业绩更有成效，更富创造力（Eisler & Montouori，2003)。[8] 员工被相互帮助与友爱、相互理解与信任的组织氛围所环

———————————

[1]　Cacioppe，R.（2000). Creating Spirit at Work：Re-visioning Organization Development and Leadership-Part I, Leadership & Organization Development Journal, 21（1), 48－54.

[2]　Fry，Louis W.（2003). Toward a theory of Spiritual Leadership. The leadership Quarterly, 14（6), 693－727.

[3]　Geaney，M. M.（2003). Spirituality and Business Transformation：Exploring Spirituality with Executive Leaders.（Doctoral dissertation). Florida, The Union Institute.

[4]　Conger，J. A.（1994). Spirit at Work：Discovering the Spirituality in Leadership. San Francisco, CA：Jossey-Bass.

[5]　Marques，J. F.（2006a). The Spiritual Worker：an Examination of the Ripple Effect that Enhance Quality of Life in- and outside the Work Environment. Journal of Management Development, 25, 884－895.

[6]　Giacalone，R. A.，& Jurkiewicz，C. L.（2003). Toward a Science of Workplace Spirituality. In R. A. Giacalone，& C. L. Jurkiewicz（Eds.), The Handbook of Workplace Spirituality and Organizational Performance（1 ed.，). Armonk, New York, United States of America：M. E. Sharp Inc；328.

[7]　Ashmos，D. P.，& Duchon，D.（2000). Spirituality at Work：A Conceptualization and Measure. Journal of Management Inquiry, 9, 134－145.

[8]　Eisler，R.，and Montouori，A.（2003). The Human Side of Spirituality, In R. Giacalone and C. Jurkiewicz（Eds.) Handbook of Workplace Spirituality and Organizational Performance, New York：M. E Sharpe, 46－56.

绕，增进成员间的相互关联，促进成员间的团队合作（Marques，2006a）。[1]

（三）建构灵性领导理论

转换型领导、仆人型领导等都将灵性作为一种工具，以实现商业背景下的特殊目的。比如，增加有效性和营利性等（Hicks，2003）。[2] 而灵性领导理论认为，灵性并非是一种工具，而是领导者的一种特质。在领导过程中，灵性领导依赖于灵性资源来调整心态（Korac-Kakabadse et al.，2002），[3] 创设一个培育他人灵性的组织环境（Konz & Ryan，1999）。[4]

学者们在宗教和灵性领导的问题上存有争议。部分学者将灵性领导与宗教相连。比如，Blackaby & Blackaby（2001）认为，灵性领导就是遵循上帝的召唤。[5] Sanders（1988）认为，成为灵性领导包括认识上帝、相信上帝、服从上帝，在爱上帝的基础上与神保持一致。[6] 还有一些学者在讨论灵性领导的时候也将重点放置于宗教之上

① Marques, J. F. (2006a). The Spiritual Worker: an Examination of the Ripple Effect that Enhance Quality of Life in- and outside the Work Environment. Journal of Management Development, 25, 884 – 895.

② Hicks, D. A. (2003). Religion and the Workplace: Pluralism, Spirituality, Leadership. Cambridge, UK: Cambridge University Press.

③ Korac-Kakabadse, N., Kouzmin, A., & Kakabadse, A. (2002). Spirituality and Leadership Praxis. Journal of Managerial Psychology, 17, 165 – 182.

④ Konz, G. N. P., & Ryan, F. X. (1999). Maintaining an Organizational Spirituality: No Easy Task. Journal of Organizational Change Management, 12, 200 – 210.

⑤ Blackaby, H., & Blackaby, R. (2001). Spiritual Leadership. TN: Broadman and Holman.

⑥ Sanders, J. O. (1988). Christian Spiritual Leadership. Seoul, South Korea: Ae Chan Co.

（如，Barton & Ford，2008；[1] Sparks，2008；[2] Wilson & Cresswell，2001[3]）。相反，有些学者则试图排除宗教信仰和实践，从世俗主义角度来界定灵性领导。比如，Hicks（2003）强调，为了成为灵性的指路人，领导者必须抛弃宗教，因为宗教与灵性在理论上容易发生冲突。[4] Cavanagh（1999）也持有同样的观点，他认为宗教分散了人们的注意力，工作场所中的个人必须减少宗教的成分。领导者必须满足人们的灵性需求，而不是仅仅遵循宗教的规则和教义。[5] Goethals & Sorenson（2006）更进一步认为，在工作场所中运用宗教来领导人更易引发冲突。若强调某一宗教，则使信仰该宗教的人们感觉享有特权，而信仰其他宗教的人们则感觉受到排斥。只有尊重不同的宗教，分享不同的价值观，才能修正这种不平等现象。[6] 在这些学者看来，宗教与灵性领导的分离不仅是必要的，还是良好组织的必备条件之一。学者试图从世俗主义的角度来探讨灵性领导，与此同时，他们也承认，灵性难以完全与宗教分离（Fairholm，1998）。[7] 灵

---

[1] Barton, R. H., & Ford, L. (2008). Strengthening the Soul of Your Leadership: Seeking God in the Crucible of Ministry. Downers Grove, IL: InterVarsity Press.

[2] Sparks, B. N. (2008). Journey: A Traveler's Guide to Leadership. Durbanville, Republic of South Africa: Imaging Data Solutions.

[3] Wilson, B. R., & Cresswell, J. (2001). New Religious Movements: Challenge and Response. Padstow, Cornwall, Great Britain: TJ International Ltd.

[4] Hicks, D. A. (2003). Religion and the Workplace: Pluralism, Spirituality, Leadership. Cambridge, UK: Cambridge University Press.

[5] Cavanagh, G. F. (1999). Spirituality for Managers: Context and Critique. Journal of Organizational Change Management, 12, 186 – 199.

[6] Goethals, G. R., & Sorenson, G. L. J. (2006). The Quest for a General Theory of Leadership: New horizons in leadership studies. Cheltenham, UK: Edward Elgar Publishing Ltd.

[7] Fairholm, G. W. (1998). Perspectives on Leadership: From the Science of Management to its Spiritual Heart. Westport, CT: Praeger.

性领导可能不包含宗教理论和实践，但是大部分灵性领导的文献都来源于宗教理论（如，Blackaby & Blackaby，2001）[1]，灵性深深地扎根于宗教之中（Cavanagh，1999）。[2]

Mitroff & Denton（1999b）最早对灵性和领导进行实证研究。Mitroff & Denton 访谈了 32 位高级经理，并对 113 位人力资源部经理进行问卷调查，以了解美国经理人如何处理灵性问题。他们发现，参与研究的高级经理和人力资源部经理将灵性定义为，"与自我、与他人、与宇宙之间的关系"。虽然大部分经理人拥有强烈的灵性信念，但他们却很少讨论灵性。基于此，Mitroff & Denton 总结了培育组织灵性的五种典型模型。[3]

在 Fairholm 看来，灵性就是领导的一部分，灵性创设着我们的心向，决定着我们的价值，影响着我们的行动。Fairholm 指出，灵性领导超越权力、财富和声望，聚焦于正直、正义、独立等核心价值，建立与分享共同的愿景、道德感和价值观，服务组织成员，授权组织成员，培育组织成员，试图在内在价值和外在价值之间寻求关联，促使组织成员在相互信任的环境中逐步成长。Fairholm 认为，灵性领导的职责应该包括：（1）工作胜任感。灵性领导注重教导、信任及激励他人。（2）设定愿景。灵性领导注重意义的创造与分享，注重发展相互合作、关怀、致力工作的愿景与使命。（3）服务。灵性领导知晓，

---

① Blackaby，H.，& Blackaby，R.（2001）. Spiritual Leadership. TN：Broadman and Holman.

② Cavanagh，G. F.（1999）. Spirituality for Managers：Context and Critique. Journal of Organizational Change Management，12，186 – 199.

③ Mitroff，Ian and Elizabeth A. Denton.（1999）. A Spiritual Audit of Corporate America：A Hard Look at Spirituality，Religion，and Values in the Workplace. San Francisco，C. A：Jossey-Bass.

自己无法承担所有事情，必须授权于他人，而自己则扮演服务者的角色，为他人提供相应的资源。灵性领导过程应包含：（1）建立社群及个人整体感。归属感和独立感都是人类的基本需求，灵性领导满足人的归属感，与此同时也要满足人的独立感。（2）设立高尚的道德标准。高尚的道德标准，可以提升人类的行为层次。（3）服务。灵性领导授权给组织成员，主动为组织成员提供服务，帮助团队走向成功。①

　　Moxley（2000）认为，灵性领导倾向于做出如下十项选择：（1）选择勇气，胜过于共谋。（2）选择互赖，胜过于依赖。（3）选择合作，胜过于竞争。（4）选择社群，胜过于科层。（5）选择进行内心旅程，以拥抱阴影。（6）选择了解，并成为真正而完整的自我。（7）在领导活动中，辨识及使用我们的天赋。（8）运用个人权力，舍弃强制权力。（9）选择寻求伙伴关系，而非寻找英雄领导者。（10）运用心理、生理、情绪及灵性来工作。②

　　Fry（2003）整合了特质学派与行为学派，融入部分转化型领导的理论要素，提出灵性领导理论。③ Fry 认为，灵性领导从内在激发自我及他人的价值、态度和行为，使人们经由召唤及成员感产生灵性存在感。（参见图1.1）Fry 将愿景、利他的爱、希望/信仰列为灵性领导的三大重要特质。（参见表1.2）一方面，透过愿景和希望，灵性领导让组织成员领悟感召的力量，使他们的生活变得更有意义。另一方面，基于利他的爱建立组织文化，让组织成员真切关怀、感激与赞赏，由此产生相互理解、赏识与感激的组织情绪。在愿景、

---

① Fairholm, G. (1996). Spiritual Leadership: Fulfilling Whole-self Needs at Work. Leadership and Organization Development Journal, 17 (5), 11 –17.

② Moxley. R. S. (2000). Leadership and Spirit. San Francisco, CA: Jossey-Bass.

③ Fry, L. W. (2003). Toward a Theory of Spiritual Leadership. The Leadership Quarterly, 14 (6), 693 –727.

利他的爱、希望/信仰的作用下，灵性领导凝聚人心，拓展人们的灵性空间，创设身体、意志、心理、灵性四种基本能量的和谐感，人们为高业绩所激励着，组织承诺感得以提高，个体也体验着内在的快乐、和平与宁静。①

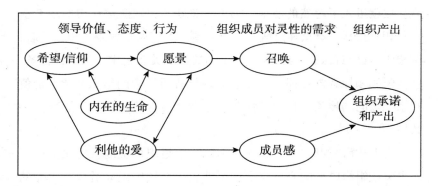

图 1.1　灵性领导理论模型

资料来源：Fry，2003：695。

表 1.2　灵性领导的三大重要特质

愿景	利他的爱	希望/信仰
广泛听取利益相关人的意见 定义目的 表达更高的理想 激发希望/信仰 建立卓越的标准	宽恕 仁慈 正直 同情/同理心 诚实 耐心 勇气 信任/忠诚 谦虚	忍耐 坚持 做需要做的 扩大目标 报酬/成功的期望

资料来源：Fry，2003：695。

---

① Fry, L. W. (2003). Toward a Theory of Spiritual Leadership. The Leadership Quarterly, 14 (6), 693 – 727.

Deborah M. Wharff（2004）运用扎根理论的方法，试图从超然、关联和神圣三个维度构建一个综合的灵性领导框架。第一，超然。超然意味着灵性领导超越物质系统，超越工具性目的，进入一个更高的意识层面。如果领导者遵循且实践了关爱、正直、利他等价值观，也就进入了超然的境地。第二，关联。关联侧重在组织中营造一种相互信任、尊重和同情的文化氛围。人们彼此关爱，相互关联，沉浸于自己与自我、与他人、与宇宙的和谐关系之中。第三，神圣。神圣强调领导者内心拥有的信念和领导者所培育的组织文化、价值观系统之间的神圣一致性，强调领导者决策价值观和行为之间的一致性。[①]

由上述研究可知，灵性领导不仅关注组织成员的行为层面，而且更关注组织成员的心灵层面。灵性领导带领组织成员探讨生命的意义与目的，探知自己与自我、与他人、与环境的内在关系，追寻拥抱德行的生活。具体而言，学者们对灵性领导内涵的探讨具有如下共性：

其一，灵性领导带领组织成员追逐有意义的工作和生活。灵性领导拥有感受人生意义、价值和目的的内在能力，帮助组织成员寻求工作的意义，让他们觉得自己的工作是非常重要的（Bolman & Deal，2003）。[②] 灵性领导承认个体对组织的贡献，注重个体的灵性发展，觉知个体的内在生命，引领组织成员共同追逐工作和生命的意义。在物质越来越充裕的当下，愈来愈多的人希望感受到生命的

① Deborah M. Wharff（2004）. Expressions of Spiritually Inspired Leadership in the Public Sector: Calling for a New Paradigm in Developing Leaders，www. spiritatwork. org/ knowledgecenter/ dissertations /Wharff_dissertation. pdf.

② Bolman, L. G. , and Deal, T. E. , (2003). Reframing Organizations. San Francisco: Jossey-Bass.

某种意义，而不仅仅是一份稳定的工作和薪水。一旦领导重视内在生活、有意义的工作、归属感的时候，组织成员也会珍惜与追逐这些要素，创设有意义的人生目标，促成个人与组织信念的内在一致，获得自我实现的成就感。

其二，灵性领导营造关爱的组织文化。每个人都希望受到关爱，每个人都渴求得到宽容，灵性领导尊重组织成员的心理需求，借由人与人之间的互动关怀，与自我、与他人、与自然缔结良好关系，精心营造一个彼此尊重与共享、和谐与信任的组织氛围。身处其中，人们保持愉悦的心情与活力，自然而然产生一种归属感、信任感和满足感。

其三，灵性领导注重个体内在德行的修炼。灵性领导摒弃过去与未来的纷扰，唤醒组织成员的内心体验，营造平和的内心世界，引导组织成员从内在精神上重新体验、审视和陶冶自己。将自我塑造成可信任、可依赖、受敬佩的领导者，促进个体的德性修养，激发个体的深层潜能，实现个体内在心灵与工作意义的互动，最终转变为组织的可持续发展。

四、灵性培育策略的研究

灵性培育，有学者也将之称为灵性成长、灵性发展等。大部分学者认为，灵性是可以培育的。Nanda Kishore Das Padayachee（2009）指出，每个组织（每个人）都有着灵性的潜能，但是每个组织（每个人）唤醒、发展的程度并不一样。（参见图1.2）有些组织（有些人）的灵性得到了很好的发展，而有些组织（有些人）的灵性仍处于休眠状态。通过灵性唤醒，休眠的灵性或是仍保持休眠状态，或是进入活跃状态。在有目的的练习中，组织对个体的灵性实践提供支持，支撑着个体的灵性成长。①

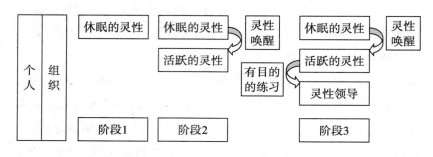

图 1.2　个人和组织灵性状态

灵性是一种历程，灵性的增长源于人对生命探求的内在动机，经由学习、体悟而成长，是一种生命的动能或智慧。领导如何激发组织或个体的灵性呢？Zukav 与 Francis（2001）认为，灵性发展的重要步骤是往内心看，而不是聚焦于外在环境，同情与智慧是灵性成长的产物。② Cathy Driscoll 和 Margaret McKee（2007）认为，通过真诚的故事，领导者影响组织员工的道德思想、道德态度和道德行为，提升组织员工的灵性，进而转变组织文化。③ Thompson（2000）认为，通过习惯和专注的练习，可以培育人的灵性。④ Trott（1996）

①　Nanda Kishore Das Padayachee.（2009）. The Application and Relevance of Spiritual Leadership in the JSE Top 40 Companies. Master thesis. University of Pretoria.

②　Zukav, G. , & Francis, L.（2001）. The Heart of the Soul. New York：Simon&Schuster source.

③　Cathy Driscoll & Margaret McKee（2007）. Restorying a Culture of Ethical and Spiritual Values：A Role for Leader Storytelling. Journal of Business Ethics , 73（2）, 205 – 217.

④　Thompson W.（2000）. Can You Train People to Be Spiritual? Training & development, 54（12）, 273 – 279.

提出，可以运用祈祷、宗教、瑜伽等方法来培育组织灵性。[1] Miller（2007）认为，文学、艺术等都是激发组织灵性的具体可行方法。从信仰专注的学习、大自然的接触、地球与生态的教育都能让灵性充盈心间。[2]

20世纪90年代以来，灵性备受学者们的关注，学者们陆续提出了一些灵性培育的完整理论和模型。Lips-Wiersma（2002b）提出了完整发展模型（参见图1.3），[3] 该模型主要涉及六个主题：灵性一致、发展和维持自我、与他人一体、表达自我、服务他人、失去平

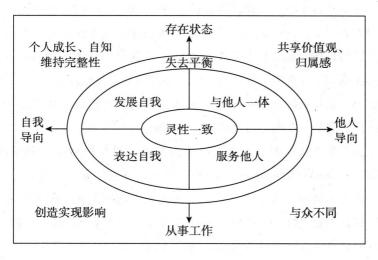

图1.3 Lips-Wiersma 的完整发展模型

① Trott, D. (1996). Spiritual Well-being of Workers: An Exploratory Study of Spirituality in the Workplace. Doctoral dissertation, University of Texas at Austin.

② Miller, J. P. 著:《生命教育：推动学校的灵性课程》，张淑美主译，台北：学富出版2007年版。

③ Lips-Wiersma, M. (2002b). The Influence of Spiritual "meaning-making" on Career Behavior. Journal of Management Development, 21, 497–520.

衡。其中，失去平衡是指个体在其存在状态和从事工作之间，或者在自我导向与他人导向之间失去平衡。过于关注服务他人使得自我产生倦怠感，而这种倦怠状态难以使灵性与工作保持一致。在这六个主题中，灵性一致性位于中心位置，代表个体对于有意义生活的信仰和承诺。工作场所灵性的提升应该尊重个体的价值观念、个体所拥有的意义体系、个体的灵性状态，以保证灵性的真实表达。

Brewer（2001）的职业匹配模型和灵性自由模型中也提出了一些灵性培育策略。在 Brewer 看来，个人生活受到三个基本原则的指导：意义（meaning）、存在（being）和行为（doing）。意义涉及生活的本质和个人的价值观，存在是个体的存在状态，行为是个体如何生活的具体活动。只有三个原则内在一致时，个体才能体验更多的意义感和工作激情，工作与生活才能达致平衡并相互促进。Brewer 也指出，组织只能鼓励员工充分表达自己的灵性信仰，却不能制定任何让所有员工都内心接受的具体灵性原则。①

还有学者从组织层面上提出更为综合的灵性培育模型和方法。比如，Kinjerski 和 Skrypnek（2006）提出，灵性领导、承认和尊重、坚实的组织基础、组织完整性、积极的工作场所文化、团队感和个人实现是激发灵性的七种培育策略。②（参见图1.4）在这一模型中，灵性领导是核心。灵性领导并不是命令的发出者，而是帮助组织成员创造意义和目的的指导者。灵性领导承认并尊重组织成员的贡献。坚实的组织基础包含共同愿景、使命、目的以及为社会做贡献的意

① Brewer, E. W. (2001). Vocational Souljourn Paradigm: a Model of Adult Development to Express Spiritual Wellness as Meaning, Being, and Doing in Work and Life. Counseling and Values, 45, 83 – 93.

② Kinjerski, V. & Skrypnek, B. J. (2006). A Human Ecological Model of Spirit at Work. Journal of Management. Spirituality and Religion, 3 (3), 232 – 239.

图。组织完整性是指组织成员工作与组织使命、目的的相互一致。积极的工作场所文化是指组织成员工作所处的良好物理空间。团体感是组织成员之间良好且积极的关系。个人实现是组织成员追求职业成长，通过工作实现个人使命的机会。

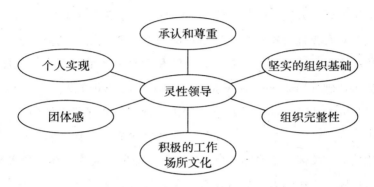

图 1.4　激发灵性的七种培育策略

总体看来，学者们认为，每个人都有着灵性潜能，但每个人灵性唤醒、发展的程度有所差异。基于此，有的学者从祈祷、瑜伽、文学、艺术等角度探讨个体灵性培育的策略。有的学者深入失衡的个体世界，在自我与他人的平衡中培育个体灵性。还有的学者从灵性领导、组织基础、组织文化等角度入手探讨组织灵性培育的路径。学者们从个体、群体和组织不同层面探讨灵性的培育策略，丰富和充实着灵性培育的策略研究，也为灵性培育的领导实践提供了良好的理论基础。

第二节　灵性与灵性领导的研究方法

学者们尚未对灵性领导的界定达成共识，也没有公认的维度结构，所采用的研究方法也是各有特色。大体看来，学者们主要采用量的研究方法和质的研究方法探讨灵性和灵性领导问题。

一、量的研究方法

量的研究方法以控制、解释和预测某些特定变量间的关系为主，其结果具有较好的推广性。通过量的研究，人们用共同的语言、结构化的测量方法和相关性原则为理解和考察个体难以言表的灵性体验提供基础（Krahnke，Giacalone，Jurkiewicz，2003）。[1]

Ashmos 与 Duchon（2000）[2] 提出了衡量工作场所灵性的三个维度：内在生命、有意义的工作与共同体联结感。具体而言，研究主要用信仰、关怀、希望感与个人觉知等来衡量个人的内在生命水平；用喜悦感、工作活力、觉察什么是重要的等来衡量个人对工作所赋予的意义；用能在共同体中感受到鼓励、体验自我成长、共同体一体感等来衡量个人与共同体的联结程度。

Milliman，Czaplewski 和 Ferguson（2003）认为，灵性呈现多维结构，之中超越性维度对个体生活的影响很大。[3] 进而，他们选择了与工作联系较为密切的三个维度作为灵性的主体结构要素：工作意义、团体感、与组织价值观保持一致。基于此，分别从个人、团体和组织三个层面探讨灵性与组织承诺、离职意向、工作满意度和工

① Krahnke, K., Giacalone, R. A., & Jurkiewicz, C. L. (2003). Point-counterpoint: Measuring Workplace Spirituality. Journal of Organizational Change Management, 16, 396 – 405.

② Ashmos, Donde P. and Dennis Duchon. (2000). Spirituality at Work: A Conceptualization and Measure. Journal of Management Inquiry, 9 (2), 134 – 145.

③ Milliman, J., Czaplewski, A. J., & Ferguson, J. (2003). Workplace Spirituality and Employee Work Attitudes. Journal of Organizational Change Management, 16, 426 – 447.

作投入等变量之间的关系。

　　Houston 与 Cartwright（2007）分析了公共部门及政府相关部门的"公务人员"在"灵性态度"方面的表现。[①] 研究中，Houston 与 Cartwright 通过"有神论者"、"爱与同情心"、"与神的关联性"和"生命的意义"等四个面向共七道题目来测量灵性态度。这七道题目来自于 NIAWG（National Institute on Aging Working Group）以及 Fetzer 研究所（Fetzer Institute）的学者共同发展出来的数据库，名为"宗教/灵性的基础多面向指标"（BMMRS）。Underwood 与 Teresi（2002）[②] 以及 Idler 等学者（2003）[③] 研究表明，BMMRS 数据库的题目可以测量灵性的各个面向。

　　Fry（2003）从愿景、希望/信仰、利他的爱、意义/召唤、成员感、组织承诺、生产力等方面进行灵性领导的测量。[④] 调查问卷包含 33 个项目，愿景、希望/信仰、利他的爱是灵性领导的三个特征；意义/召唤、成员感是中介变量；而组织承诺、生产力是结果变量。其中，愿景界定了我们是谁、我们要做什么；希望/信仰是对组织愿景、目的和使命的信仰；利他的爱则是在相互关爱、欣赏中形成整

　　① Houston, David J. and Katherine E. Cartwright. (2007). Spirituality and Public Service. Public Administration Review, 67 (1), 88 – 102.

　　② Underwood, Lynn G. and Jeanne A. Teresi. (2002). The Daily Spiritual Experience Scale: Development, Theoretical Description, Reliability, Exploratory Factor Analysis, and Reliminary Construct Validity Using Health-Related Data. Annals of Behavioral Medicine, 24 (1), 22 – 33.

　　③ Idler, Ellen L. et al. (2003). Measuring Multiple Dimensions of Religion and Spirituality for Health Research: Conceptual Background and Findings from the 1998 General Social Survey. Research on Aging, 25 (4), 327 – 365.

　　④ Fry L. W. (2003). Toward a Theory of Spiritual Leadership. The Leadership Quarterly, 14 (6), 693 – 727.

体、融洽和幸福的感觉；召唤侧重于人生的意义感，人生因此变得与众不同；成员感指的是一种被理解和欣赏的感觉；组织承诺是对组织忠诚的程度；而生产力则是产品、利益或利润的产出效率。Fry（2011）运用结构方程模型对灵性领导、精神幸福感（比如，召唤感和归属感）和关键组织业绩进行实证研究。[①] 结果发现，灵性领导与组织业绩之间存在显著正相关，而精神幸福感有助于解释这一关系。灵性领导"运用卓越的愿景和利他的公司文化来激发和鼓舞员工，营造一个目标明确、高承诺感、多产的工作场所"（Fry 和 Slocum，2008）。[②]

量的研究方法可以控制、解释和预测某些特定变量之间的关系，却忽略了意义建构与诠释的过程。与此同时，由于灵性本身具有高度的个体特征，采用问卷调查较难获得真实的结果。进而，有学者指出，现阶段量的研究迈入了一个误区，即基于实用主义的观点，把诸如有关"灵魂"、"爱"等主题的研究作为操作性变量进行实证研究，这样得到的研究结果就失去了原本的意义与价值（Dean，2004）。[③] 仅仅采用客观、可观测的定量方法考察灵性，研究范围就局限于灵性之中可以测量的维度，而个体灵性的成长与发展可能沦落为获取更高经济利益的工具。

① Fry, L. W. (2011). Impact of Spiritual Leadership on Unit Performance. The Leadership Quarterly, 22, 259–270.

② Fry, L. W. & Slocum, J. W. (2008). Maximizing the Triple Bottom Line through Spiritual Leadership. Organizational Dynamics, 37 (1), 86–96.

③ Dean, K. L. (2004). Systems Thinking's Challenge to Research in Spirituality and Religion at Work. Journal of Organizational Change Management, 17, 11–25.

二、质的研究方法

有些学者认为，灵性是没有办法测量的，对灵性进行量的研究是荒谬的（Fornaciari 和 Dean，2001），[1] 进而注重采用质的研究方法来探讨灵性领导问题。学者们从深度访谈、文件审查、调查和直接观察中获取数据，用文字的方式来描述、研究灵性和灵性领导。

Kinjerski 和 Skrypnek（2004）通过面谈、电话访谈或书面调查等方式，对体验过灵性的 14 名被试进行质的研究。被试回忆工作场所中的灵性，并描述工作场所中灵性的个体体验。尽管大多数被试不能提供一个有关工作场所灵性的完整定义，但是个体所描述的灵性体验之间有着很高的一致性。[2]

Lips-Wiersma（2002a）历时 3 年考察了 16 名被试的灵性与职业行为。在研究中，Lips-Wiersma 搜集被试讲述职业故事的日记，收集与工作相关的情感和事件，收集有关职业选择和转换的原因等。基于此，学者和被试共同核对职业故事的概要和主要内容，共同归纳灵性的特征和重要主题，并对主题的分析和阐释达成一致。研究结果发现，灵性激发了发展和维持自我、与他人一体、表达自我、服务他人四种人生目的，由此影响职业目的和工作意义感，使其存在状态、从事工作和自我—他人导向之间保持内在一致性。[3]

---

[1] Fornaciari, C. J., & Dean, K. L. (2001). Making the Quantum Leap: Lesson from Physics on Studying Spirituality and Religion in Organizations. Journal of Organizational Change Management, 14, 335–351.

[2] Kinjerski, V., & Skrypnek, B. J. (2006). Creating Organizational Conditions Forester Employee Spirit at Work: Leadership & Organization Development Journal, 27, 280–295.

[3] Lips-Wiersma, M. (2002a). Analyzing the Career Concerns of Spiritually Oriented Peoples: Lessons Form Contemporary Organizations. Career Development International, 7, 385–397.

Milliman，Ferguson，Trickett 和 Condemi（1999）对西南航空公司进行个案研究，以考察组织灵性的表达方式。[①] 美国西南航空公司对员工的态度是："顾客诚重要，员工价更高"。公司随时了解和帮助员工工作、生活上遇到的困难，经常邀请员工家属参加公司的各种纪念活动。"不解雇政策"（no-layoff policy）表明了公司领导真诚对待员工，与员工同舟共济、共建伟业的决心。

Lowery（2005）与5位芝加哥联邦行政委员会的成员进行访谈，采用"生活故事"（life-story）研究法了解公务人员在灵性方面的表现，两点研究结果值得后续学者深思：第一，基于道德理由，公务人员应该被鼓励去从事某种"自我觉醒"活动，进而才能了解人性，表现出道德的行为。第二，公共行政中的宗教与灵性是值得研究的课题，公务人员的信念体系（belief system）与工作之间具有既深又广的联结关系。[②]

Marques（2006a）通过质的研究，考察了促进工作场所灵性的内在、外在和整合的因素，提出了一个波纹效应模型。与此同时，Marques（2006b）还另辟蹊径，在现象学研究基础上探讨阻碍工作场所灵性的因素。阻碍因素分别是：高层管理者的态度、灵性的培育、工作场所的氛围、领导者关注的焦点、部门期望和承诺水平的

① Milliman, J., Ferguson. J., Trickett, D., & Condemi, B. (1999). Spirit and Community at Southwest Airlines: an Investigation of a Spiritual Values-based Model. Journal of Organizational Change Management, 12, 221 – 233.

② Lowery, Daniel. (2005). Self-Reflexivity: A Place for Religion and Spirituality in Public Administration. Public Administration Review, 65 (3), 324 – 334.

不同、员工实践灵性的意愿水平各异等。[1]

当然，质的研究基于被试对以往灵性体验的回忆和自我报告，其反映结果的准确性仍值得怀疑。与此同时，质的研究是一种主位研究，它承认学者的价值涉入，重视学者的主体价值和思维倾向对研究进程与结果的影响（Lips-Wiersma，2002a）。[2] 学者的个人背景以及和被研究者在当时当地的关系都影响研究的评价效度，通过质的研究所获得的结果仍有待于进一步考察和验证。

总体看来，大部分灵性文献仍停留在概念性阶段（Giacalone & Jurkiewicz，2003），[3] 只有少数"软"性资料的个案研究，"硬"性资料的实证研究亦不多。有学者认为，无论是主观方法还是客观方法，都是基于组织科学的思想来考察迥然不同的灵性思想，因而错失了工作场所中大量的东西，使高尚的灵性平凡化了（Benefiel，2005）。[4] 单纯的主观方法或客观方法均有失偏颇，灵性领导的研究迫切需要提出新的研究方法来探讨灵性领导的意义、内涵与规律。

---

[1]　Marques，J. F. (2006a). The Spiritual Worker: an Examination of the Ripple Effect that Enhance Quality of Life in- and Outside the Work Environment. Journal of Management Development，25，884 – 895.

Marques，J. F. (2006b). Removing the Blinders: a Phenomenological Study of US Based MBA Students' Perception of Spirituality in the Workplace. The Journal of American Academy of Business，8，55 – 61.

[2]　Lips-Wiersma，M. (2002a). Analyzing the Career Concerns of Spiritually Oriented Peoples: Lessons Form Contemporary Organizations. Career Development International，7，385 – 397.

[3]　Giacalone，R. A.，& Jurkiewicz，C. L. (2003). Toward a Science of Workplace Spirituality. In R. A. Giacalone，& C. L. Jurkiewicz (Eds.)，The Handbook of Workplace Spirituality and Organizational Performance (1 ed.，). Armonk，New York，United States of America: M. E. Sharp Inc.

[4]　Benefiel，M. (2005). The Second Half of the Journey: Spiritual Leadership for Organizational Transformation. The Leadership Quarterly，16，723 – 747.

Fornaciari 和 Dean（2001）认为，目前社会科学所使用的研究方法仍沿用 17 世纪的研究方法，尤其是测量技术、数据分析和语言分析，根本不适合研究组织中的灵性。他们指出，物理学从"经典牛顿力学"到"量子力学"再到"混沌理论"的转变历程可以为探索灵性提供研究范式的有益借鉴。[①] Dean（2004）还认为，组织行为科学中的灵性研究必须借助于其他学科，例如心理学、哲学、神学、历史学和伦理学的相关研究，进行超学科的研究，而不是跨学科的研究，从而丰富和拓展我们的研究思路和研究设计。[②] 也有学者提出，亚洲传统文化中的佛教、道教和瑜伽等有助于弥补西方灵性研究方法的不足，需要整合西方客观分析的研究范式与东方主观阐释的研究范式，形成灵性领导更完整、更复杂的新研究范式。

第三节　灵性领导的研究构想和主体内容

长期以来，领导学研究一直忽视人的灵性领域。灵性为现代人提供了一种崇尚宁静与和谐，追求超越与神圣的精神生活方式，以抗衡那种喧嚣浮躁、物质利益至上的生存状态。灵性视角的引入有助于为帮助员工成长和进步、平衡员工工作和生活等问题提供新的研究视角，对于推动个体成长和组织发展具有重要意义。近年来，许多学者从不同角度围绕灵性领导进行了一些前瞻性研究，取得了一些具有理论价值的研究成果，这在不同程度上为我们认识灵性领

---

① Fornaciari, C. J., & Dean, K. L. (2001). Making the Quantum Leap: Lesson from Physics on Studying Spirituality and Religion in Organizations. Journal of Organizational Change Management, 14, 335 –351.

② Dean, K. L. (2004). Systems Thinking's Challenge to Research in Spirituality and Religion at Work. Journal of Organizational Change Management, 17, 11 –25.

导打开了一扇窗户。尽管学者对灵性领导所作的上述研究取得了很大的成效，但毋庸置疑的是，这一课题仍然存在着进一步深入探究的广阔空间。诸如：（1）灵性领导的内涵特征研究。由于灵性是高度个体化的，迄今为止，在灵性领导的定义和基本特征方面仍存在着很多分歧（Dent et al.，2005）。[①] 灵性领导没有统一的内涵界定、结构维度，这也就为进一步测度带来一定难度。中国灵性领导的内涵特征是什么？在未来研究中，应勇于尝试各种可能为我们所用的方法，从个体、团体和组织层面探究中国灵性领导的内涵特征。（2）灵性领导的修炼策略研究。每个人都具有灵性潜能，但每个人灵性唤醒程度存有差异。我们需进一步了解灵性的内在发展规律，基于此，探索灵性领导的修炼策略。（3）组织灵性的培育研究。灵性领导不仅要关注个体灵性水平的提升，还要关注团队灵性、组织灵性的培育。组织必须满足组织成员的生理、智力、情绪以及灵性四种需求。西方灵性领导研究无疑拓展了我们对灵性领导的内涵理解与研究视野，但其对诸多具体问题的阐释尚需我们立足于本国国情进行分析、吸收和创新。

基于上述考虑，本研究在吸收已有研究基础上拟采用规范研究和实证研究相结合、质化研究和量化研究相结合的设计理念，从个体、团队和组织层面探讨灵性领导的内涵维度、修炼策略和实现路径，构建全面系统的灵性领导理论体系，为领导的灵性提升提供行动指南和建议对策。具体而言，本研究的基本思路与主要框架如下：

第一章，灵性领导研究综述。在综述部分中，本研究系统回顾

---

① Dent, E. B., Higgins, M. E., & Wharff, D. M. (2005). Spirituality and Leadership: An Empirical Review of Definitions, Distinctions, and Embedded Assumptions. The Leadership Quarterly, 16 (5), 625–653.

了国内外相关研究成果，并指出已有研究中存在的问题。第一部分，概述国外灵性与灵性领导的研究现状；第二部分，介绍灵性与灵性领导的研究方法；第三部分，简要评析现有研究的不足之处，并提纲挈领地论述本研究的章节结构和主体内容，指出本书的主要创新点。

第二章，灵性领导的内涵与维度构建研究。本章通过实证研究，探讨灵性领导的内涵与维度构建。第一部分，在灵性领导的测量和内涵研究基础之上，探讨灵性领导的基本维度。第二部分，运用访谈法、问卷调查法等编制中国情境下灵性领导量表。第三部分，运用量表对领导干部进行实证研究，经由探索性分析表明：平静、反思、希望和关爱是灵性领导的主要维度。

第三章，平静：灵性领导维度之一。本章旨在系统探讨灵性领导平静的内涵、意义与修炼策略。第一部分，从儒家、道教和佛教三个角度系统地追溯中国传统文化对"静"的理解与阐述。儒家、道教和佛教的主"静"说各有特色，各执一词，但都强调通过祛除杂念，专念一心地关照心性与自然。第二部分，探讨灵性领导平静的内涵与意义。平静，指的是灵性领导超越欲望、情感与认知，进而获得内心的平静、行为的沉稳。平静是灵性领导智慧思想的前提，健康生活的基础，有效领导的保障。第三部分，探讨灵性领导平静的修炼之路。灵性领导平静的修炼策略由心灵修炼和行为修炼两部分组成。在心灵修炼中，灵性领导力图超越"欲望"、"情感"和"知识"，在"虚"的心灵之旅中达至澄明之境。进而，灵性领导涵容万物、感通万物、波澜不惊、从容不迫，开始"默"、"沉"和"稳"的行为修炼之旅。

第四章，反思：灵性领导维度之二。本章系统探讨灵性领导反思的内涵、意义与修炼策略。第一部分，追溯中西方文化对反思的认识和理解。西方学者对反思的认识更侧重于反思的理性认知功能，以把握"对象"的本质，改造外部的世界。而中国学者更侧重于将反思与道德自省相连，反思的对象不仅指向外在他物，更是指向自身，是对自身的思想与反省，以把握、扩展和提升自身。第二部分，探讨灵性领导反思的内涵与意义。反思，指的是灵性领导自觉、持续地反思事物的本质规律，反思自我的生存意义，反思自己与自我、与社会、与自然的关系，以不断提高领导效能，提升心性修为。灵性领导的反思是"成知"与"成己"、理性与感性、个体反思与共同体反思的自觉、持续和动态过程。反思是灵性领导凝聚生活意义、认识客观世界、实现智慧领导的重要方式，是灵性领导不断自我更新、自我超越的必由之路。第三部分，探讨灵性领导的反思修炼之路。强烈的自我超越意识、问题意识是灵性领导反思的内在动力。"人情"、"人理"和"人心"是灵性领导反思的参考框架。阅读、写作、实践是灵性领导反思的路径依赖。与自我、与社会、与自然的关系则是灵性领导反思的主体向度。

第五章，希望：灵性领导维度之三。本章旨在系统探讨灵性领导希望的内涵、意义与修炼策略。第一部分，从哲学、神学和心理学的角度探讨了西方学者对希望的理解和认识。希望是一种精神的期待和超越，是人对美好未来的向往和追求，是人的社会存在和价值实践的思想反映。第二部分，探讨灵性领导希望的内涵与意义。希望，指的是灵性领导不断探寻"尚未"的、"可能"的和"美好"的未来，成为理想生活的守护者。点燃组织成员内心深处的希望之灯，给予组织成员无限向前期待的原动力，让他们看到可能、看到发展、看到恩典，是领导能力的重要体现。第三部分，探讨灵性领导的希望修炼之路。灵性领导提供和创设希望的场景和情景，呵护并激活组织成员的希望意识，孕育组织的共同希望，将组织成员引向更为广阔的生命之路。

第六章，关爱：灵性领导维度之四。本章主要探讨灵性领导关爱的内涵、意义与修炼策略。第一部分，从中西方文化中追溯"爱"的内涵与真谛。尽管中西方有关爱的思想各有其内在特征，但是中西方有关爱的思想之间也有着异曲同工之妙。"爱"是人不可或缺的美好情感，是人类灵魂的家园，是人类孜孜以求的伟大理想。第二部分，探讨灵性领导关爱的内涵与意义。关爱，指的是灵性领导不以血缘、乡情为前提，不以人的仁爱之心为前提，全心主动地付出自己的善与爱，期望对方发展与幸福，而不求任何回报。灵性领导关爱具有普遍性、无私性和主动性。灵性领导的关爱是重新构建领导—组织成员关系的立足点，是组织成员精神成长的沃土，是组织发展的灵魂和核心。第三部分，探讨灵性领导的关爱修炼之路。尊重是灵性领导关爱的基石，宽容是灵性领导关爱的精髓，利他是灵性领导关爱的灵魂。

第七章，灵性领导的灵性培育策略研究。本章系统探讨团队灵性的三种培育策略。第一部分，灵性培育的对话策略。灵性领导清晰认识自己的身份与使命，鼓励组织成员彻底表达内心深处最真实的想法和看法，言说者和倾听者时常相互异位，不同意见之间彼此碰撞、激荡和交融，对话过程成为你来我往的倾听、提问的交往过程。在这个过程中，平等民主的组织成员关系得以构建，创新思维能力得以提高，组织成员的灵性得以提升。第二部分，灵性培育的讲故事策略。在故事编撰、故事叙述和故事反思的过程中，灵性领导走进组织成员的灵性世界，关怀组织成员的灵性生活，尊重组织成员独特的灵性实践，发掘或揭示内隐于故事背后的灵性思想或理念。第三部分，灵性培育的艺术策略。情感的介入是艺术与灵性的重要融合通道之一。灵性领导在艺术与自我之间建立起富含艺术精神的隐喻关系，体悟生命之静谧、超越和意义，以抚慰内心的心灵世界，强健内在的精神世界，促进灵性的提升，塑造完美的人格。

第八章，灵性共同体：灵性组织的实现路径。本章主要探讨灵性共同体的思想内涵与构建策略。第一部分，探讨共同体的思想内涵。社会学家用"共同体—社会"这对概念来描述传统社会向现代社会的变迁。共同体具有同质性、情感性和伦理性。第二部分，解读灵性共同体的内涵、特征与意义。灵性共同体以组织成员的灵性发展为根本目标，组织成员体验内心的平静，共享深度的反思，追逐共同的希望，感受彼此的关爱，凝聚成一个相互认同与信任、相互支持与关爱的有机体。灵性共同体的构建有助于人们满足情感需求，提升理性认知，增进伦理德性。第三部分，探讨灵性共同体的构建策略。研究从建立灵性共同体的共同愿景、创建灵性共同体的制度体系、培育灵性共同体的灵性文化三方面分析灵性共同体的构建策略。

结语部分是对全文进行总结，并对未来的研究加以展望。

从内容的组织上来看，本研究内容可以分为四大部分：第一部分为导言与研究综述。第二部分为第二章至第六章，主要探索灵性领导的内涵、维度和个体修炼策略。其中，第二章通过实证研究剖析灵性领导的内涵与维度；第三章至第六章分别从平静、反思、希望和关爱四个方面全面、深入、系统地探索灵性领导的内涵、意义和个体修炼策略。第三部分为第七章和第八章，研究灵性领导的灵性培育策略、灵性共同体构建策略，由团队到组织层面系统呈现组织灵性的实践路径。第二部分和第三部分之间存在从个体到群体逐步深入的关系。第四部分为结语，主要是对全书进行总结，并提出未来的研究方向。

　　总的来看，本研究以灵性作为切入点，系统全面剖析灵性领导的内涵维度、修炼策略和实现路径。研究主要创新点如下：第一，在文献、访谈和问卷调查的基础之上，编制适合中国情境的灵性领导量表。第二，从平静、反思、希望和关爱四个维度入手探讨灵性领导的内涵维度与修炼路径。第三，从灵性领导的灵性培育策略、灵性共同体构建两方面探讨组织灵性的培育策略。

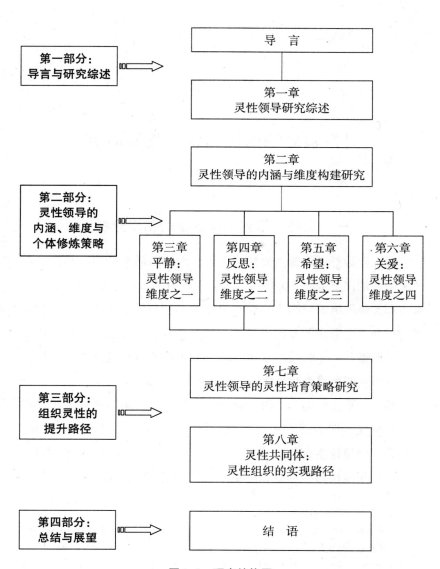

图 1.5 研究结构图

第 二 章

灵性领导的内涵与维度构建研究

一、灵性领导内涵与维度的初步分析

灵性领导舒缓跟随者的精神世界，唤醒跟随者的内心体验，激活跟随者的深层潜能，关怀跟随者生命价值的核心，在平静、反思、希望和关爱的组织氛围中体验心灵深处的超越性，达成个体内在心灵需求与工作意义的互动，实现个体与自我、与社会、与自然的联结，进而提升个体的灵性水平，转变成组织的可持续发展。具体而言，可以从四个维度对灵性领导进行分析。(参见表2.1)

其一，平静。David Elkins (1988) 认为，真正的灵性人士懂得物质的享受，却不把它视为最高的目的。[①] Emmons (2003) 提出，灵性是一种超越生理与物质存在的能力。[②] Fairholm (1996) 指出，灵性领导超越权力、财富和声望，聚焦于正直、正义、独立等核心

---

① Elkins, D. N. , Hedstrom, L. J. , Hughes, L. L. , Leaf, J. A. , &Saunders, C. L. (1988). Toward a Humanistic-phenomenological spirituality: Definition, Description, and Measurement. Journal of Humanistic Psychology, 28, 5 – 18.

② Emmons, R. A. , (2003). The Psychology of Ultimate Concerns: Motivation and Spirituality in Personality. New York: The Guilford Press.

价值。① Deborah M. Wharff（2004）也认为，灵性领导具有超然的维度，灵性领导超越物质系统，超越工具性目的，进入一个更高的意识层面。② 从上述学者的论述中，笔者开发出灵性领导平静的子维度。所谓平静，指的是灵性领导超越欲望、情感与认知，进而获得内心的平静、行为的沉稳。

其二，反思。在 Gardner（1999）看来，灵性智能高的人经常思考有关宇宙或存在方面的问题，试图了解人类生命的真正意义，以及宇宙存在的问题。③ Dent，Higgins 和 Wharff（2005）、Hicks（2002）认为，灵性是有关我们生存意义的追问。④ Ashmos 与 Duchon（2000）则提出了灵性中的内在生命维度，他们主张员工要经常进行自我反省、沉思与祷告。⑤ 蔡进雄认为，灵性领导注重探索自我与自我、自我与他人、自我与环境、自我与宇宙之间的关系，其内涵包括寻求超越、意义、使命、目的等。⑥ 从上述学者的探索中，

---

① Fairholm, G. (1996). Spiritual Leadership: Fulfilling Whole-self Needs at Work. Leadership and Organization Development Journal, 17 (5), 11–17.

② Deborah M. Wharff (2004). Expressions of Spiritually Inspired Leadership in the Public Sector: Calling for a New Paradigm in Developing Leaders, www. spiritatwork. org/ knowledgecenter/ dissertations /Wharff_dissertation. pdf

③ Gardner, H. (1999). Intelligence Reframed: Multiple intelligences for the 21st century. New York: N. Y. Basic Books.

④ Dent, E. B., Higgins, M. E., & Wharff, D. M. et. al. (2005). Spirituality and Leadership: An Empirical Review of Definitions, Distinctions, and Embedded Assumptions. The Leadership Quarterly, 16, 625–653.

Hicks, D. A. (2002). Spiritual and Religious Diversity in the Workplace. Implications for Leadership. The Leadership Quarterly, 13, 379–396.

⑤ Ashmos, D., & Duchon, D. P. (2000). Spirituality at Work: A Conceptualization and Measure. Journal of Management Inquiry, 9 (2), 134–145.

⑥ 蔡进雄："提升教育领导的新境界：论灵性与教育领导"，载《教育研究月刊（台北）》2006 年第 146 卷，第 78–86 页。

笔者提出灵性领导反思的子维度。所谓反思，指的是灵性领导自觉、持续地反思事物的本质规律，反思自我的生存意义，反思自己与自我、与社会、与自然的关系，以不断提高领导效能，提升心性修为。

其三，希望。David Elkins 等（1988）提出，真正的灵性人士拥有天职与使命感，这种使命感成为其行动的至高动机。[①] Fairholm（1996）也认为，灵性领导注重发展致力于工作的愿景与使命。[②] Fry（2003）更将希望/信仰作为灵性领导的重要特质，希望/信仰是对组织愿景、目的和使命的信仰。[③] 从上述学者的论述中，笔者开发出灵性领导的希望子维度。所谓希望，指的是灵性领导不断探寻"尚未"的、"可能"的和"美好"的未来，成为理想生活的守护者。

其四，关爱。Maslow（1969）指出，灵性的最高需求，是超越个人需求协助他人实现自我实现的需求。[④] David Elkins 等（1988）提出，真正的灵性人士拥有正义感和慈悲心，愿意服务他人及爱人。[⑤] 而 Ashmos 与 Duchon（2000）则在工作场所灵性中提到共同体的概念。在共同体中，人们在相互信任的氛围中工作，人与人之间

---

① Elkins, D. N., Hedstrom, L. J., Hughes, L. L., Leaf, J. A., &Saunders, C. L. (1988). Toward a Humanistic-phenomenological Spirituality: Definition, Description, and Measurement. Journal of Humanistic Psychology, 28, 5 – 18.

② Fairholm, G. (1996). Spiritual leadership: Fulfilling Whole-self Needs at Work. Leadership and Organization Development Journal, 17 (5), 11 – 17.

③ Fry, L. W. (2003). Toward a Theory of Spiritual Leadership. Leadership Quarterly, 14 (6), 693 – 727.

④ Maslow, A, H., (1969). Z Theory, Journal of Transpersonal Psychology, 1 (1), 31 – 47.

⑤ Elkins, D. N., Hedstrom, L. J., Hughes, L. L., Leaf, J. A., &Saunders, C. L. (1988). Toward a Humanistic-Phenomenological Spirituality: Definition, Description, and Measurement. Journal of Humanistic Psychology, 28, 5 – 18.

形成与他人紧密相连的归属感。① Fairholm（1996）提出，灵性领导满足人们的归属感，主动为组织成员提供服务，帮助团队走向成功。② Fry（2003）进一步将利他的爱作为灵性领导的特质之一，人们在相互关爱、欣赏和感激中形成整体、融洽和幸福的感觉。③ Deborah M. Wharff（2004）也提出灵性领导的关联维度，灵性领导在组织中营造一种相互信任、尊重和同情的文化氛围，人们沉浸于与自我、与他人、与整个宇宙的和谐关系之中。④ 从上述学者们的分析之中，笔者开发出灵性领导的关爱子维度。所谓关爱，指的是灵性领导普遍、无私、主动地将关爱洒向所有组织成员，尊重对方，宽容对方，给予对方成长、快乐和幸福的空间。

表2.1 灵性领导的内涵与维度

维度	维度定义	相关理论依据
平静	灵性领导超越欲望、情感与认知，进而获得内心的平静、行为的沉稳	David Elkins（1988）；Emmons（2003）；Fairholm（1996）；Deborah M. Wharff（2004）
反思	灵性领导自觉、持续地反思事物的本质规律，反思自我的生存意义，反思自己与自我、与社会、与自然的关系，以不断提高领导效能，提升心性修为	Gardner（1999）；Morris（1999）；Ashmos 与 Duchon（2000）；蔡进雄

---

① Ashmos, D. , & Duchon, D. P. (2000). Spirituality at Work：A Conceptualization and Measure. Journal of Management Inquiry, 9 (2), 134 – 145.

② Fairholm, G. (1996). Spiritual Leadership：Fulfilling Whole-self Needs at Work. Leadership and Organization Development Journal, 17 (5), 11 – 17.

③ Fry, L. W. (2003). Toward a Theory of Spiritual Leadership. Leadership Quarterly, 14 (6), 693 – 727.

④ Deborah M. Wharff. (2004). Expressions of Spiritually Inspired Leadership in the Public Sector：Calling for a New Paradigm in Developing Leaders , www. spiritatwork. org/ knowledgecenter/ dissertations /Wharff_dissertation. pdf.

维度	维度定义	相关理论依据
希望	灵性领导不断探寻"尚未"的、"可能"的和"美好"的未来，成为理想生活的守护者	David Elkins 等（1988）；Fairholm（1996）；Fry（2003）
关爱	灵性领导普遍、无私、主动地将关爱洒向所有组织成员，尊重对方，宽容对方，给予对方成长、快乐和幸福的空间	Maslow（1969）；David Elkins（1988）；Ashmos 与 Duchon（2000）；Fairholm（1996）；Fry（2003）；Deborah M. Wharff（2004）

平静、反思、希望和关爱构成灵性领导的四个主维度。灵性领导超越外在的利益交换，注重人的心灵成长，以高层次需求引导组织成员的深层情感，激发组织成员的内在潜能，唤醒组织成员的灵性成长，提升组织成员的生命意义，追寻生命智慧与共同愿景，共享美妙的伦理世界。

二、灵性领导内涵与维度的预研究

为了探索中国情境下灵性领导的内涵与维度，笔者试图采用文献法、访谈法、德尔菲法和问卷调查法进行预研究，以构建适合中国情境的灵性领导量表。其中，文献法为量表的初始设计提供了很好的基础性量表，而访谈法、德尔菲法和问卷调查法则为修正与完善量表提供了扎实的实证基石。

（一）初始项目的编制

笔者首先围绕灵性领导进行大量而充分的文献研究，本研究主要收集和参考的量表和问卷包括：Milliman、Czaplewski 和 Ferguson（2003）的灵性问卷;[①] Ashmos 与 Duchon（2000）的职场灵性问卷;[②] Fry（2003）的灵性领导问卷、[③] 蔡进雄的灵性领导构面与题目等。[④] 在参考上述灵性领导理论文献的基础之上，对中国党政领导干部进行访谈和问卷调查，搜集中国情境下灵性领导的测量题项，编制中国情境下灵性领导的原始测量题项。

其一，访谈提纲与过程的设计。为了最大限度地获得访谈对象的认可，确保获得有价值的翔实信息，为后续的灵性领导量表设计提供重要的参考信息，笔者设计了访谈提纲，试图采用开放性问题、探索性问题和追加性问题等问题形式探寻领导干部对灵性领导的理解，以确定中国情境下灵性领导的内涵和维度构成。一方面，通过开放性问题的提出，请被试自由阐述自己对灵性领导的认识，探讨工作中会使用哪些方法来提高自我和员工的灵性水平。另一方面，通过探索性问题的设计，针对被试所没有涉及的灵性领导特征，询问他们的体会、感受和实践。此外，笔者也常运用追加问题，例如"除了我们刚才谈到的，您认为，灵性领导还有哪些特征"，来探索更多的灵性领导内涵与特征。在访谈前几位被试的基础之上，笔者根据访谈所获得的反馈信息，以及访谈对象的意见和建议，对访谈提纲中不清晰、容易有歧义的问题进行修改，形成最终的灵性领导

---

① Milliman, J., Czaplewski, A. J., & Ferguson, J.（2003）. Workplace Spirituality and Employee Work Attitudes. Journal of Organizational Change Management, 16, 426–447.

② Ashmos, D., & Duchon, D. P.（2000）. Spirituality at Work: A Conceptualization and Measure. Journal of Management Inquiry, 9（2）, 134–145.

③ Fry, L. W.（2003）. Toward a Theory of Spiritual Leadership. Leadership Quarterly, 14（6）, 693–727.

④ 蔡进雄："提升教育领导的新境界：论灵性与教育领导"，载《教育研究月刊（台北）》2006 年第 146 卷，第 78–86 页。

访谈提纲。

最终的访谈提纲分为三个部分：第一部分为介绍语，用以告知访谈对象本次访谈的主要内容。第二部分为开放式提问，用以获知访谈对象对灵性领导的初步感受。第三部分分为两个步骤：第一步，简单介绍灵性领导的基本内涵及其在现实工作中的具体表现；第二步，针对被试所没有涉及的灵性领导特征，询问他们的体会、感受和实践，询问实际工作中灵性领导对工作结果的影响，以讨论相关国外研究成果在中国情境下的适用性。运用最终的访谈提纲，笔者采用单独一对一的访谈形式访谈了10位领导者，每人访谈时间在30分钟左右。通过半结构化访谈，笔者对文献中所提及的灵性领导特征进行印证，与此同时，也尽可能搜集文献中没有涉及的信息。文献所没有提到的灵性内容非常关键，它们有可能反映中国特有社会文化背景下灵性领导的内在特征。

其二，访谈结果的分析。笔者初步删除了与本研究无关的相关语句，通过编码、分类、归类的方法处理所有的信息，采用内容分析的方法对访谈的结果进行分析和处理。内容分析法（Content Analysis）是通过对研究对象客观、系统地深入分析，层层推理，透过现象看本质的一种科学方法。

有关灵性领导的访谈结果显示，访谈对象比较容易接受和理解灵性领导的内涵。经过归类分析，笔者总结出访谈中72次对于灵性领导维度构成的不同表述，这些表述大体可以分至前述的四个维度：平静、反思、希望和关爱。基于访谈研究，笔者提取访谈研究中大部分访谈对象所提到的灵性领导维度构成灵性领导的结构维度模型，并在后续的问卷调查中使用这一维度构成进行问卷设计和实证分析。

（二）初始问卷的生成

在文献查阅与访谈的基础之上，我们初步得到灵性领导的四个维度：平静、反思、希望和关爱。在准备好四个维度的测量题项库后，笔者分三步修改和完善，生成灵性领导的初始量表。

其一，采用德尔菲法修改原始评定题项。为了更充分地获取学者、实践者对灵性领导的看法与意见，笔者采用德尔菲法对包含72个测量题项的原始评定题项进行修改。专家小组成员由5位领导干部（2位局级领导干部，3位处级领导干部）与2位领导学研究方向教授、副教授共7人组成。专家小组成员对72个原始评定题项进行逐个印证。对于分歧部分，经过几轮信息的反馈，专家小组的观点逐步趋于一致。最终，修改了一些题项，排除了一些模糊或是回答较为困难的题项，同时也增加了一些新的题项，形成了一个包含48个灵性领导初始评定题项，构成了初始的灵性领导调查问卷A。

其二，邀请党政领导干部对初始题项进行选择与完善。笔者邀请55位党政领导干部填写灵性领导调查问卷A，要求他们从每个维度对应的题项中分别选出最能反映该维度特征的选项。根据入选率大于等于50%的标准，最后选择了37个灵性领导测量题项，形成了灵性领导调查问卷B。此外，笔者还设计了两个开放式问题，征求被试的意见，以便对问卷作进一步修改与完善。

其三，在预试基础之上生成最终的灵性领导量表。笔者使用灵性领导调查问卷B进行预试，以便为正式研究探索出一个可使用的科学量表。预试量表以李克特五点量表的填答方式计分，被试根据其所觉察的领导行为，在"总是这样"、"时常这样"、"有时这样"、"很少这样"、"从未这样"等五个不同选项中勾选，计分则依次给予5分、4分、3分、2分和1分。分数越高，说明领导在组织内表现出该行为的频率越高。预试选择来自东、中、西、东北部不同城市的党政领导干部作为研究样本，共发放问卷120份，回收有效问卷 104 份，答题者完成问卷的时间在 15 分钟内，答题的内容基本上完整有效，且答题者并未有任何厌烦或抱怨的情绪。这表明，问卷设计的题量较为适当。

在 104 份问卷的反馈、填写测量题项所用时间以及现场反馈的基础上，笔者对测量题项作了最后的修改。首先，对题项的区分度进行分析。笔者把被试按照总分高低进行排列，取得分最高的 20% 被试作为高分组，取得分最低的 20% 被试作为低分组，基于此删除题项区分度较低的项目。其次，对问卷进行探索性因子分析。运用主成分分析法，采用平均正交旋转的方法对因子载荷矩阵进行旋转。参照因子分析结果中的因子负荷，选取因子共同度高、因子荷重高的项目，调整或删除交叉负荷较高、含义不明确、有歧义的项目。结果表明：特征值根大于 1 的因子有 4 个，总方差累计贡献率达到 67.948%，因子负荷均在 0.524 以上，表明量表具有良好的区分效度。再次，对问卷进行内部一致性信度分析。结果显示，整个问卷的内部一致性信度为 0.917，分半信度为 0.813，各个因子的信度均达到了 0.80 以上。经过此轮修改和增删，笔者重新斟酌了题项措辞，问卷长度适当压缩、版面设计进一步优化，测量题项最终调整为 19 个，形成用于正式调查的问卷 C。（参见本书附录）

（三）灵性领导量表之主体内容

构面一：平静。此构面共有四道题目，包括"一般情况下，我会坦然承认自己的错误"；"我能够很快忘记那些不愉快的事情"；"我做事力求稳妥，不做无把握的事情"；"遇到意想不到的突发事情，我能冷静应对"。

构面二：反思。此构面共有五道题目，包括"我常常注意到许多人不能注意到的细节"；"我喜欢思考事物的内部规律"；"我能透过事物表面看到问题的实质";"我常常把问题放在一个具体的情境中去思考";"我知道,我的工作对我而言有什么意义"。

构面三:希望。此构面共有五道题目,包括"我是一个有信仰的人";"我感觉,我为我的理想和价值而活着";"即使受到挫折,我仍坚信我从事着很有意义的工作";"我常向下属强调,我们肩负着崇高的使命";"我们组织的愿景影响着我,激励着我"。

构面四:关爱。此构面共有五道题目,包括"我强调团队精神,鼓励同事间的合作和支持";"我经常鼓励同事不断学习,追求自我的价值";"我努力营造一个尊重、宽容与利他的组织氛围";"在需要的时候,我会快乐、毫无保留地帮助同事";"我愿意为组织付出,而不计较个人得失"。

三、灵性领导维度探索的研究与分析

在前期文献查阅和调查访谈的基础之上,运用预研究所开发的灵性领导量表进行正式施测,以探索和验证灵性领导的维度结构。

(一)研究样本

从理论角度看来,样本数量越多,研究结果就越具有说服力。但在实际研究中,由于条件限制使得样本规模往往受到一定的限制。Rea 和 Parker 认为,10% 作为最大的抽样误差应该可以接受或允许,但是样本规模至少要达到100 个(Rea 和 Parker,1992)。[①] 由于各种客观条件的限制,领导研究的抽样往往难以做到严格意义的概率抽样。

本研究采用分层随机抽样的方式选取样本,研究样本为党政领

---

① Rea, L. , Parker, R. (1992). Design and Conducting Survey Research: A Comprehensive Guide, San Franciso: Jossey-Bass Publishers.

导干部。研究将母体区分为四个地域（东部、西部、中部、东北部）、三个职级（局级、处级、科级），期望通过不同对象的意见及看法探索合适的灵性领导概念维度和系统架构。笔者共发放问卷 377份，回收有效问卷 328 份，回收率为 87%。本研究被试以男性居多，占 74.39%，女性则占 25.61%。被试年龄在 31－40 岁、41－50 岁、50－60 岁的比例分别为 20.73%、56.71% 及 22.56%。被试居住地在东、中、西、东北部比例分别占 23.78%、28.35%、32.62%、15.24%。被试担任局级、处级、科级职级所占比例分别为 33.54%、55.79%、10.67%。被试教育程度以大学本科最多，占 67.68%，其次分别为研究生、大专，所占比例分别为 23.17%、9.15%。任职年限在 5－10 年、10－20 年、20－30 年的比例分别为 21.95%、50.3% 和 27.74%。被试样本的具体分布状况见表2.2 所示。

表 2.2　正式施测样本分布（n＝328）

变量		样本数	样本比例
性别	男	244	74.39%
	女	84	25.61%
年龄	31－40	68	20.73%
	41－50	186	56.71%
	51－60	74	22.56%
地域	东部	78	23.78%
	中部	93	28.35%
	西部	107	32.62%
	东北部	50	15.24%
职级	科级	35	10.67%
	处级	183	55.79%
	局级	110	33.54%

	变量	样本数	样本比例
	专科	30	9.15%
学历	本科	222	67.68%
	研究生	76	23.17%
	5－10	72	21.95%
任职年限	10－20	165	50.3%
	20－30	91	27.74%

注：由于有的被调查对象对个别题目有漏填或拒绝回答的现象，各变量的合计数百分比有可能不等于100%。

（二）研究工具

研究采用预研究开发的包含 19 个题项的灵性领导调查问卷。（参见本书附录）与此同时，为了使被试迅速、正确地理解问卷的要求，在量表的结构编排上考虑了如下两个方面：第一，为避免被试的敏感反应，将调查问卷的标题修改为"组织环境状况调查问卷"，在指导语中标明"本调查问卷旨在了解组织环境之状况，纯供学术研究之用，请您安心填答"。第二，为了减少顺序效应及同类题目的相互干扰，项目编排采用了混合螺旋式的排列方式。

（三）研究结果与分析

为了保证分析结果的有效性和科学性，在利用 SPSS17.0 进行统计分析之前，笔者对回收问卷进行了仔细地筛选。主要存在的问题及相应对策如下：第一，大面积的无回答或相当多的题项无回答，以无效卷处理。第二，调查对象基本情况部分如个别题项遗漏或回避无回答，仍作为有效问卷，所遗空白忽略统计。第三，主体问卷部分，如个别问题遗漏或拒绝回答（单个样本遗漏或拒绝回答的数目不能超过 3 个），仍作为有效问卷，所遗空白忽略统计。第四，有些调查者对全部或部分题项的回答明显反映出对所做题项缺乏兴趣，全凭应付（如连续多道题选择相同答案），该问卷以无效卷处理。经筛选后，得到有效问卷共 328 份。

首先，检验样本数据是否适合因素分析，检验指标主要是 KMO 样本测度和 Bartlett 氏球体检验的卡方值。如果 KMO 在 0.5 以下，则不宜进行因子分析；如果 Bartlett 氏球体检验统计值的显著性概率小于或等于 0，则可以做因子分析。检验结果表明，KMO 样本测度值为 0.814，而 Bartlett 氏球体检验的显著性概率为 0.000，数据显示本研究样本较为适合做因素分析。

接着，运用主成分分析方法，并按照方差最大进行正交旋转，根据特征值大于 1 和碎石图确定因子，对 328 份数据做探索性因素分析，考验灵性领导各维度的因素负荷量，以检验本量表的效度。从这些题项中，我们得到四因素结构模型，根据各因素内项目的内容，对四个因素依次命名为"平静"、"反思"、"希望"和"关爱"。四个因素总共解释了总方差的 62.043%，且各测量项目跨因素载荷均小于 0.2，表明此结构具有良好的收敛效度和区分效度，因素结构较为理想。研究结果再次验证了所编制量表的科学有效性，也说明了所编制问卷具有较好的稳定性，可以进行重复研究。（参见表 2.3）

表 2.3　因素模型矩阵

项目内容	因素				Cronbach a 值
	1	2	3	4	
A1 一般情况下，我会坦然承认自己的错误	0.501				0.873
A2 我能够很快忘记那些不愉快的事情	0.686				0.871
A3 我做事力求稳妥，不做无把握的事情	0.550				0.866

项目内容	因素				Cronbach a 值
	1	2	3	4	
A4 遇到意想不到的突发事情，我能冷静应对	0.609				0.863
B1 我常常注意到许多人不能注意到的细节		0.705			0.865
B2 我喜欢思考事物的内部规律		0.723			0.859
B3 我能透过事物表面看到问题的实质		0.728			0.861
B4 我常常把问题放在一个具体的情境中去思考		0.723			0.868
B5 我知道，我的工作对我而言有什么意义		0.624			0.860
C1 我是一个有信仰的人			0.631		0.867
C2 我感觉，我为我的理想和价值而活着			0.704		0.864
C3 我常向下属强调，我们肩负着崇高的使命			0.632		0.862
C4 即使受到挫折，我仍坚信我从事着很有意义的工作			0.797		0.864
C5 我们组织的愿景影响着我，激励着我			0.608		0.864
D1 我努力营造一个尊重、宽容与利他的组织氛围				0.746	0.868
D2 在需要的时候，我会快乐、毫无保留地帮助同事				0.777	0.870
D3 我愿意为组织发展付出，而不计较个人得失				0.637	0.865
D4 我强调团队精神，鼓励同事间的合作与支持				0.404	0.866
D5 我经常鼓励同事不断学习，追求自我的价值				0.477	0.863
特征值	2.918	3.769	3.235	3.096	
因素名称	62.043	19.836	34.756	48.947	

总体来说，本研究参考灵性及灵性领导的相关文献，在对灵性领导内涵界定的基础之上，经由严格程序编制了灵性领导量表，构建灵性领导的维度结构，以更为清晰地表达灵性领导的主要内涵。经过探索性因素分析，本研究发现灵性领导具有四维度结构，四维度分别为：平静、反思、希望、关爱。（参见图 2.1）各个维度之间存在着中低度相关，但这些相关性并未伤害到灵性领导的结构效度。灵性领导结构维度得到数据的有力支持，灵性领导理论模式及量表有其价值性及适用性。

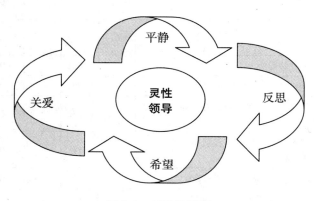

图 2.1   灵性领导图

当然，本研究也存在着不足，主要体现在两方面：一方面，测量工具与结论的概化问题。本研究的研究对象主要是党政领导干部，且由于各方面因素的限制，采用便利抽样法抽取样本，因此要将测量工具及分析结果推广到其他类型组织领导时，还需要谨慎评估，并做出适当调整。另一方面，灵性领导的效标效度仍有待于进一步检验。灵性领导本质上是用平静、反思、希望和关爱来回应组织成员高层次的灵性需求，虽然本研究从理论上力图挖掘这一理念，但四维度模型是否比其他模型更能反映这一理念，还需要通过实证研究加以检验。值得指出的是，任何领导理论的构建若能经过实际的验证，则较能彰显其价值性及适用性，否则只能停留于概念的构建，灵性领导的理论研究还需走出测量的实证之路，更多与领导实务紧密相连，更多关怀组织成员的灵性构建。

第 三 章

平静：灵性领导维度之一

第一节 追溯"平静"的思想内涵

一、中国传统文化对"静"的认识与理解

中国古代社会是农业社会，农耕文明的基本特点就是"静"。人们大多依附于土地，不能随便迁移，农作物收成的好坏则是大自然阳光、雨露恩赐的结果。在如此环境熏陶之下成长起来的哲人，其精神文化主体就是"心斋之心"，由忘之而呈现的就是虚静。无论是儒家、道家，还是佛教都关注着"静"，都从不同角度阐释着"静"的思想。

（一）儒家学派对"静"的阐述

1. 先秦时代儒家的"静"思想

先秦时代，儒家学派多从加强个人道德修养的角度来谈论"虚静"。孔子认为，个人达到圣贤水准之后，最明显的人格心理特征就是"静"。正所谓"仁者静"。①"仁"者超脱于外物，而追逐心灵的

---

① 〔宋〕朱熹撰，金良年今译：《四书章句集注（上）》，上海：上海古籍出版社2008年版，第114页。

超脱、宁静与归一。在他看来，"虚静"是"仁"，是"万物之始"。正因如此，孙奇逢评价说，淡泊而宁静是尼父之真血脉。① 《大学》开篇便说，"大学之道，在明明德，在亲民，在止于至善。知止而后有定，定而后能静，静而后能安，安而后能虑，虑而后能得"。② "静"是"心不妄动"③ 之意，也是认识过程中的一种心理状态。

在《荀子·解蔽》中，荀子继承并发挥了"虚一而静"的观点。"人何以知道？曰：心。心何以知？曰：'虚一而静'。心未尝不臧也，然而有所谓虚。心未尝不满也，然而有所谓一。心未尝不动也，然而有所谓静。"④ 荀子还对"虚"、"一"、"静"作出详细而具体的进一步阐释。"以所已臧害所将受，谓之虚。……不以夫一害此一谓之一。……不以梦剧乱知，谓之静。"⑤ "虚"是"虚心"，⑥ 排除主观的成见，不让主体已经积累的知识来妨碍将要接受的知识。"一"是"专一"，⑦ 不要因为已经认识了多种事物而妨碍对某一事物的单独体察。"静"谓于"动作之中而不乱"，⑧ 不用胡思乱想来干扰和打断正常的认识活动。"惟虚，故能受；惟一，故能积久而成德；惟静，故能通"。⑨ 要想克服认识过程中"蔽于一曲而暗于大

---

① 转引自宝贵敏："庄子与孔子境界论比较研究"，载《西南民族大学学报》（人文社科版）2007 年第 7 期，第 121 – 124 页。

② 〔宋〕朱熹撰，金良年今译：《四书章句集注（上）》，上海：上海古籍出版社 2008 年版，第 5 页。

③ 同上，第 6 页。

④ 熊公哲注译：《荀子（下）》，重庆：重庆出版社 2009 版，第 457 页。

⑤ 同上，第 457 页。

⑥ 同上，第 458 页。

⑦ 同上，第 458 页。

⑧ 同上，第 458 页。

⑨ 同上，第 458 页。

理"的片面性和主观性，就必须放弃主观成见，忘却欲望私利，保持心的宁静。"心枝则无知，倾则不精，二则疑惑，以赞稽之，万物可兼知也。身尽其故则美。类不可两也，故知者择一而一焉"。① 只有空掉"外物"，空掉"自我"，做到"虚一而静"，客观事物的本来面目才能呈现在你面前，才能"万物莫形而不见，莫见而不论，莫论而失位。坐于室而见四海，处于今而论久远"。②

2. 周敦颐：主"静"与"诚"

在宋明儒学中，"主静"说源于周敦颐。《四库全书提要》谈到周敦颐时，开宗明义："周子之学，以静为宗"，③ 将周敦颐的哲学思想浓缩为一个"静"字。综观周氏的《太极图说》和《通书》，不难看出，周敦颐援道入儒，将道家"静"的思想引入儒家理论体系之中，追求一种清心寡欲，自然超脱的精神境界。"主静"贯穿于周敦颐学说的始终，是其宇宙观和伦理观的中心。

周敦颐的《太极图说》是周敦颐思想的总纲，是道教太极图和儒家《周易》相结合的产物。《太极图说》从宇宙万事万物的本源入手，推导出宇宙生成、变化的过程和原因。其中，主静是人以及万事万物在宇宙演化过程中的必然。"'无极而太极'。……太极动而生阳，动极而静，静而生阴。静极复动。一动一静，互为其根；分阴分阳，两仪立焉。"④ 在《通书》中，他提到"动而无静，静而无动，物也。……动而无动，静而无静，神也。……动而无动，静而无静，非不动不静也。动中有静，静中有动。物则不通，神

---

① 熊公哲注译：《荀子（下）》，重庆：重庆出版社 2009 版，第 460 页。

② 同上，第 457 页。

③ 周乔建："周敦颐的主静说及其审美情趣"，载《九江师专学报》1995 年第 2 期，第 55 – 58 页。

④ 〔宋〕周敦颐著，陈克明点校：《周敦颐集》，北京：中华书局 2009 年版，第 4 页。

妙万物。"① 这里所言的动而无动，静而无静的神，就是太极。在周敦颐看来，神的动静和物的动静有所不同，物质的动只是动，静只是静，动中无静，静中无动。而神的动静并非是相对于动的绝对之静，而是超越于物的动静的一种虚静状态，是万物运动的推动者。

周敦颐将"静"从宇宙论推及而来，又重回至"人性"。在《通书》中，周敦颐提出"立诚"的思想，以"诚"作为儒家思想的中心范畴。在周敦颐看来，"诚"不单纯是圣人之本，是中正仁义之渊源，还是人所受之于天的本然之性，是超越于个体生命之上的宇宙本体。"诚者，圣人之本"，② 而"圣人之道，仁义中正而已矣"。③ "圣人定之以中正仁义，……。而主静，无欲故静。立人极焉"。④ 周敦颐把"诚"与"静"看作同义语，"诚，五常之本，百行之源也"。"静无而动有，至正而明达也。"⑤ "诚"就是"静"，"寂然不动者，诚也"。⑥ 周敦颐的"静"、"诚"具有同"中正仁义"相同的意义，都属于伦理道德范畴。违背仁、义、礼、智、信的行为就与"诚"相背驰，与天道、与人的本性相背离。

如何主"静"呢？在周敦颐看来，"静"作为伦理道德修养的最高境界，其根本特征就是排除一切不合"中正仁义"的私欲，也就是"无欲"。欲望迷惑人的各种感官，是成圣的大敌，也是心静的大敌。妄念破坏灵性的调控能力，使人追逐外物，迷失归根的方向，

---

① 〔宋〕周敦颐著，陈克明点校：《周敦颐集》，北京：中华书局2009年版，第27页。

② 同上，第13页。

③ 同上，第19页。

④ 同上，第6页。

⑤ 同上，第15页。

⑥ 同上，第17页。

纵性而为，干扰修行。而"无欲则静虚动直，静虚则明，明则通。动直则公，公则溥。明通公溥，庶矣乎！"① 心是"无极之真，二五之精，妙合而凝"②的杰作，是禀受天地之秀而形成的灵气。气静如水静，才能心明，才能观照万物的动静。欲动则心动，心动则气动。灵气随欲逐物，就会有执、有私、有意，进而失去了心的灵明。周敦颐主张，主静要从心入手，主静，即是涵养心之静。只有心中"无欲"，精神专一，心境虚灵而平和，人们才能做到"静虚、动直"③，行动正直而合乎"中"，才能具有儒家之仁、义、礼、智、信的道德品德，进而达至自然、正直、公道、宽厚的圣人境界。

"静"，在周子学说中是一个非常重要的范畴。主"静"与"诚"，不可分离，也是周敦颐思想精妙处之一。周敦颐兼采道家的主张，借助颇为精致的佛学论证方法，对孟子的"寡欲""养心"说进行改造，并把仁义礼智信等儒家道德学说建立在"静"的基础之上，试图重建儒学的崇高地位，虽然表现出儒表佛里的特点，但也体现出认识的进步和理论的深入。

3. 二程：以"敬"替"静"

如果说周敦颐将主静作为修养的工夫带有明显的道家色彩，那么二程的"主敬"说则凸显了儒学的本质。为了和佛教划清界限，二程巧妙地避开"静"这一有争议的概念，将佛老"静"的思想揉入儒家"敬"的内涵之中，排斥了"静"的最高地位。"才说静，便入于释氏之说也。不用静字，只用敬字。才说着静字，便

---

① 〔宋〕周敦颐著，陈克明点校：《周敦颐集》，北京：中华书局 2009 年版，第31 页。

② 同上，第5 页。

③ 同上，第31 页。

是忘也"。① 二程吸收了周敦颐的"主静"说，结合儒家的"主敬以直所内，守义以方其外"② 的思想，赋予"敬"以全新的内涵与功能，将"敬"明确作为修身养性的重要工夫。

二程将"静"纳入"敬"的范围，并将"敬"作为修养成圣人的根本。先秦儒家的"静"与佛老的"静"虽在指向上完全不同，但在内涵上却有很多相通之处，这些都成为二程主敬思想的源泉。在主敬中，人们摒除一切纷繁思虑，抵制各种私心杂念，保持内心之虚静。此时，"敬"是一种涵养身心的手段，是一种进入虚静状态体认天理的途径。而"敬则自虚静，不可把虚静唤作敬"。③ 相对于"静"而言，"敬"具有更广泛的意义。当然，二程的"敬"说并非完全一致，程颐的"敬"比程颢的"敬"的内容更为丰富。程颢将"敬"与儒学的最高范畴"诚"相提并论，所谓"识得此理，以诚敬存之而已"。④ "诚者天之道，……不诚则无物也。"⑤ 如此，就将作为一种修养环节或具体规范的"敬"拔高至最高原则的层面，提升到圣人的境界，"敬"便具有了绝对道德的意义。如果说"静"多少带有无主格的寂然状态，而"敬"则是一种有主格的寂然心境，它是人心达到与无限的终极本质相契合的那种心理状态。而程颐所言的"敬"主要指整齐严肃与主一无适，要求人在外在的容貌举止与内在的思想情感两方面同时约束自己。整齐严肃，要求人们举止、服饰、情态等必须由乎礼而合乎仪。而"主一"，即是既要专心于一

---

① 〔宋〕程颢、程颐著：《二程集（上）》，北京：中华书局2004年版，第189页。
② 〔宋〕朱熹、吕祖谦撰，斯彦莉译注：《近思录》，北京：中华书局2011年版，第39页。
③ 〔宋〕程颢、程颐著：《二程集（上）》，北京：中华书局2004年版，第157页。
④ 同上，第16页。
⑤ 同上，第127页。

处，又要保持内心的中和状态，既不至东，也不至西，处于"中"的状态。尽管二程在"敬"的内涵认识上有着差异，但是他们都认为，"君子之遇事，无巨细，一于敬而已"。① 自以为是的傲慢心理是不敬的表现，也是君子所应摒弃的。人们应该时刻保持谨慎、谦卑的态度。"简细故以自崇，非敬也；饰私智以为奇，非敬也。"② 可见，作为人事之本的二程之"敬"中不仅包含"静"的状态，还包含"静"所没有容纳的内容。

值得指出的是，"敬"中所含"静"之义并不完全等同于佛、道"静"之义。二程的主"敬"说继承了儒学注重现实、强调入世的积极生活态度，与佛道两家以"静"反映出的隔世、离世态度截然不同。"敬"中所含"静"是一种养浩然之气的功夫。二程说："主一无适，敬以直内，便有浩然之气"。③ "此意但涵养久之，则天理自然明"。④ "敬"中所含"静"强调"敬一约处"，注重认真入世的状态，在事上做工夫的精神，以达到与天地合德、日月合明的境界。二程认为，道或理存在于一切事物之中，存在于一草一木之中。修养道的"静"并非是停止一切活动，而是在洒扫应对、交感万物之中来体察本心，通过心性的修养使此岸世界变为理想世界。

4. 朱熹："主静"依附于"主敬"

在朱熹看来，"程先生所以有功于后学者，最是'敬'之一字有力"。⑤ 在继承二程思想的基础上，朱熹丰富和发展了"敬"的思

---

① 〔宋〕程颢、程颐著：《二程集（上）》，北京：中华书局2004年版，第73页。
② 同上，第73页。
③ 同上，第143页。
④ 同上，第150页。
⑤ 〔宋〕黎靖德编，王星贤点校：《朱子语类》（第1册）卷12，北京：中华书局1986年版，第210页。

想，使"敬"成为更全面的修养方法。"'敬'字工夫，乃圣门第一义，彻头彻尾，不可顷刻间断"。①

朱熹肯定"主静"对心性修养的作用，"主静"是"主敬"功夫不可或缺的有机组成部分。朱熹的"主静"思想源自道家"致虚极，守静笃"、"心斋"、"坐忘"等理念，也继承了儒家周敦颐的"圣人主静"和二程的教人于静坐中"看喜怒哀乐未发以前气象"的思想，还吸收了佛教"戒、定、慧三学"的养分。朱熹认为，"敬只是养底功夫"，② 而"养，非是如何椎凿用工，只是心虚静，久则自明"。③"于静处下功夫"可以收敛身心，安定精神，充塞浩然之气，使道和理找到安顿之处，达到认识"道之全体"的洒然融释之境。人生静坐读书过程，实际上是一个求知、修身、养生的过程，也是人生境界不断升华的过程。"静中气象"是程朱理学家所追求的人生境界。所谓"静中气象"，就是通过"静坐、读书"以求虚静之心，再以虚静之心观照心中的"天理"。这是"去人欲，存天理"的修身养性过程，也是朱熹"静中观理"的人生境界。"读书闲暇，且静坐，教他心平气定，见得道理渐次分晓。"④"学者读书，须要敛身正坐，缓视微吟，虚心涵泳，切己省察。"⑤"心不定，故见理不得。今且要读书，须先定其心，使之如止水，如明镜"。⑥ 基于"主静"的思想，朱熹提出了"半日静坐，半日读书"⑦ 的人生理

① 〔宋〕黎靖德编，王星贤点校：《朱子语类》（第1册）卷12，北京：中华书局1986年版，第210页。

② 同上，第214页。

③ 同上，第204页。

④ 同上，第178页。

⑤ 同上，第179页。

⑥ 同上，第177页。

⑦ 〔清〕胡达源撰辑：《胡达源集》，长沙：岳麓书社2009年版，第27页。

念，将静坐、读书看作是进学的基础，明理的阶梯，见性的法门。

在"主敬"与"主静"的关系上，朱熹更强调"主敬"优于"主静"，"主静"依附于"主敬"。朱熹告诫弟子不可只是"主静"，以免流于禅定。在朱熹那里，"主静"是为"主敬"服务的，是为了祛除杂念，摆脱私欲的一种形式。"主静"并非是离开事物而单纯静坐来体验那清明的境界，而是用静摄心，默坐澄心，以体认天理。无论静时涵养本心，还是动时应事接物，都要有一个"敬"常存心中，方此才是真正的持敬，才能真正避免外物和人欲对内心和天理的干扰。"无事时敬在里面，有事时敬在事上。有事无事，吾之敬未尝间断也。"① 朱熹的"敬"之中除继承了程颐的"主一"和"整齐严肃"之外，还包括"收敛、谨畏、惺惺"等意思，尤其是他以"畏"释"敬"，成为他"敬"之学说的一大特色。朱熹曰："敬有甚物？只如'畏'字相似。不是块然兀坐，耳无闻，目不见，全不省事之谓，只收敛身心，整齐纯一，不恁地放纵，便是敬。"② "敬不是万事休置之谓，只是随事专一，谨畏，不放逸耳。敬，只是一个'畏'字。"③ 朱熹从主静到主敬，以敬知双修为目标，超越了释家的心寂理空，强调"人能存得敬，则吾心湛然，天理粲然，无一分著力处，亦无一分不著力处"，④ 建立了儒家体认实理的修养认识方法。朱熹所论述的"静坐—虚心—明理"的智慧之学，对于现代社会仍有着重要的指导意义。

总的看来，儒学主"敬"的学说经过了先秦的重"敬"而少言

① 〔宋〕黎靖德编，王星贤点校：《朱子语类》（第 1 册）卷 12，北京：中华书局 1986 年版，第 213 页。

② 同上，第 208 页。

③ 同上，第 211 页。

④ 同上，第 210 页。

"静"，到理学先驱的一度为"静"所屈，再到理学家的纳"静"入"敬"。此时的"敬"已不是简单地向先秦儒学的复归，而是既保持了儒学的本色，又吸收和改造了佛道"静"的"敬"。此种"敬"，更为深刻，更为广泛，对儒学发展起着重大的推动作用。

（二）道教学派对"静"的阐述

在道家看来，道的本然状态是自然、无为、虚静。虚静是道家工夫的总纲，也是道家思想的命脉。"静"既是道德的最高境界，也是达至最高境界的修养途径。

1. 老子的"虚静"观

在先秦道家代表人物老子那里，"道"是宇宙之本体，万物之根本。"有物昆成，先天地生。萧呵！谬呵！独立而不改，可以为天地母。吾未知其名，字之曰道。"① "道"创生万物之后，内在于万物之中，故"道生之，畜之，长之，育之；亭之，毒之，养之，复之"。② 只有体认到"道"的存在，人们才能正确认识世间的万事万物，才能观照和把握宇宙万物的变化及其本质。

在老子看来，"虚静"乃是认识"道"的方法。虚者，将外物空掉也；静者，内心寂然不动也。虚者静，静者虚，虚静是二而合一的状态。虚静，是常态；而纷纭，只是变态。变态是暂时的现象，而常态才是永恒的本质。万物的产生、变化和发展，无论呈现出多么复杂多变的样态和差异，最终都会回到永恒，回到常态，回到虚静。正所谓"致虚，极也，守静，督也。万物旁作，吾以观其复也。天物云云，各复归于其根，曰静。静，是谓复命。复命，常也。知

---

① 〔春秋〕李耳著，梁海明译注：《老子》，太原：山西古籍出版社2001年版，第44页。

② 同上，第92页。

常，明也。"① 进而，老子提出，"脩除玄监，能毋有疵乎?"② "玄"形容人心的深邃灵妙，"玄监"比喻心灵深处明澈如镜，它所描述的是一种精神高度专注内向而获得的超功利理性直观。只有内心清静、虚寂、灵明达到极点，才能懂得永恒的存在，才能知晓宇宙的事理，才可体认"道"。

如何才能达致"虚"的境界呢? 老子认为，自然之欲皆是"道"的显现，是人之生存、人之繁衍的基石，进而主张"甘其食，美其服，乐其俗，安其居"。③ 然而，老子也看到了私欲、物欲、贪欲膨胀的不利影响，不主张奢侈腐化、物欲膨胀，强调节制欲望，据此提出"常无欲"、"无知无欲"、"见素抱朴，少私寡欲"④ 的警劝，涤除人心之欲，保持内心的清净澄明，借此达致"虚"的境界。而人自降生伊始，便陷入了物欲的奴役之中，"五色使人目盲，驰骋田猎使人心发狂，难得之货使人之行方，五味使人之口爽，五音使人之耳聋"。⑤ 人纵情于声色之欲，贪求财货之满足，引致人的心性紊乱，损害人的身心健康，失去人的淳朴品性，激发人的任意妄为，使生命个体走向堕落。原本澄明之心被外在之物所污染、所束缚，最终陷入"终身役役而不见其成功，茶然疲役而不知其所归"⑥ 的悲哀境地。

---

① 〔春秋〕李耳著，梁海明译注：《老子》，太原：山西古籍出版社 2001 年版，第 28 页。

② 同上，第 17 页。

③ 同上，第 120 页。

④ 同上，第 33 页。

⑤ 同上，第 21 页。

⑥ 〔战国〕庄周原著，张耿光译注：《庄子全译》，贵阳：贵州出版集团、贵州人民出版社 2009 年版，第 17 页。

进而，老子一再劝诫人们，"天长，地久。天地之所以能长且久者，以其不自生也，故能长生。是以圣人退其身而身先，外其身而身存，不以其无私邪？故能成其私"。① 天地之所以长久，是因为它们不是为了自己的生存而自然地运行着。圣人在众人之中领先，是因为他的无私。过分追求私欲，必要付出惨重代价。"名与身孰亲？身与货孰多？得与亡孰病？甚爱必大费，多藏必厚亡。故知足不辱，知止不殆，可以长久。"② "祸莫大于不知足。咎莫憯于欲得。故知足之足，恒足矣。"③ 人要在物欲声色面前"去甚、去奢"，④ "塞其兑，闭其门，终身不堇"，⑤ "燕处则昭若"，⑥ 学习圣人的"是以圣人之治也，为腹而不为目。故去彼而取此"，⑦ "是以圣人欲不欲，而不贵难得之货"。⑧

只有当人们"见素抱朴，少私寡欲"，把私欲控制在合理限度之内，才能进入"无状之状，无物之象"⑨ 的混沌状态，才能固守道的真朴之性，达致"脩除玄监"之虚静境界，实现人性向"道"的复归。只有个体排除一切是非得失的计较和思虑，摒除各种功利考虑，达到无物无我、无知无欲、无思无虑、纯净空明的"虚静"境界，人与万物才能各得其位，国家与社会才能长治久安。"天地之

---

① 〔春秋〕李耳著，梁海明译注：《老子》，太原：山西古籍出版社 2001 年版，第 13 页。

② 同上，第 80 页。

③ 同上，第 83 页。

④ 同上，第 51 页。

⑤ 同上，第 94 页。

⑥ .同上，第 46 页。

⑦ 同上，第 21 页。

⑧ 同上，第 115 页。

⑨ 同上，第 24 - 25 页。

间，其犹橐籥乎？虚而不淈，动而俞出。多闻数穷，不若守于中。"①
"不欲以静，天地将自正。"② 政令繁多反而更加使人困惑，还不如
保持虚静。万事万物保持内心虚静，天下便自然而然地达到稳定和
安宁。从这个意义上来看，老子所主张的小国寡民也可理解为"虚
静"之道所幻化的理想之国。

2. 庄子的"虚静"论

在庄子看来，虚静之道不仅是健康长寿之道，还是内圣外王之
道，体现了道家所追求的最高生命境界。《知北游》描述了一种虚静
心态：八十老翁垂钓时，"于物无视也，非钩无察也"。③《达生》中
梓庆削木为鐻时"必齐以静心"。庄子云："臣将为鐻，未尝敢以耗
气也，必齐以静心。"④ 这里的"齐以静心"与"心斋"、"脩除玄
监"一样指某种无功利、无意识的内心返照的静观状态。在《天道》
中，庄子明确提出"静"的观点，"水静则明烛须眉……水静犹明，
而况精神！圣人之心静乎，天地之鑑也，万物之镜也"。⑤ 水静可以
明烛须眉，如果人心虚静则可以鉴照出天地万物精神之玄奥。然而，
心诞生于现实世界之后易受外物牵引而不能持守虚静，从而"心和
而出，且为声为名，为妖为孽"。⑥ 人们往往不愿意居低下的职位，
为了势位的上下高低而不择手段，时刻处于水深火热之中。人们的

---

① 〔春秋〕李耳著，梁海明译注：《老子》，太原：山西古籍出版社 2001 年版，
第 10 页。

② 同上，第 64 页。

③ 〔战国〕庄周原著，张耿光译注：《庄子全译》，贵阳：贵州出版集团、贵州人
民出版社 2008 年版，第 324 页。

④ 同上，第 268 页。

⑤ 同上，第 177 页。

⑥ 同上，第 56 页。

心灵逐于外物而不知自返，遮蔽了心中原有的道性，使其昏昧不明、抑而不张。进而，庄子不断强调"静则无为"、"静而圣"①、"静而与阴同德……"②

要达至"静"的境界，庄子倡导"心斋"、"坐忘"。庄子的"心斋"、"坐忘"说既是对"涤除玄监"的继承和发展，又是对它的绝妙注释。何谓"心斋"？《人间世》中庄子借孔子之口言道："回曰：'敢问心斋。'仲尼曰：'若一志，无听之以耳而听之以心；无听之以心而听之以气！听止于耳，心止于符。气也者，虚而待物者也。唯道集虚。虚者，心斋也。'"③"心斋"即是"虚"，"虚"是"心斋"的本质表现。"虚"是无思无虑，是一种心灵无限空明、空灵的心境。"心斋"是一种排除杂念和欲望的精神修养过程，通过虚无化，让精神超然物外，让心灵归于虚空。而若要做到"心斋"，达至空虚的心境，就不能凭内、外部器官对外物进行观察，而是要用"气"去感应。通过气的感应和气的培养，使心灵去掉成见，凝神于物，心志专一地进入体道之境，达到一种虚空澄静、纯净旷达的心境。此时，耳朵不再听到大千世界的各种声音，眼睛不再看到大千世界的各种色彩，意念不再感到内心世界与外部世界的差别，以心之虚来接纳虚之道，进入一种虚寂、混沌、空明、清静的心道合一境界。何谓"坐忘"呢？"颜回曰：'堕肢体，黜聪明，离形去知，同于大道，此谓坐忘。'"④忘掉自己的身躯形体，抛弃了自己的聪明智慧，离开了形体，去掉了才智，始能与大道相通。换句话

---

① 〔战国〕庄周原著、张耿光译注：《庄子全译》，贵阳：贵州出版集团、贵州人民出版社 2008 年版，第 178 页。

② 同上，第 180 页。

③ 同上，第 48 页。

④ 同上，第 99 页。

说，要实现对外物的真正认识，就要做到"离形"、"去知"，摆脱形体在尘世间所受的束缚，去除既有概念性、逻辑性的知识活动，以无欲无求、无知无识、虚怀空灵、纯而不杂的心胸去体纳万物之"道"的根本，进而达到与道融合、同于大通的境界。

总的来看，庄子认为，"虚"是通往大"道"的必由之路——"唯道集虚"。不凝滞于"物"而得自由，不执着于"己"而能逍遥，"无物""无我"，故能胸怀万物，精神得以自由。只有进入如此"无物"、"无我"的虚静状态，才能"空"掉外在束缚而返回自身，回归自然而然、纯净质朴的原态生命，才能逍遥遨游于宇宙之间而无所挂碍。此种逍遥是精神的逍遥，更是精神意志的自由流动。

（三）禅宗的"静"思想

在中国佛教中，禅有着特殊的作用和地位。"禅"，可以翻译为"禅定"、"思维修"、"静虑"、"摄念"或"冥想"。"禅"原本就有静虑之意，而"定"则是梵文 sanatha（奢摩他）的意译，也含有扫除妄念、专心一境、达到澄静的意思。《坛经·坐禅品》对"禅定"下过定义："外离相为禅，内不乱为定。外若著相，内心即乱；外若离相，心即不乱。本性自净自定，只为见境思境即乱，若见诸境心不乱者，是真定也"。[①] 不执着于外界事物是保持内心平静的前提条件。主体通过内在的调心训练来排除杂念，澄静胸怀，进而在宁静专注的心境之中睿智深沉地体验万物、观察宇宙、探究奥秘、反观自我。

禅宗认为，众生皆具菩提觉醒，众生的菩提觉性原本清净，只因被种种无明烦恼所障蔽，时常为浮云所遮蔽而无法彰显。无明烦恼的根源在于人们对世间万物过于执着，愈来愈深地陷堕在四大五

---

① 张卫国注译：《金刚经·坛经》，武汉：崇文书局 2007 年版，第 123 页。

蕴之中，情欲炽盛，清明的本心遂为烦恼遮覆。众生要超越生死求得解脱，唯一的途径就是明心见性，洞知四大空寂，五蕴本虚，复归纤尘不染的生命源头，在寂定中观照自己的真心本性，认识宇宙的万有实相，顿见清净本性而成正觉，实现内在精神的超越和升华。明心见性需要向内求取，而不是向外索取。"本性是佛，离性无别佛。"① "自性迷即是众生，自性觉即是佛。"② 只是向外求索，则愈求索愈不得解脱。相反，自性觉、自识本心、自见本性，即可解脱烦恼、痛苦和生死，见到每个人的本心本性，见到我们每个人的"本来面目"，在有限、短暂、相对的现实中实现无限、永恒、绝对。如何向内求取所谓的净心呢？惠能说："我此法门，从上以来。先立无念为宗、无相为体、无住为本。"③ 在他看来，"无念"、"无相"、"无住"就是向内求取的具体法则。

　　"无念"，是一种不作意、不起心动念的自然状态。禅宗认为，一切现象世界都是空的，一切万物皆由心而起，为意念所造。人要想从世俗世界中超越而出，就应该停止多余的世俗意念活动，对外界事物不作任何多余的世俗主观分别。"何名无念？若见一切法，心不染著，是为无念。用即遍一切处，亦不著一切处"。④ "于自念上，常离诸境，不于境上生心。"⑤ "云何无念？所谓不念有无，不念善恶，不念有边际、无边际，不念有限量、无限量。不念菩提，不以菩提为念。不念涅盘，不以涅盘为念。是为无念。是无念者，即是般若波罗蜜。般若波罗蜜者，即是一行三昧。诸知识，若在学地者，

①　张卫国注译：《金刚经·坛经》，武汉：崇文书局2007年版，第84页。
②　同上，第110页。
③　同上，第118页。
④　同上，第97页。
⑤　同上，第119页。

心若有念起，即便觉照。起心即灭，觉照自亡，即是无念。是无念者，即无一境界。如有一境界者，即与无念不相应。"① 这儿的"无念"已经将外在之境界对象都已否定掉了，是"无一境界"的状态。在无念中，人们保持一种超越的精神，不为外物所遮蔽，不为妄念所系缚，不起任何"心念"，远离一切主观愿望与执著，在寂定中观照自己的清净本性。

所谓"无相"，则是"于相而离相"，"外离一切相，名为无相。能离于相，则法体清净。此是以无相为体"。② "不思善，不思恶，自在无碍。"③ 无相并不是否定事物各式各样的外在之相，而是否定因无明而有的实在之相与本体之相，而修证的过程，就是舍离因执着而产生的实在之相，回归万法本有的无相之相。无相，并不是否定外在一切事相，而是心不被外在事物所牵引，不为外在名相所迷惑，透过现象看本质，认清事物的本来面目。

"无住"就是不执着，不为念所困扰。无心于念而言，是"无念"；有念，但是不为念所系缚，就是"无住"。面对外境，不能执着，不能粘住，否则，名系缚。"念念之中，不思前境。若前念、今念、后念，念念相续不断，名为系缚。于诸法上，念念不住，即无缚也。此是以无住为本"。④ 换句话说，"无住"就是要保持"心动"的状态，不让心停留在任何一个地方。

"无念"、"无住"和"无相"同为禅宗修行法门的根本，其核心就在于，人们对一切外境、外缘不存任何世俗妄念，去掉心灵的

① 杨曾文编校：《神会和尚禅话录》，北京：中华书局1996年版，第39页。
② 张卫国注译：《金刚经·坛经》，武汉：崇文书局2007年版，第119页。
③ 同上，第125页。
④ 同上，第118页。

遮蔽，显示真实的自身，而保持其固有的清净。禅宗所达到的"无念"、"无相"、"无住"，是一种"凝神"的状态。在"无念"、"无相"和"无住"之中，人们忘记了物与我的区分，不再以自己的身体感受为基础考虑自然万有，而是以全部身心投入到自然之中，擦除原有概念与逻辑的痕迹，跳出原有知识与理性的束缚，超越原有现实与认知的对立，在与万事万物的体验过程中感悟佛性的真谛，恢复事物因受人类后天知识理性浸染后而丧失的真实本然性，洞见世间万有的"本来面目"，于心灵静谧之处开启智慧与超越之门。借助于"般若智"的观照，人们体证到浮沫般的色蕴虚无，水泡般的受蕴不有，阳焰般的想蕴非实，芭蕉般的行蕴空虚，幻化般的识蕴无依。万物在"于相而离相"的过程中，逐渐体现其"非相之相"的本来面目。正如慧能大师所说的，"不思善、不思恶。正与么时，那个是明上座本来面目。"[1] 在追逐"无念"、"无相"、"无住"的过程之中，人们不断扬弃，臻于空境，产生一种超越性的生存智慧，获得无念为宗的瞬间顿悟状态，进而缓解现实中精神与物质的矛盾，平衡人们的内在精神生态，实现人们由向外求于物到内调于心、由奴役自然到融入自然的转变，达致纤尘不染的澄明之境。

二、中国传统文化中"静"思想的评述

早在百家争鸣和学术思想空前活跃的先秦时代，很多哲学家就提出或探讨"静"的问题。在儒、道之外，先秦讨论过"静"问题的典籍还有很多，如《易传》、《韩非子》等。可以说，早在先秦，"静"就是一个为不同学派、不同思想家所共同接受的理论范畴。当

---

① 张卫国注译：《金刚经·坛经》，武汉：崇文书局2007年版，第76页。

然，不同学派、不同思想家在阐述"静"的过程中也各有侧重。

儒家多从人的伦理道德修养的角度来谈"静"。比如，《大学》所谈的"知止而后有定，定而后能静，静而后能安，安而后能虑，虑而后能得。"[1] 再比如，理学家的"敬"之中就包含有"静"的内涵，并将"敬"作为修身养性的根本途径。儒学所论之"静"是一种养浩然之气的功夫，是达到修养境界的一个环节。儒家注重在世俗生活之中保持清净的内心，不允许有任何与"中正仁义"相违的欲求，以此修得伦理道德境界的理性之"静"，从而更好地适应社会需求，更务实地承担对社会的责任。

道家"虚静说"强调，"虚静"是自然之本体，是人之内在精神。"虚静"胸怀是观道、悟道的主体条件。依赖于"虚静"，我们才可以体悟超然物外、洞察宇宙的"道"。在"虚静"中，人们排除外物干扰，心无挂碍，空明澄静，追求与宇宙本原一致的精神自由。道家的"虚静"折射出对现实状态的一种失望，更蕴含着对人内在生命、内在价值的积极肯定，在弥漫着对现实的悲观感喟和消沉颓废的气息中深藏着对人生解放、本体自由的自觉意识。道家的"虚静说"为人们提供了摆脱尘世俗物，达至精神解脱的理想路径。

而禅宗则借助于"无念为宗"的瞬间顿悟来达至一种虚静的状态。禅宗将对自身虚静的保持延伸至自然平常的事情之中，在行、住、坐、卧的世俗自然生活中来感悟佛性的真谛，体验内在精神的自在、清明与空灵，使其实现的形式更为生活化与灵活化。禅宗摒弃了儒家借助于修持心性来成就理想人格的功利性目的，刨除了对个人主观欲望、烦恼、情感的关注，在"无念"、"无相"和"无

---

① 〔宋〕朱熹撰，金良年今译：《四书章句集注（上）》，上海：上海古籍出版社2008年版，第5页。

住"之中保持一种超越的精神，不为妄念所系缚，不为名相所迷惑，不执着于万物，完全无功利地投身于对整个宇宙自然的内心感受与直觉体悟之中，去掉心灵的遮蔽，直达心灵的本体，在寂定中体悟人的清净本性。

儒家、道家和佛家的主"静"说各有特色，各执一词。同时，儒家、道家和佛家也都认为，"静"是一种对主体人格精神的追求，是一种超越世俗、超越物累、超越自我的精神境界。儒家、道家、佛家都强调通过祛除思想中的杂念，"专念一心"地观照自然与心性。从这个意义上说，"静"的观念已经超越了派别之争，超越了时代和阶级的阈限，代表着中华民族的一种基本文化精神。时至今日，儒家、道家、佛家的主"静"说对于缓和人与自我的矛盾，人与人的矛盾，人与自然的矛盾依然有着积极的启示意义。

第二节　灵性领导平静的内涵与意义

一、灵性领导平静的内涵

灵性领导的平静是一种超越欲望、超越情感、超越认知的精神境界，进而获得内心的纯净、沉稳的行为。灵性领导的平静不是"晚年惟好静，万事不关心"的虚无，而是"泰山崩于前而色不变"的风度，是"沧海横流方显英雄本色"的从容，是"运筹帷幄之中，决胜千里之外"的淡定。具体而言，灵性领导的平静具有如下特征。

（一）灵性领导的平静指向内心的纯净

处于人生"老境"的灵性领导历经风雨洗礼与岁月锤炼，对万事万物保持一种持久的耐心与悲心，坚守恬淡平和、谦逊宽容的内心，追求心如止水、波澜不惊的境界。正因有了这种厚重如山的宁静，灵性领导超越繁华虚饰的外表，不受固有理念、知识和思维习惯的束缚，呈现一种空灵虚静、纯净无欲、安适自得的精神状态。在超然与洒脱、从容与镇定中，灵性领导时时观照自己的内心世界，探寻自我的内在生命，直面内心的恐惧、亲密与脆弱，接纳自己的负面情绪、思想或行为，在无功利、无意识的内心静观状态中洞察生命之微，体悟生命之动，探寻万物之本。即便身处物欲横流之中，灵性领导依然心如磐石，平静素朴，不执着，无偏向，顺心适意地在心的空间中游走，享受悠然自得的乐趣和闲静快适的心情，感受生命的转换、变化与奇妙，走向生命的净化、重生与更新。基于此，灵性领导引领组织成员在千差万别的生活中拓展生命的视野，观察人世百态，欣赏日出月落，云起云灭。无论身处力争上游的快跑阶段，或是遭遇人生变故减速慢行的徘徊时刻，还是看尽千山万水绚丽归于平淡的踟蹰关头，组织成员不再局限于近在眼前的东西，不再拘泥于感官的享受，保有安适自得、活泼自由的灵动，品味淡泊真纯、任性自然的人生境界，形成从容祥和、淡泊宁静的组织氛围。

（二）灵性领导的平静指向沉稳的行为

行为沉稳，是灵性领导灵性成熟的外在表现。在灵性的光照下，灵性领导不心存嫉妒，不争名利得失，不争宠于阿谀奉承之中，掌握言默分寸，沉着自信、步调稳健、敦厚可靠地深入事物深处，挖掘个体和组织的本真根蒂，冷静专注地妥善对待任何人与事，稳健务实地应对各种复杂局面，从容面对生活中出现的任何危机、人生中经历的任何风雨，在稳定中推进变革，在变革中推进稳定。经由生命一步一脚印的逾越与整合，灵性领导谦卑地尊崇宇宙中的神圣与和谐，泰然自若、沉着冷静、意志坚定地克服人生旅程中的挫折与困难，不以个人或一时的喜怒哀乐轻易做出决策，不以铺张造势、轻率更改为能事，不因一时不慎而招致不必要的麻烦，全力以赴地专注于自己的核心竞争优势领域，将之做深、做透、做专、做强。

灵性领导内心平静，行为沉稳，"动"、"静"巧妙融合，"静"之中蕴涵着"动"律，这正如睡眠时脉搏血液的流动，是所谓静中有动、动中寓静之特质。在智性相通、灵性相融的人生旅途中，灵性领导接近生命的源头，体味丰富复杂的情感潜流，合成生命跃动的内在沉静，进而重构独特的领导理念，促进个体的自我超越，提高领导实践的有效性。

二、灵性领导平静的意义

转型期里，社会如同一架永动机，个人就像其中的一个小部件，被动且无奈地随之不停旋转。面对一个充斥"钱、权、名、色"诱惑的物欲世界，追名逐利的欲望不时侵蚀着人们的心灵空间。在物欲追逐的过程中，人们不免患得患失，以得为喜，以失为悲，陷入情绪交织的罗网之中。情绪受制于世事得失，而世事之得失又不可预料，无从把握，人们在不确定的时空中沉溺于不断变化的情绪心，心机耗尽，心神渐失。身处于躁动轻薄的现代社会之中，平静是灵性领导智慧思想的前提、健康生活的基础、有效领导的保障。

（一）平静是灵性领导智慧思想的前提

"重为轻根，静为躁君"。① 稳重是抑制轻率的根基，沉静是克制浮躁的主宰。"静虚则明，……静前工夫，少不得'知止有定'，静时存养，少不得戒慎恐惧。静后效验，则古今之事理无不悉，天

---

① 〔春秋〕李耳著，梁海明译注：《老子》，太原：山西古籍出版社 2001 年版，第 46 页。

下之情变无不明。故曰，惟天下之静者，乃能见微而知著。"① 如果没有一颗甘于寂寞、淡泊名利的平静之心，何以克制浮躁、博采众长，洞悉人生风云？当人过度追求"功名利禄"、狂妄自大之时，人们心神不宁，恃才自傲，精神耗损，心境难以虚明澄静，灵感难以充分激发，智慧也不会与他同在。

　　静是生命精神之气，是开启智慧的大门。正所谓"非淡泊无以明志，非宁静无以致远"。平静之人，才能"明志"，才能"致远"，智慧才会自然而然显现而出。正如《大学》所言"知止而后有定，定而后能静，静而后能安，安而后能虑，虑而后能得"。② 亦如佛教所提倡的"戒、定、慧"三学。平静才能获取丰富思想，才能释放生命潜能，才能感悟精神力量。只有静止的水才能照人，只有不动之心才能观照万物。惟有超越名利欲求之心，心怀澄静空明，冷静地审视自我，生命智慧才会给人以方向，给人以力量，与人的幸福同在。美国微软董事长比尔·盖茨每年都有一两个"思考周"。在"思考周"里，比尔·盖茨大量阅读精英们精筛过的专业材料，静静思考、细细参详，得出自己的想法与结论，最终做出对公司技术战略有重大影响的决定。这正如圣菲研究所著名经济学家布赖恩·阿瑟所说："每一项深远的创新都要以一种内求的历程为基础，潜入内心更深处，从中使实证和真知浮出水面"。③

　　在清静虚明的心境之中，灵性领导远离尘世的喧嚣与浮躁、骄傲与懒惰、功利与投机，排除人世间的世俗纷扰，排除纷乱繁杂的

---

　　① 〔清〕胡达源撰辑：《胡达源集》，长沙：岳麓书社 2009 年版，第 27 页。

　　② 〔宋〕朱熹撰，金良年今译：《四书章句集注（上）》，上海：上海古籍出版社 2008 年版，第 5 页。

　　③ 〔美〕彼得·圣吉等著：《第五项修炼·心灵篇》，张成林译，北京：中信出版社 2010 年版，第 11 页。

人性欲望，恢复和唤醒因浮躁和功利生活而被遮掩的良知，激发深层的思维活跃状态，与认知对象相互交融，相互汇流，深入洞察事物的实质，迸发灵感的火花，把握事物的全局和发展方向。进而，灵性领导在原初本真的静默观照中细细品味独处的乐趣，在沉静的灵性光芒中生发出深邃的思考，感受宇宙生命的律动，领悟万事万物的真谛，其精神和心灵变得更为宽广、活跃、颖慧和强健，达至"物我同一"的忘我境界。

（二）平静是灵性领导健康生活的基础

竞争激烈的现代社会充斥着各种各样的诱惑，激发着人们的需求和欲望，但人们满足需求和欲望的能力相对有限，引致人们内心的无尽痛苦和烦恼。面对难以预知的变化和有形无形的压力，有的人心烦意乱，神不守舍；有的人着急上火，不知所措；有的人马不停蹄，疲于奔命；有的人随波逐流，得过且过；有的人孤注一掷，鱼死网破。正所谓"人心排下而进上，上下囚杀，……其热焦火，其寒凝冰。其疾俛仰之间而再抚四海之外。其居也渊而静，其动也县而天。愤骄而不可系者，其唯人心乎！"[1]

一旦领导者的心灵沉溺于物，则会生出无穷的欲望。在欲望的驱使下，领导者只知忙碌而不知放松，只知透支而不知蓄藏，只知工作而不知休息，许多苦衷与无奈难以宣泄与表达，只能深藏于心间，导致心力交瘁，体力透支。治疗这些问题的良药就是澄心静气，心和则神悦，平静是领导者获得健康和快乐的基石。在澄心静气之中，灵性领导摆脱俗世纷扰，不受物欲牵累，扬弃私欲智巧所束缚的自我，保持积极的情感状态，拥有自由飞翔的开放心灵，追求精

---

① 〔战国〕庄周原著，张耿光译注：《庄子全译》，贵阳：贵州出版集团、贵州人民出版社 2008 年版，第 139 页。

神的平和与安宁，进而呈现一种博大无碍、与物冥合、徜徉自适的精神境界。香港企业家李嘉诚虽年逾八旬，但总是神采奕奕，思维敏捷，这与李嘉诚的"闭目养神"静功密不可分。不管工作多忙，李嘉诚一旦坐下来就闭上眼睛，什么都不去想，直至呼吸平稳、全身放松为止。每天至少三次，每次约 10 分钟左右。现代医学研究证明，人脑是"元神之府"，眼睛则是"心灵的窗口"。在小小的视网膜上，布满了数量上亿的神经元，人脑近一半的信息都来源于视觉。十分钟的闭目养神几乎阻断了视觉信息对大脑思维的干扰，使人顿觉精神焕发。"闭目养神"的静功，被李嘉诚称为提神醒脑的"绝招"，也是李嘉诚身心健康的根本保证。

（三）平静是灵性领导有效领导的保障

在复杂多变的社会环境中，一步登天或是一夜暴富牵动着不少人的功利神经。烦躁、迷茫的社会心态潜移默化地影响着领导者。有的领导急功近利，投机取巧，热衷于"短、平、快"，喜欢"显山露水"、"追风逐浪"，今天比盖高楼大厦，明天争建大道广场，重视任期内出政绩，而对组织发展缺少长远规划。有的领导好大喜功，重形式走过场，重数量轻质量，追求形式和表面，搞"形象工程"、"政绩工程"、"数字工程"，讲成绩夸大其辞，谈问题轻描淡写。有的领导业务精通不够，情况了解不深，追求奢华和享受，习惯于照抄照搬，满足于表态画圈，坐不住、静不下、学不进，不深入实际，不调查研究，不求真务实，决策拍脑袋，办事拍胸脯，出事拍屁股。这些领导行为的根源还是在于"领导者们都陷入不停的'做事'模式里"，① 不能达致平静的状态。对于空闲、对于安静，人们感到不

---

① 〔美〕彼得·圣吉等著：《第五项修炼·心灵篇》，张成林译，北京：中信出版社 2010 年版，第 109 页。

舒服、不适应，而习惯于用持续的活动（开会，调研，接待……）来填充着我们的时间。保持平静是灵性领导一笔宝贵的精神财富、一种高超的领导艺术，也是提升领导有效性的重要基石。

平静是领导者良好决策的内在基石。一项重大决策的出台，一部战略规划的设计，一项规章制度的起草，一件利于组织发展、个体发展的建议的提出，哪一个不需要经过缜密的设计？不需要平静的思虑？在领导实践中充盈着各种选择与决断，充斥着各种突变与风险，为情感所左右的领导者往往容易分散注意力，做出错误判断，造成决策失误，危及组织的生存和发展。领导实践越复杂，就越需要整日忙碌于外在事务之中的领导者从挫折、恐惧和忧虑等负面情绪之中超拔而出，深潜、接近内心深处的宁静地带，调控自己的情感，沉着冷静、临危不惧、处变不惊，以一身静气看到正欲破土而出的新事物，及早化解各种险情或是逆境。如若领导者之心保持虚静平和之状态，不受利害与得失的束缚，各种欲望、情绪节制有度，则领导者不会以一己之喜怒来做出冲动的决策，不会举组织之力来满足个体的欲望，不会以先前之偏见来认识事物规律，组织就能安定。正所谓"心安，是国安也；心治，是国治也。治也者心也。安也者心也。治心在于中，治言出于口，治事加于民，故功作而民从，则百姓治矣。所以操者非刑也，所以危者非怒也。民人操，百姓治，道其本至也。"[①] 领导者的心安，组织才能安定；领导者的心治，组织才能治理。在平静的精神状态之中，灵性领导静心思虑，凝神静观，排除一切干扰，进而洞察事物的本质，做出正确的判断，呈现独特的创意。

---

① 谢浩范、朱迎平译注：《管子全译》（下），贵阳：贵州出版集团、贵州人民出版社，第421页。

平静不仅有助于领导者有效决策，还有利于领导者维系良好的人际关系。"沉着冷静的人已经学会如何调节自己，也知道如何调节自己与他人交往。"① 每个人都喜欢与性情平和、神态安详的人交往。"一个人越是心若止水，他的成就、影响力和号召力就越显著。"② 平静的灵性领导如同烈日下能为人遮阳的参天大树，或是暴雨中能为人挡雨的高大岩石，无论外界境况如何，将会发生怎样变化，他们都安之若素，不为所动。灵性领导知晓，成功是一个自然的过程，伟大是由耐心堆积而成的。进而，他顺其自然，谦下待人，保持淳朴的本性，不为一点成绩而骄傲，不为一时挫折而沮丧，以一身"静"气感染组织成员，净化组织成员污染过重的心灵，缓和组织成员焦躁匆忙的神经，既而受到组织成员的拥护和爱戴。

领导身份及其所处的复杂环境使得领导更有行为沉稳的内在需求。《为政第二·第十八》中，子张问仕禄为政之道，孔子直接阐述了言行沉稳对从政个人的切身利害。"多闻阙疑，慎言其余，则寡尤；多见阙殆，慎行其余，则寡悔。言寡尤，行寡悔，禄在其中矣。"③ 出仕之事，并非三言两语能道尽，而孔子只说言、行两条，足见言行沉稳对立身处世的重要意义。武则天在《臣轨》中写道，"人臣不慎密者，多有终身之悔。……故言易泄者，召祸之媒也。"④ 胡达源也认为，"慎言语以养德"，"无多言，无多事。多言多败，多

---

① 方雪梅编译：《品读人生》，天津：天津教育出版社 2007 年版，第 16 页。

② 同上。

③ 〔宋〕朱熹撰，金良年今译：《四书章句集注（上）》，上海：上海古籍出版社 2008 年版，第 72 页。

④ 李奕主编：《臣轨》，学苑音像社出版社 2004 年版，第 33 页。

事多害".① 清代曾国藩甚至把慎言慎行当作修炼德行、砥砺操守的关键。历史上，宋公明为人沉稳，刘备做事敦厚，戊土谦稳厚实，进而脱颖而出，施展风采，各得其所。领导身份及其所处的复杂环境，客观上要求领导从慎言慎行做起，温和而理智、沉着而持重地处理各项事务。

对于灵性领导而言，力量并非来自于权力，更不来自于盲动，而是来自于内心的平静、行动的沉稳。灵性领导放下超重的负荷，抛弃失意的情绪，打开心灵的窗户，把急于言行的冲动内化为关怀组织成员生命价值的核心，耐心地等待着组织成员自我感悟，忠诚地陪伴着组织成员自觉行动，专注地期待着组织成员自我完善，进而为组织成员提供足够的时间去思考，提供更多的空间去实践，组织成员的思维得以自然铺展，组织成员的深层潜能得以充分激活。在平静中，组织成员展现亲身领悟、体验和思考过的知识经验、情绪情感，在"我"和"你"的对话和包容中促进个体和组织的共同发展。

第三节　灵性领导平静的修炼之路

在多元开放、充满诱惑的社会里，平静是决定人们成败与否的重要因素之一。越王勾践有卧薪尝胆、十年磨一剑的静气，才东山再起，重振山河。史学家司马迁有忍辱负重、甘于寂寞的静气，才写出"史家之绝唱，无韵之离骚"。董仲舒有"三年不窥园"的静气，才成为汉初名儒。灵性领导深谙此道，试图通过"虚"的心灵

---

① 〔清〕胡达源撰辑：《胡达源集》，长沙：岳麓书社 2009 年版，第 33 页。

修炼和"静"的行为修炼，摈弃各种思想杂虑，坚守生命的真性，不被成见所惑，不被色相所欺，不被物欲所蔽，在澄心静气之中沉着而持重地处理各项事务。

一、"虚"的心灵修炼

世间一切矛盾和冲突，都因心而生，因心而灭。"心生种种法生，心灭种种法灭。"① "虚"之心灵修炼是通往"静"之行为修炼的必由之路。虚静，是永恒的本质，生命正是在这永恒的存在之中达到和谐与自由。只有致"虚"到极处，才能笃实归静，达到"没身不殆"之境。而在现实世界之中，心灵易受"欲"、"情"、"知"的牵引，难以持守虚静。灵性领导力图"虚"掉"欲望"，"虚"掉"情感"，"虚"掉"知识"，在"虚"的心灵之旅中达至澄明之境。

（一）"欲"的修炼

古往今来，"欲"在人生中占有很重要的位置，是人们一直讨论的话题，也是人认识自我及事物的前提。欲望，是人与生俱来的一种本能，是人类无法回避、无法躲开的存在本身。人从呱呱坠地起就要吸吮母亲的乳汁，这是生存的需要，如同鱼儿离不开水，植物离不开阳光雨露一样。而人的欲望总是层出不穷且永无止境，领导者也不例外。"现代社会世态之乱皆由过度的个人欲望所致。"② 由于物欲的引诱，嗜欲的追逐，领导们舍本逐末，扭曲和迷失生命的本性，生命的虚静之本逐渐被遮蔽乃至丧失。一旦追名逐利的欲望在领导者心灵世界中占据太多空间，领导者身心就皆难安定，组织

---

① 张卫国注译：《金刚经·坛经》，武汉：崇文书局2007年版，第216页。
② 〔日〕稻盛和夫著：《活法（叁）》，蔡越先译，北京：东方出版社2010年版，第37页。

成员身心亦皆难安定。

　　人的心性原本是清净光明的，只因私欲的污染使得原本的光明变得不光明，原本的清静变得不清静。灵性领导深知，欲望是一把"双刃剑"，人不应该成为欲望的奴隶，而应成为欲望的主人，正确地驾驭欲望，是智者和愚者的分水岭。人生是一个短暂的过程，人的欲望也是短促而又渺小的。生命之舟难以承载太多功名利禄、浮华虚荣，"金玉盈室，莫之能守也"，① 尘海茫茫，潮起潮落，"少则得，多则惑"，② 要接受"失去"，学会"松手"。在"失去"和"松手"的过程中，人们会丢失很多东西，但是人也正是在失落之中变得坦然而豁达，逐渐成长。在个体生命成长的过程之中，人们受到内、外部条件所限，不可能"随心所欲"，也不可能"皆如人意"，人不仅要学会争取，也要学会放弃。现实生活中大多数奢华的生活以及许多所谓"舒适"的生活，不仅不是必不可少，而且还是人类进步的障碍。人的欲望越多、越大，人就越不能超然地看待一切，人生的境界也就越低。"为了自己高远之志，他必须牺牲掉自己微不足道的不自由的意志，被物欲和本能控制的意志。"③ 只有学会放弃，才能回归自然，与万物浑然无别。

　　我们的领导实践更多的是驱使人们积极进取、获得占有，甚至有些是不顾客观实际和主观条件的积极进取，放弃几乎处于"空白"的状态。而灵性领导明了，世事宛如一盘棋局，每个人都是其中的一颗棋子，个体的时间、精力和力量都很有限。放弃并非是被动的

---

　　① 〔春秋〕李耳著，梁海明译注：《老子》，太原：山西古籍出版社2001年版，第16页。

　　② 同上，第41页。

　　③ 〔美〕彼得·圣吉等著：《第五项修炼·心灵篇》，张成林译，北京：中信出版社2010年版，第73页。

强迫，而是一种主动、智慧的选择，一种豁达、乐观的生活态度。明智的放弃是"无为而无不为"的智慧，是"有所不为才能有所为"的体现，是避免丢失自己的一道防线。"有智慧的生活就意味着不断放下自我，并让自我的那种虚拟性或脆弱性显现出来"。① 进而，灵性领导过滤心灵的杂质，约束自己的私欲，明晰内心的需求，呵护自身宁静清澈、空诸万物的心灵境界。灵性领导由外在的追求转向心灵的内守，在内守之中与自然之道靠近，使自己的心灵和行为与道的本然秩序合一，在纷繁变迁中顺势而为，持守生命的淡泊宁静，体验精神的平和恬淡，促进个体的生命完善。

基于此，灵性领导引导组织成员正视欲望，引导欲望，安置欲望，顺其自然、淡定自若地看待物质享受，不计较职位高低，不为进退滋扰，得之无喜色，失之无悔色，安于职守，忠于职守，尽心尽责做着自己该做的事情。组织成员涤除物欲的观念，去除心灵的污垢，在闲暇中思古今之事，在宁静中读经典之文，获得一种由内而外的平静、充实和泰然，个体的心灵和感官因此变得开放而敏锐，博大而深邃，安详而宁静，进入一种无功利的自由澄静境界。

（二）"情"的修炼

排除各种消极的情绪，也是达致内心平静的方法之一。在心绪起伏不定、心思散乱无章的情况下，领导者难以做出正确的决定。在"情"的修炼之中，灵性领导消除偏执于物的蔽塞心与争胜心，克服心灵游移不定的情绪心，反对无所节制的纵情，拒绝负面情绪的充斥，内心渐渐归于澄明，重新获得无限精神与活力。

"情"的修炼并非彻底排斥和拒绝情感，而是反对无所节制的纵

---

① 〔美〕彼得·圣吉等著：《第五项修炼·心灵篇》，张成林译，北京：中信出版社 2010 年版，第 93 页。

情，提倡一种无过无不及的中和境界。人非草木，孰能无情？世人皆有七情六欲，领导也不例外。正当的喜、怒、哀、乐是生命的自然特征，也是人对外物、对他人、对自己的一种自然反应。正因有了人的七情六欲，才构成了人类五彩缤纷的情感世界。灵性领导将"情"融入领导实践之中，关注自身和组织成员的情感世界，主张"情"处于无过无不及的中和境界。"气（怒）令智昏"、"爱令智昏"、"怕令智昏"都属于"情令智昏"的范畴，都会给组织带来不良后果。在领导实践中，领导可能会对某种类型的人、某种类型的事有着自己的偏好，而灵性领导清楚，自己的一举一动都在组织成员的密切关注之中，都会影响组织的未来发展。进而，灵性领导控制自己的内心情感，避免"情"流向不及与过度之弊，保持"中和之情"，与所有组织成员保持适度的距离，不偏袒某些人或某些小群体的特殊利益，做到"欲恶度理，动静顺性，喜怒止于中，忧惧反之正，此中和常在乎其身。"①

　　"情"的修炼拒绝负面情绪的充斥，关注积极情绪的养成。情绪、情感决定着人们的态度取向和心理强度，决定着人们的行为指向和行为强度。一旦人的情绪被愤怒、恐惧、贪婪和嫉妒所左右，被喜怒哀乐所充斥，人的内心就容易丧失冷静与理智，人性被扭曲、被遮蔽，以至于看不清自己，促使矛盾尖锐化。而若情感的冲动与不平得到缓解与满足，挫折感就会迅速平静或消失。一般说来，一个人的生命中，约三分之一的时间都是处于不良情绪状态之中。而人的不良情绪多半停留在"主观世界"的深渊里，所有的恐惧与不安多半来自于逃避与敷衍。进而，灵性领导直面各种负面情绪，把

---

　　①　张世亮、钟肇鹏、周桂钿译注：《春秋繁露》，北京：中华书局 2012 年版，第621 页。

人生的不顺当作一种理所当然，将烦恼、恐惧、忧愁和焦虑等不良情绪视为与快乐一样的生命部分。在力不从心时，思考过去的成功与辉煌；在春风得意时，追寻过去的失败与低潮，在贪婪面前保持忍耐，在恐惧面前保持英勇，在急躁面前保持清醒，及时将不良情绪调适到中和的理想状态。一旦碰上问题和挫折，心中滋生负面情绪之时，灵性领导不断提醒自己"小不忍则乱大谋"，"保持冷静"、"心平气和"，坚信"上帝在为你关上这道门的同时，会在另一个地方给你打开一扇窗"。在工作压力过大时，灵性领导或通过深呼吸、闭目养神等方法使自己激动的情绪平静下来，理智地分析问题，正确地处理问题；或邀上几位挚友聊聊天，诉诉苦，谈天说地，倾诉心声，释放心中的负面能量；或通过引吭高歌，题诗作画，亲近自然、体育锻炼、亲近孩子，高声喊叫等方式来发泄、淡化消极情绪，舒缓情绪和肉体上的压力与痛苦。通过远离不良情绪源，将人的情绪转移到更高精神需要层次之上等方式，灵性领导走出低落、灰暗和不安的情绪，力图在任何境遇中都持守喜悦的身心，以保持思维活跃、决策正确、协调顺畅、指挥得当。

灵性领导明晰情绪的本质，正视情绪的存在，不仅关注自身的情绪状态，也关注组织成员的情绪状态。灵性领导将组织成员当作有丰富情感体验的人去感知，在具体的工作和生活情境之中去了解他们的需求，尽其所能地为他们提供合适的帮助，缓解组织成员焦虑和畏惧等负面情绪。灵性领导明白，人的情绪总是山峰与山谷的组合，它们会自然峰回路转。时间永远是最好的治疗剂，可以治疗人类心灵中的千疮百孔。进而，灵性领导注重培育组织成员驾驭情绪的能力，以"疏"为原则建立系统、全面与合理的情绪疏通渠道，引导组织成员合理宣泄真实的情绪情感，营造和谐稳定、宽松平等、精神愉快的工作氛围，发挥组织成员的使命感、责任感、进取心和创造性，以达成组织目标，提升组织效能。

（三）"知"的修炼

人类文明是一个绝大的生命系统和生命过程。在人类文明史中，每一个体的生命都是有限的，而群体的生命和认识则是无限的。不论有限的人生如何努力求知，所获之知终归极为有限。在人生所知之外，必然有着一个广大的未知世界；即使在人所已知之中，也还存有若干未知。一旦人们陷入固有认知，自以为是、以彼为非，就会产生许多偏见和虚妄，就会有种种疏漏与过失，就难以全面、正确地看待问题。而如果人们站在宇宙与历史的视角审视自我，将人类视为自然界中的一员，将自己的存在融入永恒而真实的整体之中时，人们就会以浩渺的宇宙作为大坐标来衡量万事万物和个人的成败得失，以更为开阔的视野和胸怀来认识个人的私利，进而化解对名利的贪取和对烦恼的执着，更为轻松自由地开启新的人生，获得生命的本真意义。

一般而言，"掌舵时间越久，领导者的自信心就越发膨胀"，[①] 领导者面对困境时就越倾向于采取与过去成功相似的认知与策略，而缺少深刻的自我觉察：这种认知成功的根源在哪里？这种认知是否适合这一情景，这一事件？如何适合，这一认知应该进行什么样的调整？一旦领导者对过去成功的固有认知过度自信，其思维就被固有认知所"锚定"，灵活性就被扼杀了，创造性就被抑制了。而"一时的成功不能保证一世的成功"，[②] 领导者许多失败恰巧都是源

---

① 〔日〕稻盛和夫：《活法（叁）》，蔡越先译，北京：东方出版社 2009 年版，第 28 页。

② 同上，第 25 页。

自于以往屡试不爽的"成功"固有认知。灵性领导深知，固有认知并非是绝对真理。在不同时空背景下，人们的存在状态不同，对于宇宙和人类自身的固有认知也各不相同。在特定条件视野的审视下，这些认知是客观的、自然的，而将之放置于更为宽广视野之中审视时，其认识又是主观的、自发的。从这个意义上来说，任何一种人类自我意识都不是绝对的、唯一的，都注定了只能是某一特殊阶段人类关于宇宙和人生的一种觉解而已。心若锁闭，陶醉于狭小天地而与外界隔绝，自囿于陈旧传统而刚愎自用，目光短浅而功利心切，就会将自身的知觉直感带入短促、狭窄和浅薄。而心若虚静，超越世俗的种种观念，消解固有认知对人生真理的遮蔽，就能全面、正确、不持任何偏见地看待、解决各种问题。

灵性领导深知，正如天气、蜂窝和股票价格一样，很多事物处在边缘之中，处于混沌之中，难以预测。无论我们喜欢与不喜欢，我们不得不生活在边缘之中，生活在混沌之中。只有超越了秩序和已知，走入混沌和未知，我们才能打破原有的境遇，才能在混沌的边缘上灵活通融，才能步入一个更高的灵性体验之中。进而，灵性领导平和地面对混沌，坦然地生活在边缘之中，有意识地远离自己的固有认知，停止使用我们习惯的假设，彻底调整内心的刻板印象，主动面对来自各方的困难和不舒服，用多元的视角观察问题，体验更为多彩的人生，创设更有意义的人生。灵性领导对人、对事不作价值判断，也无所谓大小、是非、美丑、善恶等区分。所谓的尊卑之等、善恶之分、是非之别、美丑之差都是人为制定而成，并非是事物的本来面目。看待和认识同一个问题，由于每个人的处境、角度都不同，其思想和观点也就不同。灵性领导坚信，自己的业务能力、对环境的了解程度和影响力未必比部属强许多，强中自有强中手，长江后浪推前浪。灵性领导自觉从封闭的心灵中超拔而出，从现实的束缚中挣脱而出，从自我中心的格局中超然而出，消解自身的各种意识，允许组织成员自由发表意见，真诚倾听组织成员的意见，深入思考其意见的来龙去脉，平静地采纳不同的意见。在理性思维和感性体悟之中，灵性领导关注自己内心的精神体验，关注他人内心的精神感悟，体验生命的存在价值，珍惜内心深处的好奇心和新鲜感，把感受和事件放置于一个更大的、给予意义的背景之中，从人类自身存在的丰富性、完整性角度出发，观察万事万物，重新评价和认识包括人自身在内的与人类有关的一切精神现象和文化现象，获得力量的源泉，找寻内心深处的灵性之光。

在灵性领导看来，反对意见好比是人体的扁桃体，好比是组织的自体免疫系统，不时发出警讯提醒组织关注萌芽之中的潜在问题。唐太宗李世民在位期间，魏征从政治、经济、文化等各方面就曾提出过许多反对意见。譬如，唐朝原定 18 岁的男子才能参加征兵服役。有一次，唐太宗要求 16 岁以上男子全部应征，以扩大兵源，巩固边境。而魏征则提出，涸泽而渔，焚林而猎，是杀鸡取卵的做法。兵不在多而在精，何必为了充数把不够年龄的人也弄来呢？况且这也是失信于民。唐太宗继续追问，自己是否有失信于民的事？魏征坦率地举了三个例子。唐太宗虽觉得言词尖刻，难听刺耳，但仍认为魏征忠于朝廷，以精诚之心辅佐自己以信义治国。于是，下令停止执行征召 16 岁至 18 岁男子入伍，同时奖赏魏征金瓮一口，以资鼓励。身为一国之君，李世民放弃自己的意愿，而尊重合理、有益的建议。去除自身的固有认知，虚怀兼听，这就是一种"知"的心境修炼。正是有了这种心境修炼，李世民才能开创历史上著名的贞观之治。

　　灵性领导不仅关注自我"知"的修炼，还关注着组织成员"知"的修炼。面对浩瀚的宇宙、纷纭的人世、生命的无常，灵性领导引领组织成员走进人类的生命世界，探寻个体生命在宇宙间的存在意义，将个体的渺小生命融入自然，体会一种与天地同在的充盈，吸收精神的力量，领悟生命的神圣，不断超越和突破当下的生命境遇，不断思考个体生命在纷杂乱世中的内心安顿，获得宇宙的视野和历史的视域。此时，世间的纷纷扰扰顿时化成时空隧道之中的亮丽风景，组织成员摆脱恐惧、痛苦和焦虑，转而获得无限的实在和持久安宁的感受，找寻个体生命幸福快乐的精神家园，孱弱的个体凭着"精神高于物外"的境界独立于天地之间。

　　总的看来，"欲"、"情"和"知"的修炼是一个辩证、螺旋上升的过程。在"欲"与"无欲"、"情"与"无情"、"知"与"无知"的实践中，灵性领导不偏左，也不偏右，不夹带太多欲望、感情和价值判断，带领组织成员历经欲望、情感与认知的洗礼，在实践、反思、沉淀和再实践的循环过程中领会"欲"、"情"和"知"之真谛。逐渐地，灵性领导忘掉外物，忘掉身心，荡涤心胸，心志专一，消除个人的是非偏见，去除世俗分别之知，倾听不同的声音，观照万事万物，体味之中所隐蔽的无穷韵味、无穷内容，达到尘滓不染、知情意浑然一体的澄明之境。在内心虚静的观照下，领导者的心灵不被祸福之事所束缚，不为正邪之事所迷惑，不为外界刺激所触动，不为内心物欲所牵累，不受悲欢离合、喜怒哀乐和荣辱是非的羁绊，摒弃固有的知识和理性，远离负面的焦虑和担忧，保持淡泊虚无的心境，清醒理性、平和豁达地俯视着大千世界，体悟无穷的宇宙，探知世界的真相，提升知识的品格，拓展生命的维度，达至一种无为、自然与自由的新境界。

二、"静"的行为修炼

在"虚"的心境状态之下，灵性领导远离苦闷与颓唐，远离挣扎与混乱，涵容万物，感通万物，波澜不惊，从容不迫，获得前所未有的轻渺。如同置身于浩瀚森林中一般，灵性领导感受到清新雅逸与虚空超然，拥有月白风清的淡定，流水潺潺的心情，人淡如菊的从容，天高云远的潇洒，开始"默"、"沉"和"稳"的行为修炼之旅。

（一）"默"的修炼

"默"，即是言语的沉默。"言"是一个人学识、修养、品行的外在体现，也是最普通、最常用、最直接的交际方式之一。"默"追求的是交往之中深层契合的境界，而非空洞、华美的辞藻。在实践中，灵性领导恰到好处地运用"沉默"，既能创设一种"东船西舫悄无声，唯见江心秋月白"的境界，又能收到"润物细无声"、"此时无声胜有声"的艺术效果。

中国传统文化中包含着一种特有的"沉默"文化心理现象。早在先秦，老子就认为，"道可道也，非恒道也。名可名也，非恒名也"。在老子看来，"道"难言也，语言的力量是有限的。《老子》一书中，出现过四处"不言"："是以圣人居无为之事，行不言之教"；[1]"不言之教，无为之益，天下希能及之矣"；[2]"知者弗言，言者弗知"；[3] "天之道，不战而善胜，不言而善应，不召而自来，单而善谋"。[4] 为什么"不言"呢？一则"故道之出言也，曰：淡呵！

---

① 〔春秋〕李耳著，梁海明译注：《老子》，太原：山西古籍出版社2001年版，第5页。

② 同上，第79页。

③ 同上，第101页。

④ 同上，第134页。

其无味也"。① 二则圣人都是知"道"之人，所谓"知者弗言，言者弗知"② 也。在这个意义上，"言"不如"不言"，否则"多闻数穷，不若如守于中"。③"多言"反使其"数穷"，还不如保持其原有的虚静状态。正因如此，老子在第四十章说，"大音希声"，④ 用比喻的手法肯定了沉默的价值，并在第二十三章提出"希言"的概念。"希言自然。飘风不冬朝，暴雨不冬日。孰为此？天地而弗能久，有兄于人乎。"⑤"希言"即少说话，少说话是合乎自然规律的。庄子继承并发展老子的思想。"且道者，万物之所由也。"⑥"夫道，覆载万物者也。"⑦"道"超越于具体的万物之上，是抽象的存在。"视之无形，听之无声，于人之论者，谓之冥冥。所以论道，而非道也。"⑧"道"一旦用语言去固定，便已失真。"言"具有不可克服的局限性，"意之所随者，不可以言传也"。类似的，儒家孔子对语言的态度也极为谨慎，他主张慎言、寡言和戒言。孔子认为，"言寡尤，行寡悔，禄在其中矣"，⑨ 强调"君子欲讷于言而敏于行"。⑩ 当弟子问

---

① 〔春秋〕李耳著，梁海明译注：《老子》，太原：山西古籍出版社 2001 年版，第 61 页。

② 同上，第 101 页。

③ 同上，第 10 页。

④ 同上，第 74 页。

⑤ 同上，第 42－43 页。

⑥ 〔战国〕庄周原著，张耿光译注：《庄子全译》，贵阳：贵州出版集团、贵州人民出版社 2008 年版，第 470 页。

⑦ 同上，第 154 页。

⑧ 〔战国〕庄周原著，张远山注译：《庄子复原本（中）》，南京：凤凰出版传媒集团、江苏文艺出版社 2010 年版，第 409 页。

⑨ 〔宋〕朱熹撰，金良年今译：《四书章句集注（上）》，上海：上海古籍出版社 2008 年版，第 72 页。

⑩ 同上，第 94 页。

其原因时，孔子答道："天何言哉？四时行焉，百物生焉，天何言哉？"① 不讲话是极其自然的事情，讲话并不是必然的需要。

特有的"沉默"文化心理现象不仅导致了中国封建社会"述而不作"的学风，而且影响至今，形成以中国和日本为代表的东方文化所特有的"沉默品质"。在领导实践中，领导身份的特殊性使得领导更具有沉默的内在需求。灵性领导或从经典著作之中寻找依据，或从个人政治经验中加以反思，深刻感悟到祸从口出之可怖。"非所言勿言，以避其患。"② "终身为善，一言败之，可不慎乎！"③ 清代曾国藩还提出："立言有六禁：不本至诚，勿言；无益于世，勿言；损益相兼，勿言；后有流弊，勿言；往哲已言，勿袭言；非吾力所及，勿轻言"。④ 少说不该说的话，适时保持沉默，勿犯"言多必失"的错误。

人们通常认为，言语多了，就会智竭辞穷，遭人厌烦，沉默反而更富有力量。"比起口若悬河的人来，在交谈中沉默的人可能更本真地'让人领会'，也就是说，更本真地形成领悟。对某某事情滔滔不绝，这丝毫不保证领悟就因此更阔达。相反，漫无边际的清谈起着遮盖作用，把有所领会的东西带入虚假的澄清境界，也就是说，带入琐事的不可领会状态"。⑤ 在领导实践中，言语占据了领导者的

---

① 〔宋〕朱熹撰，金良年今译：《四书章句集注（上）》，上海：上海古籍出版社2008年版，第235页。

② 〔西汉〕刘向编撰，李奕主编：《说苑（三）》，北京：学苑音像出版社2004年版，第161页。

③ 李奕主编：《臣轨》，北京：学苑音像出版社2004年版，第33页。

④ 转引自刘湘辉："论领导干部道德修养'十二慎'"，载《湖南科技学院学报》2006年第7期，第85－88页。

⑤ 〔德〕海德格尔著：《存在与时间》，陈嘉映、王庆节合译，北京：生活·读书·新知三联书店1987年版，第200页。

生活世界，而沉浸于领导持续言语"炮轰"之下的组织成员只是重复其言语，并没有细细咀嚼其言语，更难以根据领导的言语来反思自己的行为。而在某些时候，灵性领导感觉到语言是苍白的，难以找到合适的方式来表达自己的意见和想法，而只能更多默默地或许是无意识地遵从着"多言数穷、不如守中"、"善者不辩、辩者不善"这些教导，谨遵"沉默是金"、"言多必误、祸从口出"的箴言，更多选择保持沉默。

进而，灵性领导走下高高的神坛，以平等的心态了解、尊重、相信、宽容组织成员，把组织成员当成一个和自己一样思考、体悟、质疑、求知的人，一个有自己独特生活经验、情感体验、思想意识的人。灵性领导重视组织成员的生命价值，激发组织成员的言语兴趣，进而倾听组织成员的心，倾听组织成员的魂，倾听组织成员的有声和无声语言。通过倾听的"沉默"，灵性领导深入组织成员的内心深处，感受组织成员的欲望与情感，了解组织成员的困惑与思绪，宽容组织成员不同或是不成熟的想法，激活组织成员沉寂的潜在资源，诱导组织成员作出决策并主动承担决策的后果。在真诚而耐心的倾听中，组织成员感受到信任与期望，体会到尊重与平等，懂得了接纳与宽容。组织成员通过与灵性领导交往而成长，灵性领导通过与组织成员相遇而充实，在心与心的碰撞中共享彼此的情感，共享人生的智慧，体会知识、情感、经验和价值共享的无限乐趣。

当然，灵性领导深知，"默"的修炼并非是默不言语，而是要掌握"言""默"分寸，把握时机，该讲则讲，不该讲则不讲或少讲。在组织成员苦苦不得其果之时，灵性领导加以适时的点拨；在组织成员沉浸于担忧情绪之中，灵性领导给予真诚的赞美。灵性领导恰到好处地把握"默"的艺术，赢得组织成员的敬重，共同开拓组织的未来。

（二）"沉"的修炼

"沉"，即是把握"当下"，务实行动。在封闭的系统中，一切都是确定的、可预测的。而今，社会、人、生命、意识等都是一个复杂的开放系统，未来是不确定与不可预测的。在非线性框架中，小变量长时间的发展会转成重大变化，一只蝴蝶翅膀的扇动（但这不是必然的）就会导致全球气象模式的全面改变。同理，生命的发展过程亦不是线性的叠加过程，不是生命资源因子的复合，而是一个"波动"的、非线性的、充满着偶然性的起伏流动过程。在这一过程中，不确定、偶然、涌现、突变等非常重要，往往正是这些偶然性事件成为生命获得整体性突破和生命新质诞生的重要开口、关口或临界点，人生就是由这样一个个"偶然"所组成的"偶然链条"中的"必然"。这些偶然的、微小的生命事件，不管这种偶然事件是积极的偶然，还是非积极的偶然，甚至是错误与失败的偶然，都可能会带来生命生长的巨大跃进，可能会促成个体生命的"解体"与"再生"，使生命在危机中走向新的境界。生活中，一件不起眼的小事就有可能改变一个人一生的事例不胜枚举。莫泊桑的小说《项链》中女主人公的命运便是如此。"所谓生命不外乎是预示并孕育不断解体的危机的动性均衡状态。"① 万事万物都处在不断变化之中，即便是最周密的计划也并非无懈可击，而是受到多种因素的影响。要摆脱并控制这种局面的关键，就在于活在"当下"，把握"当下"，正视"当下"可能出现的各种复杂、动荡和危险状况，而不是夸大对事态的了解程度。

每个当下的瞬间都是生命的全部过程。正如费尔曼所指出的，

---

① 〔日〕野家启一："生命的逻辑——西田哲学的现代意义"，载卞崇道主编《东方文化的现代承诺》，沈阳：沈阳出版社1997年版，第70页。

"生命的全部除了它的每一瞬间外什么都不是"。① 罗洛·梅也曾指出，"人首先应该学会生活在目前的现实之中，因为现在是我们所拥有的一切，过去和将来对人的意义就在于它是人的现实生活的一部分"。② 在某种意义上，当下之中蕴涵着过去和未来，每一个当下的活动都是无穷尽的过去和未来的未出场者的聚焦点，③ 都是一个无法与过去和未来分开的点，都是一切出场与未出场者的共在。无穷的过去虽已过去，却又潜存于当下之中。与此同时，未来的无限可能性也都以尚未实现的方式呈现于当下。在人生中，得就是失，失也就是得。一段看似幸福的人生经历却隐含着人生之大不幸，一段看似辛苦的人生历程却最终促成人生之大成。为将来的生活烦躁，就像为下一周、下一个月、下一年而担心烦恼一样是徒劳的。所有人都活在"当下"之中，能够把握的也只能是"当下"。在当下之中，我们可以领悟到不在场、在场和未实现的东西，也可以领悟到过去、现在和未来的东西。当下"细微的努力有时就像从山顶滚下来的雪球，越滚越大。有的时候，它们会在生死抉择的时刻使事情向正确的方向发展"。④ 正如英国散文家托马斯·卡莱尔所说，"我们应专注眼前的工作，不要只顾远眺模糊的未来"。⑤

　　灵性领导深知，各项工作千头万绪，哪可能时时处处都那么顺

---

① 〔德〕费迪南·费尔曼著：《生命哲学》，李健鸣译，北京：华夏出版社 2000 年版，第 10 页。

② 杨韶刚著：《寻找存在的真谛》，武汉：湖北教育出版社 1999 年版，第 56 页。

③ 张世英著：《进入澄明之境——哲学的新方向》，北京：商务印书馆 1999 年版，第 264 页。

④ 〔美〕小约瑟夫·L. 巴达拉克著：《沉静领导》，杨斌译，北京：机械工业出版社 2003 年版，第 13 页。

⑤ 同上，第 210 页。

利？有些决策能得到很好的贯彻，而有些决策则难以贯彻下去，这都在情理之中。人生的道路并不总是一帆风顺，很多问题的解决只能依赖于一系列长期而细微的努力，必须经历很多的挫折和磨难。在成事之"势"来临之时，该发生的事情不费吹灰之力，水到渠成。但若时机尚未成熟，即使罄尽心力，也徒劳无功。进而，不管遇到什么困难，灵性领导都安心承受，谦逊克制，不在意过多付出，不索取过多回报，保持对周遭环境的敏感认知，从客观实际需要出发，随环境之变而变，放弃不切实际、好高骛远的目标。灵性领导不仅关注未来的发展方向，也感受现实的细节变化，用更多的时间去了解复杂问题的真相，实事求是地面对真实世界。灵性领导放下过去的欣喜与悲伤，放下未来的忧虑与恐惧，沉浸于当下的每个时刻，觉察于当下的每个细节，心无旁骛地完全专注于当下每件事情，全心投入，静心反省，用一颗平常心看到困境背后所隐藏的希望和机会。在单纯、轻松、安定而自由的心境中，灵性领导抛开一切杂念，静默地觉知当下，增加内观的力量，以深入与奇妙的方式洞见事物本质，看见更多的美丽和实相，把精力聚焦于理性、能达成的事物之上。在积极与务实、平衡与妥协之中坚定而灵活地落实一项项计划，正所谓"山重水复疑无路，柳暗花明又一村"。这种"沉"正如稻盛和夫在《活法》中所提到的"精进"："所谓精进，指认真努力地做事，即现代社会的'工作'——这里所指的'工作'，不单指获得报酬的方式手段，而是专注于工作，一心不乱，由此锻炼心性，磨砺灵魂，塑造人格。"① "真正的领导者都是能够在自己的人生当中，一心一意专注于工作，并在此过程中让自己的人格不断得

①〔日〕稻盛和夫著：《活法（叁）》，蔡越先译，北京：东方出版社 2010 年版，第 165 页。

到升华的人。"①

在领导实践中，灵性领导从不脚踩几只船，这山望着那山高，从不依靠哗众取宠和抛头露面来赢得他人的尊重，也不奢望自己有连升三级的鸿运，而是心甘情愿地放下心中所执着的东西，沉浸在静默的心海里，无语地奉献，默默地拼搏，全神贯注、全力以赴地专注于一切拥有的东西，专注于自己的核心竞争优势领域，将之做深、做透、做专、做强。纵然是身处喧嚣杂乱之中，物欲横流之间，灵性领导从不选择逃离，而是排除各种干扰，控制主观期望，不回忆过去，莫担心未来，耐心而诚实地活在当下，全身心地体验当下，以纯真之心看待周遭事物，在寻常中看到独特，在表象中看到本质。这种务实专注于眼前工作的态度使得他们面对所有"大小事"都能处理得与众不同，"就像润物无声的水，滴水穿石的水，造就千姿百态的钟乳石的水，默默地改变着世界"。② 灵性领导依靠对工作的认真态度，对同事的尊重体贴来获得他人的尊重，为自己创造各种各样的机会，也在潜移默化之中影响着组织成员。

（三）"稳"的修炼

"稳"，即是行为的稳妥。灵性领导并不认为在人生的课堂中，最早举手回答问题的学生就是最聪明的。在灵性领导看来，在大多数组织里，利己主义、目光短浅、强词夺理交错混杂，在大多数情况下，用强硬的态度坚持原则可能是最简单的解决方案，但也很可能使情况变得更糟，而用稳健的无为来指导工作，或许能改变事态的发展。

---

① 〔日〕稻盛和夫著：《活法（伍）》，喻海翔译，北京：东方出版社 2012 年版，第 79 页。

② 钱小军："于无声处听惊雷——推荐《沉静领导》"，载《全国新书目》2003年第 3 期，第 15－16 页。

哲学家德谟克利特曾经说过，"假如你想保持宁静，那就少做事"。仔细审视我们的生活，我们所说的和所做的大多都是没有必要的。假如将它们取消，我们会有更多的空闲和更少的不适。在领导实践中，有的领导上任伊始，情况还没摸清楚，就不加分析地提出自己的"新思路"、"新口号"。有的领导偏好于不断创新，发展思路求"新"、求"奇"，上年确定的思路还未曾落实，来年又提出"新思路"，华而不实的"新思路"、"新口号"一个接一个，组织成员无所适从，疲于应付，沉浸于焦虑不安、玩世不恭、精疲力竭等负面情绪之中，造成人力、物力、财力的浪费，不利于组织发展。如何解决领导的"有为危机"是一个常见而必须回答的问题。

灵性领导知晓，生命是短暂的，每个人的精力和能力都是有限的，进而在留意生命、珍惜生命的旅程中按照事情的轻重缓急稳妥地调整工作思路、安排工作进度，在稳定之中推进变革，在变革之中保持稳定。灵性领导内心清楚，成大事者，离不开战战兢兢之小心，有时不做决定，本身就是一个很坚实的决定。这正如法兰兹·卡夫卡所描述过的，"你不需要离开你的房间，只要静坐在桌前用耳朵聆听；甚至不用聆听，只是等待就好；甚至不必等待，只要安静不动，这个世界就会卸下面具自动呈现于你的眼前——它别无选择。"① 进而，灵性领导忙里偷闲，闹中取静，远离浮躁，谨慎从事，临乱世而不惊，处方舟而不躁，喜迎阴晴圆缺，笑傲风霜雨雪，保持一种清风徐来、水波不兴的宁静心境，表现一种静观花开花落、闲看云卷云舒的淡然随和，彰显一种清醒理智和宽怀大度的高远风范，不以个人或一时的喜怒哀乐轻易做出决策，不以铺张造势、轻

① 〔美〕埃里克·布斯著：《艺术，是个动词》，张颖译，南昌：二十一世纪出版社 2009 年版，第 74 页。

率更改为能事，不因一时不慎而招致不必要的麻烦。灵性领导鼓励每位组织成员不断询问自己：这件事情真的必要吗？假如我们从未做过这件事，还会不会去做？基于此，取消不必要的行为，丢弃不必要的思想，抛开那些看似很重要的事情，专注于做必要的事情和理性所要求的事情，从中获得更多的空闲，展现一种从容之美，获得因少做事而产生的宁静。尽管"灵性领导"似乎有些"步调缓慢"，但却常被实践证明，这是组织得以改善的"最快途径"。

　　灵性领导清醒地认识到，在前进的道路上不可能永远一帆风顺，总会经历一些风浪，这些风浪是前行之中的风浪，进而沉稳镇定，守善持中，循序渐进，不锋芒毕露，不意气用事，清醒地观察、了解和认知外界的各种变化，三思而后行，谋定而后动，不动声色、四平八稳地随需应变，变中求生，变中求胜。即便事态朝所有人都料想不到的方向发展时，灵性领导也尽可能停下脚步，不作出任何反应，环顾四周，聆听、了解各方状况，倾听内心深处的声音，充分估计可能出现的各种变化，从更多角度来反思领导实践中的情境、观念和欲望。灵性领导深知，时间是解决问题的良药，这正如英国作家悉尼所指出的，"在事情未明朗之前，不要有妄下判断的鲁莽行为。因为我发现，只是 24 小时之差，看法就是天壤之别。"① 待了解真相、情绪平稳之时，灵性领导审时度势，顺势而行，用自身的静气稳定人心，鼓舞士气，意志坚定、从容不迫、步调稳健地带领组织成员共同找寻解决问题的方法。

　　淡泊宁静、主静去躁历来是涵养之士的评价标准。清代学者胡

---

　　① 葛荣晋："儒家的性情论与企业的情感管理"，载《理论学刊》2007 年第 2 期，第 30 - 37 页。

达源曾说过，"简默沉静者大用有馀，轻薄浮躁者小用不足"。[①] 平
静不是出世，而是"采菊东篱下"的那份悠然。平静不是冷漠，而
是"本来无一物，何处惹尘埃"[②] 的那份洒脱。灵性领导排除一切
纷乱繁杂的欲望，用一种涵养淡泊，甘守宁静的平常心对待眼前的
一切，"静"之气由心中自然流出，"静"之态为内在本性所固有，
少了些计较、多了些大度，少了些浮躁、多了些务实，倾听内在的
声音，聆听世界的声音，心念专一、务实稳妥地展开工作。灵性领
导平静之道于内是"欲"、"情"和"知"的心灵修炼，于外是
"默"、"沉"和"稳"的行为修炼，平静如同润物无声的水滋润着
组织成员的心田，促进着组织成员的成长，默默地主宰和推动着世
界的改变。

---

① 〔清〕胡达源撰辑：《胡达源集》，长沙：岳麓书社 2009 年版，第 74 页。
② 张卫国注译：《金刚经·坛经》，武汉：崇文书局 2007 年版，第 69 页。

第 四 章

反思：灵性领导维度之二

第一节 追溯"反思"的思想内涵

一、西方学者对反思的认识与理解

在笛卡尔之前，西方哲学的逻辑进程一直沿着本体问题展开，人的反思被远远排斥于研究之外。为了在经院哲学的废墟上重新树立理性的权威，替哲学找到一个清楚明白、无可怀疑的基本原理，笛卡儿采用了"普遍怀疑"的方法，发现"我在怀疑"本身是无可置疑的，由此确立了形而上学的第一原理："我思故我在"，在此基础上构造出他的哲学体系。由此，"反思"概念逐渐进入西方哲学家的视野，引起哲学家的关注。

（一）黑格尔对"反思"的认识

在黑格尔的哲学体系中，"反思"并不是一个可有可无的环节，而是一个必要环节，是一种构造精神自我发展的内在力量，是理性主义哲学思维方式的根本性表征。没有"反思"这个概念，黑格尔就无法展开他的思辨论述。在黑格尔的哲学体系中，黑格尔对"反思"作过各种使用和说明，赋予反思以较为深刻的内涵和规定。具体来说，黑格尔对反思的理解大体可以归纳为以下三层含义：

其一，知性反思。黑格尔把认识过程分为"感性"、"知性"和"理性"三个阶段。作为个体意识或"主观精神"发展中的阶段之一，"知性"高于"感性"认识，而又低于"理性"认识。有些时候，黑格尔将反思等同于知性思维。比如，《小逻辑》第74节明确把"知性"——"抽象的思维"和"反思的形而上学的形式"当作同义词来使用。① 再如，《小逻辑》第50节中，黑格尔谈到"直接知识"说的哲学代表耶可比对旧形而上学关于上帝存在的证明的批判，黑格尔说："他的批评如仅用以攻击反思式的理智（只是反思的知性）证明，倒还恰当"。② 在这里，黑格尔也将"反思"与"知性"混用。尽管黑格尔有时将"知性"与"反思"混为等同，但他是反对知性思维的。黑格尔对知性反思的批判，并不是对一般反思的批判，而是批判知性反思的不彻底和半途而废。黑格尔主张将其纳入自己所主张的更高层次反思之中，使之成为更高反思中的一个环节。

其二，内在的反思。内在的反思是"知性"和"消极理性"之间的中间环节。"反思"专指将统一体分裂为成双成对的两个对立面的二重性活动。这种"反思"既高于"知性"，又未达到"消极理性"即辩证法。一方面，成双成对的范畴具有两重性，彼此相互联系、相互反映。甲的本质在其对立的乙中反映出来，对立双方规定每一方在其自身中都包含另一方。因此，这种规定不同于知性。另

---

① 〔德〕黑格尔著：《小逻辑》，贺麟译，北京：商务印书馆2002年版，第167页。
② 同上，第137－138页。

一方面，当它"仍然保持那个规定的孤立有效性",① 对立双方乃是具有一定独立性的规定，这种"固执在对立中"的规定也不同于"消极理性"。黑格尔认为，内在的反思是知性思维通往理性思维的桥梁。在从知性到"消极理性"的过渡过程中，内在的反思起着穿针引线的作用，是一个不可或缺的中介，但反思的作用并非到此就停步不前了。

　　其三，思辨的反思。在黑格尔看来，"后思"包含了知性思维和思辨思维两种含义，"后思"的结果可以达到把握具体真理的"思辨思维"的地步，也可以停滞在分离、对立的"知性思维"的地步。如果"后思"停滞在"知性思维"，"后思"就是"知性思维"之意。例如，旧形而上学相信"只靠后思即可认识真理"，其中的"后思"实即"知性思维"。而若"后思"的结果前进到"思辨思维"的层面，"后思"即是"思辨思维"之意。例如，《哲学全书》第9节说："凡是志在弥补这种缺陷（指一般经验科学'不能满足必然性的形式'的缺陷）以达到真正必然性的知识的后思，就是思辨的思维"。② 在《小逻辑》中，黑格尔有时把"反思"和"后思"两个范畴混同使用。在《哲学全书》第2节中，为了着重说明哲学上的思想和一般思想的区别，黑格尔没有区分"后思"与"反思"。他认为，"后思亦即反思"。③ 反思以思想的本身为内容，力求思想自觉其为思想。在《小逻辑》序言中，黑格尔指出"哲学的认识方式只是一种反思——意指跟随在事实后面的反复思考。"④ 通过上述分

----

① 〔德〕黑格尔著：《小逻辑》，贺麟译，北京：商务印书馆2002年版，第176页。
② 同上，第48页。
③ 同上，第39页。
④ 同上，第7页。

析可以看出，黑格尔将"反思"与"后思"两个词进行混用的时候，是在"思辨思维"的意义上使用"后思"这一概念的。这一使用将"后思"与"反思"两个概念都提升到更高层次，使黑格尔的"反思"概念具有了较之前人更为深刻的意义。

在黑格尔那里，"知性反思"、"内在的反思"和"思辨的反思"并不是孤立的，而是一个整体。三种意义上的"反思"作为反思的不同阶段、不同环节而存在。"知性反思"是初始阶段，进而达到"内在的反思"进入理性认识的领域，最终通过"思辨的反思"达到了理性认识的最高阶段——积极的理性。我们必须用整体、发展的眼光来认识黑格尔的"反思"概念，不能忽视任何环节的反思。三种意义上的反思层层递进、不断循环，推动人类认识的发展，共同构成黑格尔反思的发展道路。

（二）马克思对"反思"的认识

在黑格尔的哲学中，反思达到了思辨的顶点，然而黑格尔是在纯思辨的王国里规定反思的。马克思摒弃了黑格尔的唯心主义，在思辨的反思发展到顶点的历史阶段对其进行唯物主义改造，提出了实践论的反思方式。

在马克思看来，实践论的反思方式是从人的思维的最本质、最贴近的基础——实践出发，在人的实践中以及对实践的理解中揭示思维与存在、人与世界之间的矛盾关系，从而达到对思维与存在、人与世界之间否定性统一的辩证理解。马克思的"实践论反思"既揭示了思维运动的规律，又揭示了反思思维的本质。具体来说，实践论的反思方式具有如下主要特征：第一，实践性。实践论的反思以人的实践的存在方式和发展方式为基础，"对现存的一切进行无情的批判"，在对事物"肯定"的理解中，也包含对它"否定"的理解，进而不断揭示人的悖论性存在，不断深化人对自身存在方式的理解。第二，后思性。实践性的反思方式，基于人的存在方式和发展方式的"从后思索法"。马克思认为，关于人类生活形态的深思及科学分析，一般说来，总是按照与现实发展相反的道路进行，那总是从后面、从发展过程的完成结果开始。当然，反思和回忆都具有后思性，但回忆是对过去意识对象的中性再现，而反思则带有批判性回顾的性质，其回顾是力求"再认识"而非简单的"再现"。第三，前瞻性。假如思维只是立足于经验及其概括之上，只与实践的直接需要、直接指导发生关系，则其超前性是有限度的。实践论的反思方式表面看来只是对以往理论或实践的再思考，但却是立足于实践发展长远需要而进行的思考，具有深层的超前作用。依托于对资本主义社会本性的深刻反思，马克思不仅冀望能够"解释世界"，而且冀望能够"改变世界"。这种前瞻性不是自思维原点的直线前进，而是在后思极点处的折返。第四，为我性。实践性的反思方式，是基于"为我关系"的反思方式。人的"生活"和"生产"是以我的"自我意识"为前提的活动过程，是人类为了满足自己的需要而与外界发生关系的过程。实践性的反思方式，既是立足于人对世界的实践基础之上，同时又以这种"为我性"的实践作为自己反思的实质性内容。这种"为我性"本质上是反思主体（人或人类）一种自我实现和自我确证的形式，他把握对象是为了"表现"、"实现"和"确证"自己的"创造性本质"：

　　马克思实践论的反思方式放弃了旧哲学那种对世界本质绝对终极解释的企图，把对世界本质的解释作为一种相对的绝对，从而科学地解释世界。在马克思看来，解释世界与改造世界紧密结合，解释世界是改造世界的手段，而改造世界则是解释世界的根本目的。

（三）杜威对"反思"的认识

在《我们怎样思维》一书中，杜威提出，"反思是思维的一种形式，有别于简单地吸取反馈信息，或零星地回顾，它是对问题所作的整体处理，是个体在头脑中对某个问题进行的反复的、严肃的、持续不断的深思"，[①] 即"对于任何信念或假定性的知识，按其所依据的基础和进一步结论而进行的主动的、持续的和周密的思考"。[②] 在杜威看来，反思涉及直觉、情绪和激情，理性和情绪交织在其中，是人们在经验行进过程中的"驻足停留"，是人们对无意识经验进程的反思、检视，是一种比逻辑理性的问题解决更为复杂的过程。杜威希望改变以往那种随意、盲目、依靠习俗或权威的思维习惯，培养一种有依据、连续和主动的"科学思维"方式，即反思行为。

杜威认为，反思和一般思维明显不同。反思发生的两个条件是：（1）引起思维的怀疑、踌躇、困惑和心智的瓶颈状态；（2）寻找、搜索和探究的活动，以求得解决疑难、处理困惑的实际办法。在反省思维的过程中，居于持续和主导地位的因素是解决疑惑的需要。反思的过程源于反思者所经历的困惑和棘手的事件，或是不能立即解决的问题，其目的在于寻找答案，在于激励人们去探索，以解决现实问题。从这个角度看来，反思是问题解决的一种特殊形式，是一个存有怀疑和困惑的能动、审慎的认知加工过程。

在杜威看来，个体反思时有三种态度是非常重要的。第一，"开放的头脑"。"开放的头脑"是指一个人愿意聆听不同方面的意见，能主动地思考其他状况，尤为重要的是，能开放地接受"自己目前

①　〔美〕约翰·杜威著：《我们怎样思维·经验与教育》，姜文闵译，北京：人民教育出版社 2005 年版，第 11 页。

②　同上，第 16 页。

所相信的或许是错误的"可能性。第二，"责任感"。"责任感"是指一个人能注意并且评估自己任何一个行为可能带来的后果，并对其后果负责任。另一方面，"责任感"也代表一个人能卸下对情绪的一般公式化描述，愿意深入审视情境的真实状况。第三，"专心致志"。"专心致志"与个人对事物的兴趣密切相关，只有当人们沉溺于某些事物时，他们才会全身心投入，才会一心一意。持有专心致志的态度和倾向对形成良好的思维习惯非常重要。"开放的头脑"、"责任感"、"专心致志"这三种态度确保和推动着人们的反思行为。

杜威还提出，反思过程有它本身固有的逻辑，每一个反思过程都有两个端点，即：思维开始于困惑的、困难的或混乱的情境；思维的结果是清晰的、一致的、确定的情境。① 在这两个端点的中间，融贯了反思的五个历程：暗示、理智化、假设、推理和行动检验。② 第一，暗示。在遇到混乱、困惑的困难或混乱情境之时，人们下意识地出现一些因果关系的暗示，这是储存在原有经验中的可用资源。当然，这些暗示通常是自发的、灵光一闪的，它需要经历现状的观察和比较推理。第二，理智化。将感觉到的疑难或困惑理智化，成为有待解决的难题和必须寻求答案的问题。在理智化阶段中，人们明确在混乱的情境中需要解决的问题确切是什么，进而引导我们洞察事实、搜集资料。第三，假设。假设不同于暗示，暗示是一种下意识的自发"闪现"，而假设中具有更多的理智因素。第四，推理。从理智上对一种概念或假设加以认真的推敲，以构建"最佳方案"。第五，行动检验。通过外显的或想象的行动来检验假设。经历了推

---

① 〔美〕约翰·杜威著：《我们怎样思维·经验与教育》，姜文闵译，北京：人民教育出版社 2005 年版，第 93 页。

② 同上，第 94 页。

理、观察几个回合的精心准备，最后一步就是去试试看这种"最佳方案"是否奏效。如果这样做不能奏效，就要按照反思过程的逻辑，继续找寻奏效的办法。

由上可见，西方哲学家从不同视角理解、探悉反思的内涵、特征和过程。而有关"反思"的定义，自研究之初至今亦没有一个统一认同的界定与理解。有的哲学家认为，反思是对思维的思维。有的哲学家强调，反思是一个理智的推理活动。还有的哲学家提出，反思是推动实践的重要方式之一。综观西方哲学家们的探索轨迹，我们可以看到人们对反思的理解，从对纯粹思维的反思，逐渐走向对行为的反思、实践的反思；从单一主体的反思，逐渐走向主客体统和的反思；从为了有效思维的反思，逐渐走向为了有效实践的反思。"反思"已经从精神的自我活动与内省的方法之中突显而出，立足于社会实践，融合于社会实践。学者们对反思维度的探究，不再局限于思维本身，而是放眼于"思维和存在的关系"，将之作为问题而予以反思的维度。事实上，人存在于这个世界之中，正是通过认识和实践不断与世界产生关联，对存在进行思考，力求揭示思维与存在、人与世界之间的矛盾关系，从而不断解释和改造世界。

二、中国传统文化对"反思"的认识与理解

中国传统文化历来注重"反思"，反思是人类心灵的存在方式和体道方式。儒家、道家和佛家都强调通过反思来体认心灵的境界，实现生命的构筑。儒家追求的理想人格是"内圣外王"，而反思是达致理想人格的重要路径。在儒家看来，反思就是人们以儒家的道德规范为准则，反省自己的思想、言论和行动。反思一直是儒家弟子

的自我要求。孔子的"君子求诸己，小人求诸人"，① 孟子的"反求诸己"② 都是儒家文化中个体反思的重要法则。反思并非闭门思过，而是日常生活中自我的思想检查，随时随地都可进行。"君子有九思：视思明，听思聪，色思温，貌思恭，言思忠，事思敬，疑思问，忿思难，见得思义。"③ "吾日三省吾身：为人谋而不忠乎？与朋友交而不信乎？传不习乎？"④ "见贤思齐焉，见不贤而内自省也。"⑤ "爱人不亲，反其仁；治人不治，反其智；礼人不答，反其敬。行有不得者，皆反求诸己，其身正而天下归之。"⑥ 通过反思，人们觉知和构建自身的心性，反省自己的视听言行是否符合道德规范，以期除恶趋善，使人格趋向"内圣外王"的人生境界。儒家内省体道的践行方式，是人们心理生活的存在与构筑方式，也是心灵境界的提升途径。

在道家老子看来，"人非圣贤，焉能无过"。"知不知，尚矣。不知不知，病矣。"⑦ 真正领悟"道"之真谛的人，深知自己有许多不知和不足。"不自视故章，不自见故明，不自伐故有功，弗矜故能长。"⑧ 正所谓"知人者，知也。自知，明也。胜人者，有力也。自

---

① 〔宋〕朱熹撰，金良年今译：《四书章句集注（上）》，上海：上海古籍出版社2008 年版，第 215 页。

② 同上，第 353 页。

③ 同上，第 226 页。

④ 同上，第 60 页。

⑤ 同上，第 92 页。

⑥ 同上，第 352 – 353 页。

⑦ 〔春秋〕李耳著，梁海明译注：《老子》，太原：山西古籍出版社 2001 年版，第 131 页。

⑧ 同上，第 41 页。

胜者，强也"。① 正因如此，老子以心灵的感悟为前提，主张通过"静观"和"玄监"，清洗人的内心杂念，摆脱功利的束缚，在内心清静、虚寂的状态中体认自然、质朴之道，在冥思默想的反思中直趋天地万物的恒常本质。

佛家将"反思"视为人们对照佛祖的规训，对照自己的行为，在内心自我剖析、自我谴责、自我慰藉、自我律戒，以到达灵魂升华的境界。悟空、悟静、悟能、悟心、悟道，都是反思的至上结果。"悟"是一个复杂的认识过程，是对对象本性或内蕴的一种直觉、明澈的观照和透察，是佛家思想的精髓灵光所在，也是佛家自身生命转换、觉醒、飞越的重要突破阶段。"悟"的过程是唤醒人们迷妄之心的过程，是对生命价值深沉思索的过程，也是本真生命意义得以敞开的过程。在"悟"的反思中，人们敞开自我，反观自身，突破原有的认识界限，尊重自然万物的内在生命，洞照美丽、原初和自然的事物本性，深刻领悟自然界平衡的力量和原则，感受精神和生命的自由超越。通过禅定般若的修炼，人们在静穆的观照与飞跃的生命中领略本真之美，感受顿悟的禅心禅趣，彻入本然的生命根源，将单调乏味的生活和索然平凡的生命，变为充满内在真实性的艺术生活。进而，人们缓解出世与入世的矛盾，突破有限与无限的束缚，超越时间与空间的屏障，保持内在精神的生态平衡，在回归自然本真之境的过程中给予自然万物以终极的关怀，在刹那观照中体现生命的永恒性。在这个过程中，人们去除精神与物质的对立关系，恢复心灵本真状态，修复自我与自我的关系，自我与他人的关系，自我与宇宙的裂痕，最终获得融一心于万有的深刻生命体验。

---

① 〔春秋〕李耳著，梁海明译注：《老子》，太原：山西古籍出版社 2001 年版，第 58 页。

由上可见，中国传统文化把"反思"视为人类心灵存在和活动的方式，视为人类内在心灵的精神存在。无论是儒家的"格物、致知"、道家的"玄监"，还是中国佛教特别是禅宗的"了悟"中，反思构筑了人的内心生活，构想了人的生活目标，构造了人的生活现实。反思不仅是一种道德的修身方法，不仅是一个复杂的认识过程，还与存在不可分地结合在一起。反思即存在，存在即反思，人们以自己的生命参与社会实践，社会实践在人的生命上留下印迹，人返回至自己的生命深处，对此印迹进行省察，用以指导外在的实践。

三、中西方文化中有关"反思"认识的评述

西方哲学以天人二分为前提，中国哲学以天人合一为主导，两者对于反思的认识有其共性所在，与此同时，也存有诸多差异。在两千余年的发展历程中，西方哲学传统体现出重"认知"和扬"理性"的鲜明特征。西方哲学从"认知理性"精神出发，注重实证取向，注重逻辑论证，更多将反思视为思想的思想，视为一种复杂的认识过程。西方哲学家确信人的理性有能力认识各种反思的对象，更多侧重于将反思视为以追求知识为归宿的"成知"的反思。知物，是为了满足生命、实现价值。知物，需要用眼看（观），由此衍生出一系列的二元并立——主观与客观、心与物、主体与客体、事实与价值等。可见，西方哲学充分发挥反思的"理性"认知功能，在个别中看到普通，从现象中看到本质，以改造外部的世界。

中国传统文化将人视为一个"万物皆备于我"的精神主体。人不需要到对象中去寻找人的本质，也不需要通过人的对象化或物化的形式去解决人自身的问题。人只有返回到自身，关注人类内在心

灵的精神存在，以其能觉之心觉其所觉之性，才能为人生确立一个安身立命之本，才能解决人自身的问题。能不能自我反思，能不能排除各种先入之见的干扰而专注于经验中绝对的自明，从而实现自我觉悟，便成为能不能实现人的本质存在的关键。中国传统文化在谈论反思时，并不像西方文化那样强调通过逻辑严密的分析推理以达到对客观对象本质规律的精确认知，而是更重视在人为践履活动的亲身体验中对天地之理、人生真谛和道德规范的体认直觉、顿悟神通。通过反思，人们找到一条通向德性的新路径，不断改善"我"内在的世界，进而改变"我"和外在世界的关系。可见，中国传统文化讲求的是"悟道"，对反思的认识更侧重于去妄存真的内省之意，将之视为一种修行和修命的具体方式。反思的对象不仅指向外在他物，更是指向自身，是对自身的思想与反省。人们由事物之在反观人自身的存在，由对对象意义的追问转向对人自身存在意义的关切。通过个体对内心的体悟，人们调节、改变和构筑内心的活动，自我呈现、自我引导、自我提升、自我超越，促使主体与客体、内在与外在、人性与物性融为一体，把握心的真实体性，获得真正的智慧。从这个意义看来，中国传统文化是以成为自己为归宿（"成己"）的反思，充分发挥反思的"心性"悟觉作用，以不断把握、扩展和提升自身。

总体说来，东西方文化对反思认识的根本区别就在于"成知"反思与"成己"反思的差别。西方学者更注重"成知"反思，通过用"眼"观察来揭示与把握事物的真实本性，向外、向超验的世界寻求普遍的知识，以不断解释世界和改造世界。而东方学者更注重"成己"反思，通过用"心"体悟来检视自己的言行是否符合道德要求，侧重于人格的"提升"、境界的"达至"，进而完善为人、为事、为学之道。无论"成知",抑或"成己",都以把握真实的存在为前提,构成"意义世界"生成之源。认识中西方文化对反思认识的差异,对于灵性领导反思而言至关重要。

第二节　灵性领导反思的内涵与意义

一、灵性领导反思的内涵与特征

灵性领导立足于日常熟悉的领导实践,在已有领导理论的基础上,对领导实践进行反复、严肃和持续不断的深思,剖析领导实践中经常碰到和亟待解决的问题,寻求创造性的解决方案,提炼适合自身的领导理念,以提高领导活动的有效性和合理性。灵性领导的反思是对自己领导理念与行为的追问、审视、推敲、质疑、批判、肯定、否定……反思贯穿于领导过程的每个环节和整个过程,旨在不断探究事物本质,不断超越自我。具体说来,灵性领导的反思具有如下特征:

（一）灵性领导的反思是"成知"和"成己"内在统一的过程

灵性领导的反思不仅注重"成知",也注重"成己"。在"知物"和"知己"的过程中,灵性领导恰当地处理自我与自我、与社会、与自然之间的和谐关系,觉察宇宙万事万物之根源同体的状态,体验人与生命的连带感,与世界的关联感和与自然的一体感。

灵性领导的反思是一个"成知"的过程。在"成知"的过程中,解决领导实践中存在的问题是灵性领导反思的出发点和归宿。灵性领导的反思源于引起思维的怀疑、踌躇、困惑和心智上的困难等状态,当疑问、犹豫、困惑或心智的障碍存在时,反思就发生了。

正所谓"大疑则大悟，小疑则小悟，不疑则不悟"，① 质疑状态是灵性领导反思的基石。处于模棱两可十字路口的质疑状态之中，灵性领导放慢脚步，暂时停顿下来，忍受疑难的困惑，思维专一地驻足观望，对问题和资料进行长期反复、持续不断地探索，从多层次、多视角、多方位综合而细致地反思着真实的领导实践。在反思中，灵性领导质疑问题的实质及其背后的理论假设，以批判性眼光怀疑、审视和解剖内心的领导理念和行为，不断厘清自己对问题的理解，不辞劳苦地寻求解决疑难困惑的实际方法。可见，"成知"的反思过程既是一个了解真理的认知过程，也是一个不断解决问题的实践过程。

灵性领导的反思还是一个"成己"的过程。在反思中，灵性领导向内求索，反求诸己，珍视自己的独特经历，优化自身的言行方式，不断约束自我、完善自我、超越自我。通过反思，灵性领导唤醒自我的灵魂，探寻生命的意义，觉解生命的真谛，在独特的领导实践中超越"自我的失落"，超越"存在的空虚"，超越"喧嚣的孤独"，追寻生命、生活、宇宙和自然的真谛，追求宁静而致远、慎思而明辨、坚韧而洒脱、通达而圆融的天人合一境界。可见，"成己"的反思过程是一个潜能实现的过程，是一个探寻生命意义的过程，也是一个不断超越自我，趋向完满的过程。

灵性领导的反思是"成知"和"成己"内在统一的过程。在"成知"的反思过程之中，灵性领导以一个"旁观者"的角度考察领导实践中存在的问题，灵性领导在质疑状态中对领导实践进行深层次反思，经由自我对话、与他人对话逐步走向彼此的"视阈融

① 黄宗羲：《答董吴仲论学书》，载沈善洪主编：《黄宗羲全集》（第十册），杭州：浙江古籍出版社2005年版，第147页。

合"。在"成己"的反思过程之中，灵性领导关注内在心灵的精神存在，思索生命的本真价值和内在意义，不断了解自我，约束自我，超越自我。

（二）灵性领导的反思是理性和感性相互融合的过程

灵性领导的反思不仅是一个内在严密的分析、归纳、推理和判断的逻辑思维过程，还是一个"比逻辑的理性的问题解决更为复杂的过程，反思涉及直觉、情绪和激情，在反思性行为里，理性和情绪交织其中"。[①]

灵性领导以自身的领导理念及其实践活动为反思客体，反观精神世界中的思想理念和生活世界中的外在情境，根据当时的情境调节和控制当下的领导行为与实践，使其与情境保持内在一致性和适宜性。在反思的过程中，领导理解其理念和行为的内在假定、社会背景，承认领导的困境及其独特性，倾听和接受来自不同方面的声音，冲破已有习惯和传统的束缚，挖掘新生经验与原有经验内部的联系，构建一个有意义的、新的认知结构。从这个意义上说，反思过程就是灵性领导对自我意识的直接觉察，是灵性领导对已有领导经验、观念或行为重新构建的理性过程。

灵性领导的反思既是一个客观理性的过程，之中也不乏关怀、同情、激情等非理性成分。毕竟，人是复杂的高级动物，有理性的一面，也有感性的一面。一定程度上说，以纯理性形式的思维难以根本阐明生命的本质，情感对于人生有着全面、深刻而直接的影响。弗洛伊德曾说过，人类"受到来自三个方面的痛苦的威胁：来自我们的肉体，它注定要衰老和死亡，……来自外部世界，它可能毫不

---

① 〔美〕约翰·杜威著：《我们怎样思维·经验与教育》，姜文闵译，北京：人民教育出版社 2005 年版，第 94 页。

留情地以摧枯拉朽的破坏势力与我们抗争；来自人际关系"。① 灵性领导亦无时无刻不处于这些痛苦之中，尤其是最复杂、最不容易理解的第三方面痛苦之中，即来自自我与他人关系的痛苦。对于灵性领导而言，这种痛苦是个体化的，是有高度个人色彩的体验。灵性领导以适度的谦恭、足够的勇气、豁达的胸怀回味之中丰富的内心体验和细腻的情感变化。对于灵性领导的反思而言，这些感性的一手资料具有心灵轨迹实录的意义。

反思既是一个客观的逻辑推理过程，也是一个与情感体验密切相连的过程。每一次反思不仅是一次言语和思想的沟通，更是情感和心灵的相互交融。在领导实践中，灵性领导不断生成自己丰富的感性能力，以此充实与承载着理性的内涵。在感性与理性相互融合的过程中，灵性领导不断生成独特的自我本质，形成独特的领导理念。

（三）灵性领导的反思是个体反思和共同体反思相互结合的过程

个体反思是灵性领导的自我对话过程，是过去的"我"和今天的"我"、现实的"我"与理想的"我"的深层次反思性对话，是作为被观察着的"我"与作为观察者的"我"之间展开着"此我"与"彼我"的对话。个体反思关注的不是世界大而全的形式、规则和规律，而是强调反映个体独特性的经历、体验和感受。个体反思尊重自我的独特性，分析、解释甚至是体验自我的"个性"，尊重自我存在的现实性、可能性或必然性。在个体反思中，灵性领导远离没完没了的抱怨与指责，远离丑陋不堪的扭曲人格，从喧嚣的外部

---

① 〔奥〕弗洛伊德著：《文明与缺憾》，傅雅芳等译，合肥：安徽文艺出版社 1996 年版，第 19 页。

世界中暂时抽身而出，回归到自我的家园，静心倾听本我、自我和超我的对白，独自体会自我的价值、信念和理想，重新思考自我定位、价值系统和精神状态，进而不断实现自我更新、自我超越。灵性领导关注实践中的所见、所闻、所感与所为，最大限度地实现过去经历、经验与理论等的在场化，谋求此在与彼在的互相对话、碰撞与点燃，进而实现"视界融合"、"视界分展"或"视界创生"。从这个角度看来，灵性领导个体反思的过程既是由晦暗、狭隘走向敞亮、广阔的觉悟和生命唤醒、自我重建的过程，也是内心深处勇气、灵感、仁爱、智慧和正直等品质逐渐积淀的过程。

　　然而，个人的力量毕竟是有限的。依靠个人封闭式的冥思苦想，难以实现反思的真正价值。哈贝马斯指出，"任何人不可能单独地、自由地存在没有与他人的关联，任何人都不可能过一种有意识的生活，甚至属于自己的生活，没有人仅成为属于自身的主体"。① 共同体反思突破彼此孤立与封闭的个体反思状态，增强彼此之间的合作意识，弥补个体知识的不足与思维的局限，消除灵性领导"独立奋斗"的孤独感和无助感，从多视角、多层次认知自我、更新自我和超越自我。在共同体多元主体的对话中，价值观、情操和共同信念为创造一种从"我"转变为"我们"的意识提供了必要条件。组织成员依赖于共同价值观和信念，相互尊重，相互依赖，生成一种自然而然的相互开放、信赖和支援性的情感关系。与此同时，面对同样的原始资料，不同成员独特的知识结构、价值取向和个人经历生成个体个性化、多样化的反思前见（枷达默尔谓之"合法的偏见"），为共同体反思提供了思想的基础和可能，使得共同体反思变

---

　　① 〔英〕得特勒夫·霍尔斯特著：《哈贝马斯传》，章国锋译，北京：东方出版中心 2000 年版，第 35 页。

得更为客观、更为全面。从这个意义上说，灵性领导的反思并不是自我封闭式的被动反思，而是以交往实践为社会基础的反思实践。反思共同体将传统的单向或双向内省式交流改变为不同主体之间的多向交流，共同体成员全方位、全过程地对领导实践进行系统反思，进而提高反思效果，提升领导效能。

个体反思是领导者将自己的领导实践作为认识对象的反观自照，具有他人不可替代的个性化特征。与此同时，灵性领导的反思离不开他人的共同协助。只有由孤岛式的个体反思走向合作式的共同体反思，并不断进行社会实践，才能实现有意义的反思。在个体反思和共同体反思的有机结合中，灵性领导不断追逐自我生命的意义与完满，促使自我与自我、与社会、与自然之间的和谐互动，推动组织发展和社会进步。

（四）灵性领导的反思是一个自觉、持续和动态的过程

灵性领导的反思是一个自觉的过程。对灵性领导而言，反思是在实践活动中经过反复练习而形成的行为方式。反思的习惯一经形成，在接受同样刺激时，如同激活了一个自动反应装置，不需专门思考和意志努力就可自动进行反思。

一两次的反思活动难以产生显著效果，灵性领导的反思行为渗透在领导实践不断的循环往复过程之中，不因一次反思活动的结束而终结。一般而言，领导没日没夜地忙于各种事务，开会、出席各种活动、考察……时间被无休止的琐事间离、撕碎，反思活动日常化对领导而言似乎是现实中的奢侈之事。而一旦缺乏日常化反思的背景，即使领导有突然的思维闪光，也难以成为发展的内在动力。领导者反思过程存在由领导技能的反思到领导策略的反思，再到领导理念的反思逐渐深化的客观规律，一个时期或仅仅一次活动后的

反思并不会上升至领导理念的反思，也难以成为领导成长的"有效途径"。与此同时，由于人类认识的客观规律，领导在反思过程中可能会面临向前走两步，向后退一步的现象，甚至表面上会返回到以前思维和行动的原点处。灵性领导深谙此道，其反思过程不是一个突变的过程，而是一个逐渐积累的漫长过程，一个一而再、再而三的过程。

灵性领导的反思拥有一种"在路上"的精神，"在路上"欣赏沿途的"无边风景"。每一次反思都为下一次反思埋下更多的火种，积蓄更大的力量。灵性领导坚持"毋意，毋必，毋固，毋我"① 的精神，进行深刻地自我质疑和自我解剖，灵性领导由在场显现未在场、由现象透视理论、由有限追逐无限、实现"一生二，二生三，三生万物"② 的境界，不断实现自我重建与自我超越。在自觉、持续和动态的反思过程中，灵性领导深刻透视反思对象，获得对反思问题清晰而脉络化的理解，进而无限接近真实、真相与真理。

反思为灵性领导开启了一扇了解自我、认识自我的大门，其真谛就在于领导敢于怀疑自我，乐于剖析自我，善于超越自我。灵性领导以自身的领导理念及其实践活动为反思客体，在反思中实践，在实践中反思，捕捉稍纵即逝的灵感，找寻领导困境的实践路径，探寻人生的内在价值，不断构建适应领导情境的实践性知识，不断提升自我的领导境界和灵性水平。

---

① 〔宋〕朱熹撰，金良年今译：《四书章句集注（上）》，上海：上海古籍出版社2008 年版，第 140 页。

② 〔春秋〕李耳著，梁海明译注：《老子》，太原：山西古籍出版社 2001 年版，第 77 页。

二、灵性领导反思的意义

毫无疑问，灵性领导面临着反思的潜在风险。比如，灵性领导要承担一定的政治风险。对于那些具有反思倾向的灵性领导来说，其面临的危险之一就是被边缘化。试想，谁想面对一个不断提出挑战性问题的人？谁想面对一个清晰了解自己错误的人？灵性领导可能让他人感觉不太舒服，被他人视为一个爱制造麻烦的人，而使自己陷入尴尬境地。长此以往，灵性领导可能成为群体中的"另类人物"，遭遇来自政治和文化上的风险。即便面临反思的潜在风险，灵性领导仍坚信，"人是一根能思想的苇草，人的全部尊严就在于思想。"① "没有省察的生活，不是人的生活。"② 人生最终的价值在于觉醒和思考的能力，而不只在于生存。灵性领导自觉、执著而持久地反思着已有的领导理念和实践，将反思作为自己凝聚生活意义、认识客观世界和实现智慧领导的重要方式。

（一）反思是灵性领导凝聚生活意义的重要方式

对于生命意义，许多学者都给予了充分的肯定。在赫舍尔看来，人的生命和意义融为一体，不可分离，相互依存，"人的存在从来就不是纯粹的存在，它总是牵涉到意义"。③ "正是人的意义照亮了人的存在，也正是人的存在，提出并验证人的有意义"。④ 蒂里希则把

---

① 〔法〕帕斯卡尔著：《思想录》，何兆武译，北京：商务印书馆1985年版，第158页。

② 王丽荣："浅谈我国道德教育的泛政治化倾向"，载《现代哲学》2001年第1期，第66–69页。

③ 〔美〕A. J. 赫舍尔著：《人是谁》，隗仁莲译，贵阳：贵州人民出版社1994年版，第46页。

④ 同上，第48页。

人能否发现生命的意义、获得生命的意义看作是人的一种"终极关怀"，看作是生命存在的最终根据。"从某种意义上说，人是一种以'意义'为生存本体的高级动物。人最不能忍受的是一种空虚的，无意义的生活。对意义的追寻，对人的生命和世界的根本意义的理解和阐释，是人的一切生命活动的根本出发点。人在世界上的生存、活动、创造，都必须以对自己的价值意义的把握为前提，即必须了解和认识'我是谁'、'我所生活的世界怎么样'、'我在世界上的位置如何'，以及'我们是什么'、'我们从何处来'、'我们往何处去?'这些属于人生本源性的问题。"① 意义的世界，是一个理想与现实相结合的精神性世界，既具有利益的实在性，又具有精神的超越性。人类对"意义"的追问和探讨不是为了眼前的利益，而是在终极意义上扬弃和超越有限的眼前利益与个体利益，追求无限与永恒的美好生活。拥有"意义"与"价值"，人丰富充裕的内在资源能量就能得以充分挖掘，人的生命就能超越有限的生物性，达致无限的伦理和道德。

　　然而，在千万年来人类进化繁衍的过程中，"意义"的最初意义逐渐被人们淡忘，而被赋予太多虚伪的意义……当哥白尼和尼采从科学和精神上击破那虚伪的意义之后，离开那虚伪意义后的现代人突然发现自己是多么脆弱和无助，信仰缺失带来的是对存在的恐惧、绝望和迷茫。为了转移和转嫁这些负面情绪，人们沉浸于功利主义、拜金主义之中，人们在物欲横流的社会中暂时麻痹自己，与此同时，也令自我更加痛苦。生活最大的痛苦在于没有意义。意义的缺失或偏离不仅会导致人们对其自身生存意义的茫然，还会导致人们在社

---

　　① 转引自袁祖社："意义世界的创生及其自为拥有——人的超越性与自由本质探究"，载《陕西师范大学学报（哲学社会科学版）》2001年第1期，第77－82页。

会生活中的迷茫和无所适从。失却了意义的生活，不再是人的生活，而异化为动物的生存。从这个意义上来说，意义是人的生命存在的根本特征和根本支撑，是人的生命存在的最终归宿和终极关怀。追求生活的意义是人类基本的原动力，人的生命和生活不能没有意义。

人类生命的真谛就在于"意义"的追寻和"价值"的获得，只有追求生命的价值与生活的意义才能表征人的存在。反思是灵性领导凝聚生活意义的重要方式之一。如果缺乏反思精神，领导就成为了"单向度的人"，没有自我，没有思想，也没有灵魂，屈从于外在力量的操纵和控制，亦步亦趋，成为他者的"随从"和"跟班"。如果缺乏反思精神，领导就不会去挖掘目标背后的人文价值、人文意蕴，也不会对领导目标的正确性等问题进行思考，亦不会认识到自身的局限性。如果缺乏有效反思，领导的主体性将会从主体性的高级阶段演化到主体性的低级阶段，即从"自由"、"自觉"、"自为"的高级阶段向"自知"、"自我"、"自失"的低级阶段演化。在一定程度上，反思是灵性领导生命发展的原动力。这正如弗兰克所指出的，"要想寻找生活的意义，——更不用说找到这种意义，——首先应该停下来，凝神静思，不为任何事'奔忙'，与所有通行的评论及舆论不同，无为在这里确确实实比最重要最有益的事业更重要，因为不为人世间的事务所烦扰、超脱凡事是寻找人生意义的首要（尽管远远不够）条件"。①

祛除傲慢的灵性领导不再将自己看作全知全能的人，而是承认实践不断变化和发展的可能性，进而脱去旧有的习性，拓宽心灵的视野，拥抱与生俱来的珍贵灵气，不断找寻生活的意义、人生的真

---

① 〔俄〕C. 谢·弗兰克著：《社会的精神基础》，王永译，北京：生活·读书·新知三联书店 2003 年版，第 208 页。

谛和生命的价值。在反思中，灵性领导超越纷繁复杂、烦琐细小的日常实践，借由如同晶钻般清晰而专注的觉察力，参透所有的恐惧、愤怒和负疚感，有意识地批判自身固有的领导理念、行为和经验，敏锐地把握情境、发现问题，清晰地辨识事态的真相，感悟生存的意义和生命的价值，追求一种自主和可能的意义生活。

（二）反思是灵性领导认识客观世界的重要方式

从建构主义的角度来看，反思是反思型领导认识世界的重要方式之一。建构主义是当今许多哲学思潮的共同主张，其基本的理论基础有着悠久的历史渊源。18 世纪拿破仑时代的哲学家维柯认为，只有人创造的事物，才可能被人们认识。①。他主张：人们只能清晰地理解他们自己建构的一切，通过自己的感觉经验认识事物并推测事物。而后，德国哲学家康德、瑞士心理学家皮亚杰等都为建构主义的形成和发展奠定了坚实的基石。康德认为，真理性知识既不单纯是"外源的"（经验主义），也不单纯是"内源的"，而是通过认识主体的"先天综合判断能力"对后天经验综合而获得。皮亚杰认为，认识既不是起因于一个有自我意识的主体，也不是起因于业已形成的、会把自己烙印在主体之上的客体；认识起因于主客体之间的相互作用。② 可见，新的理念必须经由表层"所倡导的理论"和外在"社会性概念"向深层"所运用的理论"和内在"自我概念"转化，这本身就是一个漫长而持续的反思过程。

反思型领导深知，只有被内化的理念才能真正指导领导行为，

---

① 〔意〕维柯著：《新科学（上册）》，朱光潜译，北京：商务印书馆 1989 年版，第 154 页。

② 〔瑞士〕皮亚杰著：《发生认识论原理》，王宪钿等译，北京：商务印书馆 1981 年版，第 22－23 页。

才会在实践中最大限度地得以展现。现实生活中，每位领导者都自觉不自觉地对领导实践有所体悟，个体的价值观、个性和经历不尽相同，他们对领导实践的价值判断也就不尽相同，由此导致对领导实践的反思、过滤与整合也各有不同。反思型领导将领导原有的知识经验作为理念与经验发展的新生长点，在不同观点同化、排斥与顺应的碰撞过程中从原有知识经验中主动生成新的知识经验，主动建构深层"所运用的理论"和内在"自我概念"。进而，反思型领导不断丰富或修正原有对自身、对社会、对自然的观念或经验，并在领导实践中加以改造和完善，促使认识能力的提升，领导观念的更新。

（三）反思是灵性领导实现智慧领导的重要方式

灵性领导对实践的理解是一个不断深化的过程，反思是灵性领导实现智慧领导的助力器。领导实践的智慧难以从抽象的理论或分析系统中去寻找，而应在具体、真实的生活情境中探寻。领导的生活情境复杂多样且不确定，其中隐藏着大量经验性、情境性、独特性和缄默性的"实践性知识"。"实践性知识"以经验与前见为基础，是在一定的行动、情境和文化中对内、外经验进行持续建构而生成的意义性理解。这些"实践性知识"缺乏严密性和普适性，是活生生的、充满柔性的知识；是以特定领导、特定下属、特定任务和特定情境为对象而形成的多义、内隐和独特的功能性知识；是以领导的个人经验为基础而形成的实践性知识。尽管"实践性知识"往往"寄寓"于人的内心深处，难以用既定的理论体系或是研究范式来思考和解释，甚至不被观念主体所意识到，但却随时随地、潜移默化地影响着领导行为，对领导的生活世界具有实质的应用价值和解释效力，很大程度上决定着制度形态领导理念的有效落实。

灵性领导深知，只有不断从领导观念、兴趣动机、情绪状态和领导方式等多角度去思考、质疑或评价自己的领导行为，并自觉根据反思的结果矫正领导实践中的不佳行为，才能不断实现个体与组织的成长与发展。进而，灵性领导打破原有近乎沉寂的平静，将所有理所当然的理念悬置而起，畅游在"熟悉的生活世界"里关注领导世界的苦乐忧患、领导内心的价值冲突、领导个体的内在需求，用知性、感性和灵性去分析领导个体或隐或现的情感、态度、动机、理念和行为，促使自身从冲动、例行、直觉的行为中解放而出，以审慎、意志和理性的方式行动，将服从权威和墨守成规的领导行为转变为智慧的领导行为。灵性领导在主动、持续而周密的反思过程中展开、分析和描述领导行为，以积极的心态反观自己的领导理念与领导行为，感悟个体充满灵动的生命，理解个体独特的生活情境，解释领导现象背后的真实，生成对领导实践性知识的内在领悟。在"反思—实践—再反思"的螺旋上升过程中，灵性领导注重自下而上的"实践—理论"路径，激活、评判和发展"实践性知识"，超越感性直觉与浅表思维，获得情感的愉悦和理性的升华。

反思是灵性领导成长的不竭动力，是灵性领导不断自我更新、自我超越的必由之路。在反思中，灵性领导呵护内心深处的好奇心，透过一双孩子般好奇的眼睛观察万事万物，找寻内心深处的灵性之光。在天然灵性的指引下，灵性领导接近内心深层的存在中心，凝聚生活的意义，认识客观的世界，实现智慧的领导，体验内在深处的真、善、美。这一深层的存在中心，正是灵性领导内心之根源，滋养着灵性领导的生命，孕育着灵性领导的思想，呵护着灵性领导的内在精神。

第三节　灵性领导的反思修炼之路

反思是灵性领导凝聚生活意义、认识客观世界和实现智慧领导的重要方式，贯穿于领导过程的每个环节和整个过程。而反思能力是一种特殊的经验和智慧，这种经验和智慧必须通过自身的实践和感悟才能获得。如同组织成员的成长"是他自己的事情"一样，反思能力的提高也是一个领导者不断自主完善的修炼过程。

一、自我超越意识和问题意识是灵性领导反思的内在动力

（一）强烈的自我超越意识驱使着灵性领导不断反思

自我超越是灵性领导对自己现有境界的突破，是不断追求真、善、美的精神状态。精熟"自我超越"的人，能够不断厘清到底什么对我是最重要的，清楚地意识到愿景与现实差距之间创造性的张力，进而实现他们内心深处最想实现的愿望。精熟"自我超越"的人对待生命的态度就如同艺术家对待艺术作品一般，全心投入、不断创造与超越，在生命中产生和延续创造性张力。只有持续反思自己的领导实践和经验，灵性领导才能不拘泥于日常的领导实践，将自己的领导实践与领导理论相连，不断提升领导实践智慧，促进自身全面健康可持续发展，进而感受反思的乐趣，养成反思的习惯，自觉将反思视为自己领导实践的重要组成部分。从这个角度看来，自我超越的内在需要是灵性领导反思的不竭动力。

在自我超越意识的驱使下，灵性领导深知，无论领导经验有多丰富，无论领导业绩有多辉煌，自己的知识和理念总是存有局限性，进而永不满足于现状，将自己作为一个不断被塑造的人，将自己的

领导实践视为一个结构不良领域，以开放谦恭的心态接纳新思想，以丰富敏锐的情感体察周边情境，以豁达大度的胸怀接纳相异意见。当灵性领导主动积极地把反思目光转向自身的领导实践，享受自我剖析的快乐和痛苦时，就意味着对过去"旧我"领导理念及其行为的扬弃，对未来"新我"领导理念及其行为的设计，这是基于理性认识基础之上的自我超越。在不断自我超越的过程中，灵性领导的情怀、精神和灵魂不再受制于世俗繁杂的束缚，自信而从容地思考生命的本质与意义，竭尽所能地致力于提高他人的生命质量，使组织成为组织成员美好的栖息之地。从这个意义看来，自我超越是灵性领导神圣感的实践，是灵性领导生命深处使命的召唤，是灵性领导生命精神成长的积淀。

（二）强烈的问题意识驱使着灵性领导不断反思

问题意识是人与生俱来的本能，是人们在认识活动中意识到的一些感到疑惑，却又难以解决的实践问题或理论问题，并由此形成怀疑、困惑、探究的心理状态。反思起源于问题，问题意识驱动灵性领导时常处于一种积极、主动的探索状态之中，以坦然的心态面对问题，捕捉各种潜在的机会，揭示领导活动的偶然性、流变性和不确定性，彰显领导个体的"实践性知识"、本土经验以及领导过程中互动关系的内在价值。从这个意义来看，问题意识不仅是激发组织成员潜能和天赋的一种手段、领导和组织成员思想争鸣的一种展现，更是走入心灵世界的一种领导境界。

而在日常实践中，为了树立"无所不能"的领导形象，为了迅速找到解决问题的方案，为了避免失败的尴尬和他人的质疑，反思似乎离领导越来越远，同时领导也在丧失天性中的一些非常宝贵的特质：勇敢，探索，积极，想象力和创造力……灵性领导深知，工作中的失败、挫折是在所难免的。问题并非是对领导的吹毛求疵，·不是令人羞辱的丑恶秘密，更不是意图破坏正常的秩序，进而较为放松、坦然和自信地去感知和理解这些未知的不确定性，即"问题"。灵性领导清晰地认识到自身的局限性，相对于茫茫且巨大的未知世界而言，人类所获得的知识永远是"匮乏的"，进而将自己当作人世间的普通一员，坦率地承认自己的不足和疑惑，与组织成员共同研讨和思考。

在充满挑战、困惑、质疑和探究的领导情境之中，灵性领导从不以经验者自居，而以反思者的心态置于领导情景中，悉心呵护着可贵的问题意识。在强烈问题意识的驱使下，灵性领导用一颗好奇的心不断吸收新的知识和观念，在成功和失败的领导实践中积累经验；用一颗敏感的心关注周遭环境对于自己观念和行为的影响，关注领导实践中那些需要清晰意识到的假设；用一颗怀疑的心在稍纵即逝的现象中把握问题，剖析现实中的领导现象和问题。即便面临压力和危机时，灵性领导也能保持平静的心态和清醒的头脑，敏感地觉察四周情境，镇定自若，泰然处之。善于看到其他人没有察觉的问题，敢于提出其他人不敢提出的问题，这本身就是一种领导素养，体现了领导者的能力，也彰显了领导者的自信。

二、"入情"、"入理"和"入心"是灵性领导反思的参考框架

灵性领导的反思不仅要关注领导个体的外在行为和过程，也要关注领导内在的欲望、情感和实践性知识；不仅要关注领导个体，也要关注领导情景；不仅要关注领导实践中的成功和失败，也要关注领导实践中的困惑和疑点。"入情"、"入理"和"入心"是灵性

领导反思的参考框架。

（一）在"入情"中反思

灵性领导注重在"入情"中反思，强调对独特领导情境的深入理解。在复杂、模糊和动态的领导情境中，领导难以完全遵循事先计划的决策和行为，需要领导基于对当前情境的理解之上，跟随情境变化而做出明智的判断和决策，因此，"入情"能力对于灵性领导反思而言尤为关键。

陈家琪在研究《水浒》时提到，我已不喜欢单凭对他们个人的性格、经历或心理分析来重建他们的行为动机，而是更倾向于重建一种社会境况，看在此境况下风俗所能展示出的他为何如此行动的侧面，因为此种展示有利于我们在江湖好汉的个体化行动后面看到某种在主体间具有一致性的东西，亦即我们在前面所提到的知识体系、表达规则。这对于灵性领导的"入情"反思也有启示。在现实的领导实践中，不管哪一类特定行为，领导个体都是在自我和各种环境力量相互作用的张力中展开的，而灵性领导反思的成功与否就取决于这些张力被揭示的程度。灵性领导深入自身的特殊故事中，走入自身的生活世界，以情感、想象、激情去体验那曾亲身经历过的、重大而难忘的事件，从而使最初的亲历感觉化、深刻化、凝聚化。就在这个强调情感性、情境性的个体体验世界里，灵性领导忘却自我，全身心地投入到个体与自我的对话过程中、个体与世界的交融过程中，由这些特殊的故事扩大到对故事情境背景的理解，每次将反思视野放宽一点点，就是用新的目光把最初的材料再"反思"一次，用广阔和敏感的洞察力在领导个体的"社会情境"中感受领导个体，感受他人、感受生活和感受世界。在这种独一无二的持续"反思"中，灵性领导反观精神世界中的灵性认知和外在情境，探寻领导个体、领导情境和社会文化经济力量之间的相互作用，并将这种理解、感动和体悟融入自己的生命生成过程，调节和控制当下的领导行为与实践，最终理解、剖析和提炼领导个体的领导理念和领导行为。

（二）在"入理"中反思

灵性领导注重在"入理"中反思，强调领导实践性知识的生成。在"入理"反思中，灵性领导主动加入到领导问题的有意识探索与研究之中，认识到领导实践的复杂性，以及所面临问题的多样性和歧义性，洞悉和解释自己原有的"实践性知识"，反思那些只可意会、不可言传或不证自明的领导知识、价值和态度等，对领导实践进行主动地体认，或同化，或排斥，或顺应，据此，不断重新建构与自身以往经验不相符、未曾预料的认知结构。

在现实生活中，每位领导都自觉不自觉地对领导实践有所体悟，当领导"实践性知识"与领导已有的认知结构指向一致时，领导"实践性知识"就会被建构到原有认知结构中，引起认知图式量的变化（同化）。而当领导"实践性知识"与领导已有的认知结构指向不一致时，可能发生两种情况：一是引起领导认知图式的抵制，强化原来的认知结构（排斥），二是打破领导原有的认知图式，重构原有的认知结构，使其适应领导"实践性知识"的要求（顺应）。在对领导问题的"入理"反思过程中，灵性领导触及原有的认知结构，在"实践性知识"和原有认知结构之间寻求一个关联点，促进"实践性知识"融入领导已有的认知结构，以达到梳理、反省和清晰"实践性知识"的目的。

（三）在"入心"中反思

灵性领导注重在"入心"中反思，强调对领导个体内心欲望、情感和思想的深入剖析。"入心"反思的实质是人与人之间的精神相遇，是人与人之间在彼此平等、彼此倾听、彼此接纳、彼此敞开的基础上达成的双方视野的交融，是一种致力于相互理解、相互合作、相互激发、共同创造的精神或意识。

灵性领导怀着深深的谦虚和忍耐，以一颗充满柔情的爱心，通过自我对话、同事间对话和与专家对话等方式，诚恳地敞开自己的心扉，真实地展现自己的经历，朴素地诉说自己的生活阅历，自由地交流自己的喜怒哀乐，激活自己的思维，生成新的内在体验。主体间在相互言说、倾听和共享中实现视阈融合、精神共通。在真诚的对话中，灵性领导满怀信心和期待地"倾听"自己的欲望需求、情感状态和内心思想，领会那些闪念和触动所表达的欲望，体验那些愤懑悲哀、快乐喜悦的情感，领悟那些隐藏不露、羞于见人的思想，在"倾听"中走入自己的精神世界，与自我建立更深一步的交往关系。在倾听内心欲求、情感和思想的过程中，一个活生生的、有血有肉的、有着生命理想和生命追求的、有着生命苦恼、烦闷和困惑的领导个体展现出来，在之中体悟个体的性格特征，关注个体的独特体验，感受个体的生命感受，探寻个体的生命意义，走入个体的精神世界。

在自我超越和问题探究意识的驱使下，灵性领导在灵性反思—灵性实践—灵性再反思的生命历程中，在"入情"中反思领导实践的社会情境，在"入理"中反思领导个体的已有认知，在"入心"中反思领导个体的情感欲望，反复思索、不断探寻领导个体、组织情境和社会文化经济力量之间的相互作用，以最终提升自我的灵性水平和领导效能。

三、阅读、写作、实践是灵性领导反思的路径依赖

灵性领导每时每刻都在进行习惯性反思，用业已内化的各种观点来评判领导过程的正当与否。在反思中，有些领导擅长于用"嘴"思维，只有在"说"的状态中，他的思维才是最活跃、最敏锐的。有的领导擅长于用"指尖"思维，只有当他拿着笔或摸着键盘的时候，他的思维才是最流畅、最激荡的。有些领导擅长于用"行动"思维，他的思维与语言远落后于行动。根据不同思维的特性和偏好，灵性领导可选择不同类型的反思路径：阅读型反思、写作型反思和实践型反思。

（一）阅读型反思

阅读型反思，即在阅读中反思，是灵性领导的"前见"与历史的、传统的、文本的或他人的意见在照面、交锋和对话中达成"视界融合"的过程。在倾听作者诉说的过程中，灵性领导冲破固有的思维束缚，从批判的角度检视自己的直觉、本能和"实践性知识"，揭示先前没有觉察的矛盾，为熟悉的事件提供独特的思维视角，寻求新的发展空间。

在"阅读"文本时，灵性领导用自己的语言观看着作者的语言，领导与文本之间展开热情洋溢的对话，彼此的观点或共鸣、或切磋、或争吵、或喧闹，进而灵性领导激发起内心的认同性体验，对文本或事物的认识更为明朗透彻，以自己的理解使文本生成新的意义，使得理念互构和创新成为可能。灵性领导以自己的"前见"倾听着文本，就心中的疑虑不断向文本提问，与志趣相投的"学者"进行超越时空的对话。这正如弗莱尔所描述的，"当我会见一些书时——我之所以用'会见'一词，因为这些书就像人一样——当我会见这

些书时，可以在理论上重新创造自己的实践。而在我的实践中，可以更好地理解这些理论。"①

在阅读的"聚会"中，灵性领导回顾自己记忆犹新的重要经历，反思内心深处的领导假设和理念，将之与文献所提出的问题相连。作者的观点是什么？他用什么证据支撑自己的观点？我的观点与他的观点之间存在什么本质关联？作者是否呈现了自己常遇到的困境？作者提出的问题是否就是自己的问题？能否从文献中获得提升判断力的启示？文献能否帮助自己解决长期困扰的实际困难？在这些问题的反思的基础上，灵性领导从自己经历的独特视角中审视领导理论，揭去学术文献的神秘面纱，把个人经历与领导理论辩证相连，吸纳文献中的新观点、新理念，重构自己独特的认知体系。

（二）写作型反思

写作型反思，即在写作中反思，是灵性领导用文字记录自己灵魂深处的声音，阐释亲身经历与经验，捕捉个体的领导理念。自传、日志、日记、书信等都是灵性领导写作型反思的具体载体，也是领导者获取洞察力的重要源泉。灵性领导以自我的生命经历为背景反观自身，在"个人生命史"、"个人生命经历"之中透视整个世界，体验充满生命的灵动。写作型反思为灵性领导提供了一个极富人情味、极具人文关怀的、极有情感魅力的领域。分析这些写作型反思成果，有助于深入探悉领导实践的规律，回想喜怒哀乐的情感经历，理解领导为什么倾向于使用这种领导方式而不是其他的领导方式。

在写作中，灵性领导唤醒"我"作为"我"的直接存在性体验，建立一种深刻的自我认同与自我意向，观察组织成员对某些事

---

① 〔美〕Stephen D. Brookfield 著：《批判反思型教师 ABC》，张伟译，北京：中国轻工业出版社 2002 年版，第 229 页。

件的反应，记录那些有趣、兴奋、难忘和难堪或者任何值得记录的事件，记录自己与组织成员之间最亲密、最疏远、最激烈对抗的时刻，记录挥之不去的困惑、理想与现实的矛盾，使"我"的存在状态变得更加明晰、丰富。这些事件不是转瞬即逝的，不是淡无痕迹的，不是无足轻重的，也不是若有若无的，它们持续且长久地影响着领导的内在理念与价值观。灵性领导清晰地记录这些事件的起因、发展与结果，让自己再次回到"那一刻"，再次回味"那一刻"的原初体验，生动地表达自己苦苦挣扎或是满心欣喜的内心体验，在众多偶然多变的现场中透析种种关系，剖析现象背后所隐藏的真实，深度思考决胜的关键能力、启示与经验。如果时间和能力允许，写作材料可以很长。如果时间和能力不允许，字数在 1 万至 2 万字为宜。在写作中，灵性领导真正融入到"我"的生命当中，用新的视角审视领导实践，不断澄清、质疑自身领导习惯行为背后的预设、信念、思维模式，倾听内在的心声：自己的决策更偏向独断，还是民主？领导风格更偏向于变革型领导风格，还是交易型领导风格？偏重于以任务为导向，还是以人为导向？这些行为背后深层的欲望和根源是什么？为什么我仍然停滞在这个阶段？我是否需要改变自己的想法？自己的长处与短处是什么？价值观、个性特征是什么？自己的生命意义和价值何在？……在向内深潜的过程中，灵性领导将日常领导活动组织成有价值结构的实践，串联成有现实意义的链条，从而赋予看似平凡、普通、单调和重复的活动以独特的体验和韵味。灵性领导有意识地放慢脚步，进入自己的内心深处，用真实、客观和诚恳的态度清晰地照见自我，摒弃痛苦、消极的情绪，探寻思维中不可避免的盲点或偏执，增进对领导实践极其复杂情境的洞察和见识，感受自我的精神力量和道德坚守，激发对生活意义的追寻与感悟。进而，灵性领导从全景的旁观者角度去观看自己的领导过程和组织成员的反应，审视自己的成长经验和体验，深入反思行为背后的根源，尤其是不愿为外人所知的内在根源，了解自己深潜的价值观，感受灵魂深处的颤动，体认生命及其深层意韵。从这个意义来看，写作型反思是一个用文字探询、体验、理解与建构自我的过程，有助于灵性领导更为理性地理解自我、组织成员和领导过程。

（三）实践型反思

实践型反思，即在实践中反思，灵性领导反思独特、深刻的个体经历，用生命最深处生发的力量寻求实践与理念之间的对话，改造领导实践，丰盈领导经验，形成对领导现象、领导问题的独立思考和创造性见解。

反思不能凭空发生，必须有所依托，这依托之全部或部分是已经发生在领导身上的实践。领导理论离不开领导实践，领导理论离开领导实践则死，根植于领导实践则生。灵性领导的反思深植于实践，以实践为对象，再次返回并指导实践。每一次领导实践都会有其成功之处。比如：既定行动目标的达成，突发事件的完满解决，实践中出现不曾预想的意外收获等。倘若不及时记录与反思这些稍纵即逝的智慧火花，就会留下深深的遗憾。俯拾而起这些珍贵瞬间，并加以理性反思，就可凝结成领导实践的精华。在领导实践中不免也会有许多遗憾，灵性领导直面这些遗憾，及时地记录、剖析，使之成为领导工作的前车之鉴。当然，灵性领导的反思并不局限于对领导过程或结果的回顾和总结，还包含着对所论事物的超越，找寻自己的领导理念及其内在根源，探询事物发展的"理与道"。通过实践型反思，灵性领导丰富个体的实践性知识，也为灵性共同体的构建积累了良好的基石。

灵性领导永远不满足于既有结果，不迷信任何权威，不拘泥于习惯和成见，以怀疑和审视的态度揭示和考察已存心中的各种领导理念与假设，批判那些妨碍有效领导的潜在假设或信念，深入分析与修正内隐于其中的价值观，清除假设或信念上的误解和偏执，弥合传统的理论与实践之间的分离，增进对领导实践极其复杂情境的洞察与见识。在实践型反思的情境中，灵性领导从不急切地剖析、探究事物的本质，而是静心地等待，像农夫守候种子抽芽和成熟那样呵护事物。在这种耐心地守候之中，灵性领导"返回去"寻找领导观念的根据，"跳出来"思考自己的领导行为和观念，从不同的角度解释那些习以为常、司空见惯和熟视无睹的事件，重新审视那些理所当然、天经地义的理念或假设，从更为广泛的视角探悉领导目的、领导行为和领导环境，有意识或潜意识地不断对与他以往经验不符合的、未曾预料的问题情境进行重新建构，不断修正其原有的领导理念和认知，进而提升领导的有效性和合理性。

在阅读型反思、写作型反思和实践型反思的过程中，灵性领导的反思并不局限于习惯性的直觉反思，而是以一种系统化、持续化的方式对行动及其背后隐藏的理论和观点进行反思，探求行为背后的逻辑起点和内在缘由，进而提升领导实践的整体效能。

四、与自我、与社会、与自然的关系是
灵性领导反思的主体向度

灵性领导将反思作为灵性成长的重要因素之一，开放、具体和个性化的反思之中蕴涵着丰富的细节。比如，领导目标是什么？有待解决的问题是什么？解决问题的有效策略是什么？当然，灵性领

导的反思不仅局限于工作范畴本身，更是放眼到宽广的视野与主题之中。具体而言，灵性领导反思的主体向度包括对自我与自然的反思、对自我和社会的反思、对自我的反思。

（一）对自我与自然的反思

伴随着人类逐渐从自然界中脱颖而出，主、客体的分离打破了原有人类与自然的和谐。人类生存和发展的主题在很大程度上就是紧紧围绕人与自然在需求和供给问题上的矛盾展开的。人与自然之间的矛盾是永恒的，是任何时代任何人都无法回避的客观现实。人的需求总在不断增长，而原本就有限的自然资源却总在随着人类的索取而日益减少，供需矛盾在所难免。回溯人与自然关系发展的历史过程，毫无疑问，当代人类面临着史无前例的最为严重的生态危机。在这利己主义、享乐主义和拜金主义价值观不断扩张的时代里，人与自然的关系成为赤裸裸的物欲关系。为了满足日益扩张的欲望，人类按捺不住破坏自然环境的内在冲动，不断向大自然索取和掠夺：滥砍滥伐、私挖滥采、超标排放……然而，就在人类陶醉于"人是万物之灵"而不遵循自然本性来改造自然的时候，人们也在经受着大自然最为严厉的反抗与报复：资源短缺、能源紧张、气候变暖、土地荒漠化、水土流失……

人与自然的关系之所以逐步恶化，是由于人类对自然的无知以及自我中心、贪婪、粗暴和无止境的索取、掠夺造成的。灵性领导深知，人与自然的危机就是人内部危机的外在表现。正是人的内在物质与精神、肉体与灵魂的失衡导致了人与外部自然关系的恶化，引致人类对自然的恣意开发，环境遭受破坏。解决人与自然间矛盾的关键在于人，在于人类对于人与自然关系选择的态度。自然是一切生命的源泉，人从自然界中脱颖而出，依赖于自然得以生存和发展。作为自然之子，人与自然母体共处于一个物质系统中，在时空上与自然共在共存，互为伙伴。破坏了人类生存的根基，人类将无法存在。进而，灵性领导将自己视为"自然—人—社会"整体的一部分，从不高傲地将自己凌驾于自然之上，尊重生态共同体中的每一个成员，对大自然拥有一种热爱之情、理解之情、感恩之情和欣赏之情，亲近自然、尊重自然、呵护自然、善待自然。灵性领导自觉意识自身与自然之间的矛盾，不唯我独尊，不为所欲为，不违背大自然的内在规律，不超越自然所能接受的限度，不无限制地去"索取"和随心所欲地去"征服"。在自然承受和允许的范围内，灵性领导调节自己与自然之间的物质变化，保护自然界的生态平衡，缓解人与自然之间的尖锐矛盾，寻求一条人与自然共存共荣的可持续发展之路。

（二）对自我与社会的反思

人是社会性的存在，总是处于一定的社会关系之中，与此同时也受到社会关系的制约。人的自我实现并不是一蹴而就的个人行为，而是人与社会相互作用、相互影响、相互制约、相互推动的无限发展过程，是人在自我发展中不断从必然走向自由的过程。作为社会的人，灵性领导反思绝不仅仅着眼于自我设计、自我完善、自我发展，而是时时刻刻放眼于社会。个体只有在与他人、与社会的交往中才能逐步发展。自我与社会的关系是灵性领导反思的重要向度之一。

灵性领导总是在寻求自我和他人行为的意义，总是想方设法把感受和事件放置于一个更为广阔的、赋予意义的社会背景之中。在领导实践中，灵性领导不断反问自我：我有什么样的领导观念？如何看待领导者和组织成员的关系？这种关系意味着什么？我是否真诚、公正地对待每位组织成员？我是否及时给予组织成员以帮助？怎样才能和组织成员更有效地合作？当领导者从组织成员的角度来反思领导行为时，就可以了解领导世界的另一面，进而更有效地塑造自己的领导行为，达致所希望的领导目标。在民主、平等的对话关系中，灵性领导与组织成员深入剖析自我或是他人的关键事件，清晰展现自我成长的轨迹与发展历程，捕捉瞬间即逝的灵感，共同体验其中的快乐、挫折和迷惑，共同探讨一些涉及心灵深处的话题。什么事情让你最投入？什么事情让你最淡漠？什么行动最能帮助你自己？什么行动让你最为费解和迷惑？通过这些问题的引导，灵性领导打开自己的内心世界，了解组织成员的真实想法，在一个更为宽广的视野之中反省、思考、探索和解决领导实践过程中的问题及解决方案，为多样性、灵活性领导提供依据与可能。

（三）对自我的反思

人对于自我的认识是有限的，而只有认识自己的人，才能更好地追逐生命的发展与幸福。灵性领导明白，人类受苦的根源就在于不清楚自己是谁，不清楚自己生存的意义何在，而盲目攀附、追求那些不能代表自我的东西，失落了真实的自己。灵性领导拥有不断寻求自我存在的意义，创造自我存在价值的强烈愿望，进而不断自我反思，自我完善，自我超越。

在自我的反思中，生命意义的反思是一个非常重要的向度。灵性领导深知，"意义"意味着人与自身、与他人、与自然的相互生成、相互确证和相互开放，"意义"决定着人的存在、生活、发展的方向，体现着生命的价值和人的尊严。意义之所以成为人的生命存在和发展的终极关怀和最终归宿，是因为人的意义不是基于人的理性认识，也不是基于人对自己生存的远见卓识，而是根植于人的生命存在的内在心灵，根植于灵魂必须得到拯救的内心企盼。正因意义的存在，人类才得以从具体生活的狭小时空范围和基本生理需要的局限中超越而出，从生命本身所具有的客观缺陷和限制中解脱而出，远离宇宙存在中的漂泊感和孤寂感，找寻一个崇高而神秘的精神驿站和家园，为自己的存在和发展开辟出新的领域、秩序和方向，为人们提供必需的精神支柱和行动指南。灵性领导渴望在某个更为广阔的、富有意义的环境里省思自己的生活，渴望超越自我追求某种价值或意义。

在有意识的意义追逐之中，灵性领导放下担忧，不专注或束缚于任何特定活动，尊重生命的感觉，觉察内心的焦虑、恐惧、耻辱和慌乱，倾听内心的需要与感受、思想与期望，削减意志与生命感觉的对抗，带着对万事万物孩童般的好奇之心，感受这些情感的相互作用及其对行为的影响，与所遭遇的事件和谐"共处"。由此，灵性领导积极与人分享自己的心路成长历程，诚挚地关怀散落的那些生活碎片，无论是痛苦，还是快乐，无论是顺境，还是逆境，其反思直接指向人的生命意义以及幸福的实现。基于此，灵性领导不断追问一些基本的或者是终极的问题：我是谁？我的生命意义是什么？我的价值在哪里？我为什么而工作？我希望取得什么样的成就？当我感到疲倦、消沉或沮丧时，我为什么还要继续前进？我是否体验到成就感？我希望过一种什么样的生活？我的生活幸福吗？我对目前的生存状况满意吗？为什么我仍然停滞在这个阶段？我是否需要改变自己的预期想法？灵性领导有意识地探询这些问题，接受痛苦的试练，追逐生活的价值和生命的意义。在自我的反思中，灵性领导愈加明白：与至高无上的精神目的相比，金钱、权力、声望、享受或飞黄腾达等，只是一种相对性、偶然性、有限性，而不是最高的价值。进而无论顺境或逆境、成功或失败、辉煌或平凡、蒸蒸日上或每况愈下，灵性领导省思生命的深层意义与方向，消解灯红酒绿的滔滔尘世累加于身上的重荷，不致陷于各种物欲的泥潭而不可自拔。从这个角度来看，灵性领导的反思过程不仅是领导者自我发展、自我完善的过程，而且还是领导者生命价值和意义不断充盈的过程。

正因如此，很多领导者都非常注重倾听内心的声音，跟随心灵之旅探询自我的生存意义。日本企业家稻盛和夫"每日审视自己——'作为人，这样做是否正确？''有没有骄傲自大？'——这样来逐渐磨砺，提升心性"。① 在他看来，"所谓人生目的，并非荣华富贵抑或出人头地等所谓的成功，而是塑造至美的灵魂。"② 回忆起当年决定是否进入通信市场时，他谈到，"在那段时间，我每天晚上都会不断自省，想要反复验证自己的这个念头是否有任何的私心杂念存在。在经过将近半年时间的自省自问之后，我终于能够坚定地确信，'我动机至善，私心了无'，并就此毅然地开始了在电讯领域的开拓"。③

香港企业家李嘉诚也是一个不断探询生命意义的领导者。创立长江塑胶厂时，22岁的李嘉诚告诉自己，"光凭能忍、任劳任怨的毅力已经不够。新的挑战是：在没有找到成功的方程式前，如何让一个组织减少犯错、失败的可能？"当物质逐步丰裕时，李嘉诚改问自己："人生是否有钱便真的会快乐？富有后，感觉不到快乐又如何？"到了晚年，李嘉诚清醒地认识到，每个人最终都要离开这个世界，他不断询问自己："我如何才能让死后的自己比生前做更多的事情？"④

---

① 〔日〕稻盛和夫著：《活法（叁）》，蔡越先译，北京：东方出版社2010年版，第176页。

② 同上，第165页。

③ 〔日〕稻盛和夫著：《活法（肆）》，喻海翔译，北京：东方出版社2011年版，第105页。

④ 李嘉诚的大成"心法"！http://qg.onjobedu.com/ldys/33693_4.html，最后访问日期：2013年8月30日。

李嘉诚："谈及个人管理的艺术，就是应在人生不同的阶段不停反思自问：'我有什么心愿？我有宏伟的梦想，我懂不懂得什么是节制的热情？我有拼战命运的决心，我有没有面对恐惧的勇气？我有信息有机会，有没有实用智慧的心思？我自信能力天赋过人，有没有面对顺流逆流时懂得恰如其分处理的心力？'"① 可见，大凡优秀领导者都极具灵性，经由灵性的觉察和体悟深入了解自我，以平安喜乐之心探询与肯定自己的生命意义和生活价值，自内而外形成一种深层的内在平衡与和谐，进而走向生命的净化、重生与更新。

　　灵性领导的成长过程是一个长期而系统的自我反思过程。反思是一种思维，一种习惯，也是一种道德修为。反思是灵性领导与内在生命保持联系的重要途径之一。在自我超越和问题意识的驱使下，灵性领导在阅读、写作和实践中沟通此在与彼在、理论与实践、细节与整体，在"入情"中反思领导实践的社会情境，在"入理"中反思领导个体的已有认知，在"入心"中反思领导个体的情感欲望，探询自我与自我、与社会、与自然之间的关系，唤醒、激发和培养人的精神需求，重新建构独特的领导理念，提升自我的心性修为，促进领导个体的自我超越。当然，反思并不是一条容易走的路，内心要经历许多与自己曾认为正确的生活模式的挣扎与抗拒……同时，反思水平往往受个人知识、思维方式等因素的影响，反思能力的提升并非是一朝一夕的事情。伴随灵性领导对反思理解的不断深入，反思实践也必定从单纯模仿到理性选择，最终到灵活自如地创造性运用。而组织成员如何养成反思的习惯，组织如何创设反思的氛围，许多问题仍值得我们加以深入探讨。

---

① 张亮："你所不知道的李超人"，载《发现》2007 年第 8 期，第 30 - 33 页。

第 五 章

希望：灵性领导维度之三

第一节　追溯"希望"的思想内涵

一、学者对"希望"的认识与理解

最寻常的词语，往往也是最难解释的，希望就是这样一个概念。《辞海》将希望解释为"内心盼望达到某种目的"。[①]《现代汉语辞海》将希望解释为："希望可以作动词，指心里想着达到某种目标或出现某种情况；也可以作为名词，指愿望或者希望所寄托的对象。"[②]希望对人类具有特殊的作用，一直是哲学、神学和心理学等人文学科讨论和关注的热点问题之一。

（一）恩斯特·布洛赫的希望哲学

布洛赫最先尝试对"希望"进行哲学分析，并将"希望"的概念提升到本体论层面。[③]《希望原理》一开篇，布洛赫就连珠炮似地

---

① 辞海编辑委员会编纂：《辞海（3）》，上海辞书出版社 1999 年版，第 3923 页。

② 范庆华主编：《现代汉语辞海》，哈尔滨：黑龙江人民出版社 2002 年版，第 1167 页。

③ 有的学者将"Hoffnung"翻译为"希望"，有的学者翻译为"盼望"。

问了 5 个"我们"的问题。"我们是谁？我们从哪里来？我们要往哪里去？我们在等待着什么？什么东西在等待着我们？"① 布洛赫紧紧抓住有关"我们"的问题，从中引出"重要的是学会希望"。② 布洛赫把人界定为"希望的动物"，将"希望"看作是推动自然和人类历史的"第一原理"。"希望要求人们积极投身于正在生成的东西，投身于他们自己所属的东西。"③

布洛赫认为，"无"是万物的起源和开端，万事万物都在"无"的基础之上建造而来。但是，这种"无"并非是简单的"无"，而是"那里没有"、"不在那里"。④ 布洛赫的"无"不仅指人的某种匮乏状态，还指摆脱这种匮乏、朝向所缺失东西的推动力。布洛赫用"无"描述生命体内部推动生命活动的力量："无"就是本能、需要和欲望，由"无"才能引发出"期望之情"。期望之情可分为积极、肯定性的期望之情和消极、否定性的期望之情。其中，消极、否定性的期望之情包含"畏惧"和"绝望"。"畏惧"的本质是对于某种不确定性的消极事物的期待。在"畏惧"之中，人还在疑问，对象仍是悬而未决的。而当消极事物的来临是确定的、不可避免的时候，"畏惧"就变成了绝对否定性的期望之情："绝望"。显然，真正指向虚无的是"绝望"，而不是"畏惧"。积极、肯定性的期望之情也包含两种："希望"和"信心"。"希望"粉碎恐惧，朝向光明的生活，而"信心"则是绝对积极的期望之情，是一种对结果不再有任

　① 转引自夏凡著：《乌托邦困境中的希望：布洛赫早中期哲学的文本学解读》，北京：中央编译出版社 2008 年版，第 164 页。

　② 同上，第 160 页。

　③ 同上，第 173 页。

　④ 同上，第 328 页。

何怀疑的期待,是以天堂为最终的意向客体的无条件因素。①

"希望"之中蕴含着开放,意味着"尚未完成"。"尚未"是布洛赫哲学的核心概念。当被要求用一句话概括其哲学时,布洛赫的回答就是:"S 尚未是 P",足以瞥见"尚未"概念的重要地位。在《希望原理》中,布洛赫对白日梦、饥饿、甚至"希望"的研讨都是为了引出"尚未"。"尚未"包含尚未意识(主观方面)和尚未生成(客观方面)。"尚未意识"指向现实中的"尚未生成",它恰恰是"一个时代及其世界的尚未生成的一般心理表达"。② 当"尚未意识"成为意识和知识之后,希望就不再仅仅是心理情感。希望并不是人们一般认为的仅仅是心理意识的现象,它也是客观现实之内的一种基本决定因素、是对尚未生成的可能性的期望和向往。在很大程度上,布洛赫哲学的得失就是"尚未意识"这个概念的得与失。要真正理解布洛赫希望哲学,就必须理解"尚未",理解"尚未意识"。

事实上,不论"希望所指向的事物多么不可动摇,多么积极地鼓舞着人奔向终点,在世界本身中希望的客观事物肯定是没有打保票的,不是必然的"。③ "迄今还不存在某个不可变更的结果的无条件性",无论是在黑暗的意义上,还是在最光明的意义上,都不存在这样的无条件性。④ 进而,布洛赫认为,希望内在包含着失望,乌托邦的彻底实现是罕见的,也许永远不会得到。即便希望必然会失望,

---

① 转引自夏凡著:《乌托邦困境中的希望:布洛赫早中期哲学的文本学解读》,北京:中央编译出版社 2008 年版,第 208 页。

② 同上,第 216 页。

③ 同上,第 355 页。

④ 转引自夏凡著:《乌托邦困境中的希望:布洛赫早中期哲学的文本学解读》,北京:中央编译出版社 2008 年版,第 355 页。

但还是不应放弃，应该坚持希望。当然，布洛赫也认识到，希望本身并不能带来新事物。"但如果我们能把注意力转向那声音和它代表的含义，我们的期盼就不会漏掉那声音了。"① 这也就是布洛赫提出"希望原理"的用意。

（二）莫尔特曼的希望神学

布洛赫《希望原理》的"魅力"使莫尔特曼沉醉，莫尔特曼曾这样描述当时阅读《盼望的原理》的心境："1960 年我在瑞士渡假时阅读了东德版的《盼望的原理》，深深为之着迷，以致无法再注意到瑞士漂亮的山景。当下产生一个印象：为什么基督教神学彻底忽略它独特具有的盼望之主题呢？初代基督教盼望的精神到底在今日基督教的什么地方呢？"② 正是在以对"希望"观念共同关注的前提中，莫尔特曼从布洛赫"希望本体论"中得到了不少灵感，并继承了他以"未来"为导向的方法论，将布洛赫对"希望"的理解平行架构在基督教神学之中。

对于布洛赫的希望哲学，莫尔特曼曾表明，"我从他的'盼望哲学'中为我的《希望神学》找到了基础的范畴，可是我却不赞同他的无神论"。③ 莫尔特曼认为，"让人类历史而不以天国为未来，就不足以引入希望，也不足以带动任何历史运动。如布氏所提倡的'不需要超越性就能超越'之说，使无限变成了模糊的永无止境，使

---

① 转引自夏凡著：《乌托邦困境中的希望：布洛赫早中期哲学的文本学解读》，北京：中央编译出版社 2008 年版，第 178 页。

② 〔德〕莫尔特曼著：《耶稣基督－我们的兄弟，世界的救主》，王成章编，台北：台湾神学院 1996 年版，第 89 页。

③ 〔德〕莫尔特曼著：《神学思想的经验：基督教神学的进路与形式》，曾念粤译，香港：道风书社 2004 年版，第 105 页。

实现美景的奋斗变成了'永无止境'的努力。"① 进而，莫尔特曼"并没有像巴特在巴塞尔时所猜测的那样，为布洛赫的《盼望原理》洗礼，而是立于《圣经》的希望、犹太教的应许信仰和基督教的复活盼望的基础，有意识地进行神学平行处理，为要在中古时代的爱的神学和宗教改革时期的信的神学之后，为近代的盼望找到神学的定位。"②

莫尔特曼的希望观念贯穿于希望神学体系之中。在《希望神学》的导言部分，莫尔特曼开宗明义表示，"基督信仰彻头彻尾，而绝非附加的，是终末论，是希望、是向前看、向前运动，因而是对当前进行革新及转化"。③ 终末论意味着关于基督教的希望学说，它包括希望的对象和由希望的对象所引起的盼望。基督教所有主题只有一个，即"希望"，一切神学的命题皆由此展开。"盼望以它的方式寻求理解：为何它盼望和它所盼望的是什么？我们称这种对盼望的理解为终末论……可是我们若将盼望的理由、路径和目标综合起来，便会将终末论理解为盼望的学问。"④ 概括说来，基督教就是完完整整全然绝对的希望——是往前瞻望的期待。"真正的基督教希望超越一切世俗希望的可能性。"⑤

---

① 〔德〕莫尔特曼著：《创造中的上帝：生态的创造论》，隗仁莲等译，北京：三联书店 2002 年版，第 180 页。

② 〔德〕莫尔特曼著：《神学思想的经验：基督教神学的进路与形式》，曾念粤译，香港：道风书社 2004 年版，第 105 页。

③ Jürgen Moltmann（1993）. Theology of Hope：On the Ground and the Implications of a Christian Eschatology，thans. James W. Leitch. Minneapolis；Portress Press.

④ 〔德〕莫尔特曼著：《神学思想的经验：基督教神学的进路与形式》，曾念粤译，香港：道风书社 2004 年版，第 61 页。

⑤ Richard Bauckham（2002）. Preface to Theology of Hope，trans. James W. Leitch. London；Scm.

莫尔特曼的"希望"观念以终末论为基础，终末论交代了希望的意义和价值。在传统的基督教神学中，终末论被定义为是有关"最后的结局"或"万物的结束"的教义，终末论常常和"最末尾的事情"、"世界尽头"及"最后的审判"联系在一起。而在莫尔特曼的"希望神学"中，"终末"恰恰指的不是结束，而是开端。"个人的、历史的和宇宙的一切层面中，基督教终末论都遵循这种终末的模式：终末——开始！"①终点又是起点，这是万物的重新创造与新生：一种新希望、新曙光。基督教所谈论的"将来"不是固定在一个时间点上的，而是一种介于"现在"与"尚未"张力之中希望与现实的冲突。看似"将来的"，却启动着一个"尚未"的"现在"。这样，希望不仅是对来世生活的期盼，也是对今世生活的期盼。"希望"并不是追求来世而安于忍受现世的痛苦，"希望"并不是漫无边际的清谈或是天真烂漫、不明世故的盲目乐观，相反，"希望"激起人们对现实的干预，激励人们做出生存的决断，摆脱过去与此生的束缚，朝向神圣的未来。为"希望"而活的人永远不会向这个世界上的规律、限制妥协，既不会向死亡的不可避免妥协，也不会向罪恶妥协。对现代人而言，末世论的希望就意味着敞开自己，随时准备投身于与神的神圣相遇。通过上帝的重新创造，人们改造和变革当前的世界，使起初的创造更加圆满。

现代人对他的当前不满足、不安分，所以，他们是"旅途中的人"。但是，什么是他们的终点？什么是人类的真正希望？上帝到底是谁？希望神学为之提供了新的视角。莫尔特曼的"希望"是超越的超越，是动态的思维，是"在前方"的上帝带来的希望。莫尔特

①　〔德〕莫尔特曼著：《来临中的上帝》，曾念粤译，香港：道风书社2002年版，第2页。

曼的上帝是使人有希望的上帝，它带来的并不是一个希望的实现而落入失望的反复，它总在期许下一个更新，下一个可能，使得一切面对未来而富有变化和开放性。莫尔特曼坚信，人类今天的实践解放功不可没，但是它不能离开信仰提供的终极意义而独立进行。希望不是纯粹天国的事情，而是人类实践的问题。只有借助于信仰和爱的精神，人类才能通向未来，用崇高的彼岸存在指引人类精神的方向是必不可少的。

（三）斯奈德的希望心理学

20 世纪 50 年代，西方心理学和精神医学领域开始关注"希望"这一概念。从心理学的视角来看，学者们对希望理解的分歧在于希望是一个情绪概念，还是一个认知概念。有些学者认为，希望是一种在个体处于逆境或困境时能支撑个体坚持美好信念的特定情绪。有些学者则认为，希望是个体对自己能够寻找到实现目标途径的认知，同时也是对自己有能力、有毅力采取持续的行动而达到目标的认知。[①] 还有些学者认为，希望是情绪与认知的结合体。

时至 21 世纪，希望被赋予新的内涵，从与宗教相连的模糊概念变为一种具体、积极的心理机制，成为积极心理学关注的一大议题。近 20 年来，研究希望的最有影响力的心理学学者当属斯奈德。[②] 斯奈德认为，希望是一种目标导向的思维，它包含个人对自己有能力找到达到目标的有效途径的认知与信念（路径思维）和个人对自己激发沿着既定目标前进的必要动机的认知及信念（动力思维）。斯奈

---

① 　任俊："儿童希望的培养——心理学意义上的分析"，载《常州工学院学报（社科版）》2006 年第 10 期，第 48 - 52 页。

② 　Snyder. C. R. （2000）. Handbook of Hope：Theory，Measure，and Applications. San Diego，CA：Academi Press.

德把希望分成两种类型：一是特质性希望，反映跨情境和时间的希望水平；二是状态性希望，反映个体在特定时间和最近事态中的希望水平。尽管希望的类型有所不同，但是希望的内在结构一致，目标、路径思维和动力思维是希望内在结构的三个重要概念。

所谓目标，就是我们生活中所期望或幻想得到的任何东西。这种认知成分提供心理行动的靶子，被斯奈德称作是"希望理论之锚"。人们的行为都具有目标指向性，行动的具体表现决定为设立的目标。一般而言，人们的目标有两种不同的类型：一是，积极可行的目标，比如想买辆新车；二是，预想的消极结果的目标，比如不想让别人认为自己是多余的。尽管任何目标都可以激发行动的意志力，但目标越是明确，意志力就越容易激发。模糊的目标不能为人们提供足够的目标指向的动力。高希望水平者不仅以自己先前的表现作为参照设定当前的目标，而且擅长把目标划分成更小的子目标。而低希望者总采用"一次全部的目标"，目标太大不仅导致焦虑，且实现目标的可能性也较小。

路径思维，指的是个体认识到自己期望的目标是可以达到的，是指引个体实现目标的内心计划或路径图。像"我肯定能找到解决问题的办法"这种内部语言正是路径思维的表现。对于怀有希望的个体来说，目标一旦产生，设计实现目标的路径是一种本能的自然反应。高希望者不仅能找寻很多实现目标的路径，同时对达到目标的路径更为坚定，而低希望者常常缺乏达到目标的具体路径。在目标受阻时，高希望者往往思维灵活，可随时调整路径以找寻新的问题的解决办法。

动力思维，指的是激励个体产生目标，并沿着所设计路径不断开拓前进的心理能量，以及对这种能量的感知与信念。具体表现为

"我能做到"、"我一定要坚持下去"等内部语言。这一系统不仅决定着个体的目标产生和路径设计，也是维持个体持续努力的内在精神力量。即使在极其困难的情境中，达成目标的路径被阻断，在动力思维的驱动下，人们仍然能够产生克服它们的能量，寻找更多有效路径来追求既定目标。

在斯奈德看来，目标是希望的方向和终点，动力思维是驱动个体行动的心理能量，而路径思维是人们为达到目标而寻求方法途径的意念。在目标追寻的过程中，动力思维和路径思维相辅相成、相互促进。希望的获得，三者必不可少。由此，斯奈德把"希望"界定为，一种基于内在成功感的积极的动机状态，包括动力意识，即一种目标性指向的能量和路径意识。基于此，斯奈德等开发了一系列希望评定量表，用于考察希望特质与其他人格特征的关系。实证研究显示，希望评定量表具有很好的信度和效度。

二、"希望"思想的评述

从柏拉图的《理想国》、培根的《大西岛》到莫尔的《乌托邦》，希望一直是贯穿于整个西方思想史的哲学主题之一。进入 20 世纪，当虚无绝望成为时髦之时，布洛赫的《希望原理》、莫尔特曼的《希望神学》将十字架的苦难记忆和人类希望紧紧连在一起。[1] 在此背景下，人类重新认识希望的意义、内涵和作用机制。毫无疑问，不同学科对于希望的内涵解析不尽相同。从哲学角度来看，希

---

[1]　C. R. Snyder, Cheri Harris, John R. Anderson, Sharon A. Holleran, Lori M. Irving, Sandra T. Sigmon, Lauren Yoshinobu, June Gibb, Charyle Langelle, Pat Harney. The Will and the Ways: Development and Validation of an Individual-Differences Measure of Hope. Journal of Personality and Social Psychology, Volume 60, Issue4, April1991, 570 – 585.

望是历史过程的某种终极目标；从神学角度来看，希望是与人生态度息息相关的某种神学德性；而从心理学角度来看，希望是指向未来的某种强烈情绪或认知。

布洛赫认为，人最重要的期待情绪就是希望。希望意味着最本真的渴望，意味着最强烈的期待。在布洛赫的希望哲学里，希望不再通向虚无，而是通向光明，希望的本质就是与绝望对抗，为善和美好守护最后的边界。善与美好是一种意义性的存在，而不是一种终极性的存在。希望打开了未来，也限定了未来，使未来的可能性指向于善的可能性，而不是恶的可能性。布洛赫期待，人类的未来是向善的，美好的、至善的人性会出现在我们身上。善和美好既是未来的意义，也是未来的责任。希望用善和美好对未来的限定，在本质上就是对未来责任的召唤，使未来的可能性成为善和美好的可能性。布洛赫追求重现人与世界间的张力，并不是为了政治、经济等层面的目的，而是为了人本身。

布洛赫的"希望"是无神的无超越的希望，而莫尔特曼的"希望"则是"在前方"的上帝带来的希望。莫尔特曼希望神学的主题就是："依希望去理解"。一言以蔽之，希望带来思想，希望带来行动，希望带来创造。莫尔特曼认为，宗教的末世不是绝望，恰恰相反是希望，这是末世信仰的真正含义。在《希望神学》的"导论"中，莫尔特曼说："在此讨论的上帝，并非内在于世界或外在于世界的上帝，而是'使人有盼望的上帝'……他在自己关于将来的应许中与我们相遇，因此，我们也不可能'占有'他，而只能在积极的希望中等待他。一个真正的神学必须从未来目标进行思考。末世论不可能是神学的末尾，而应是神学的开端。"① 台湾神学院教授林鸿

① 转引自张旭："论莫尔特曼的政治神学"，http：//phi. ruc. edu. cn/dept/teacher/wp/zhangxu/200705/987. html。

信博士进一步阐释理解，"'盼望'是'向远方观看'的动作，若已经能够看到，就不再需要盼望了。……对于持守'看得见的盼望'的布洛赫而言，终必失去盼望。除非他的盼望是开放性的，否则总有终结的一天，盼望若非进入信仰层次，必定难以持久。"① 由此，莫尔特曼还给希望其超越的维度，避免了布洛赫现世对希望的终结；同时又将希望落实在历史之中，避免将希望归于个人灵性提升而远离人间的问题。莫尔特曼注重在基督教末世论的立场审视现实社会问题，在"上帝的应许"中把人类和尚未实现的真实连接起来。从这个角度来看，希望神学打破了以往封闭的、已经完成的、预设好了的神学体系，引入了开放性的批判哲学话语。

布洛赫与莫尔特曼同时从希望中发现了人类"复活"的可能，预见到奇迹的必然发生，人类终将醒悟，并回到前进的道路上。因此，他们不约而同地把人类的解放寄托于人类对未来的期盼之中。无论是布洛赫的希望哲学，还是莫尔特曼的希望神学，他们共同的理想就是为人类的未来构筑永恒的信心，在世俗化大浪潮中重新找到给予人精神安全的保障。在他们看来，人类不能对未来失去信心，失去信心即意味着善的终结和"美好"的瓦解。美好和幸福的未来就在眼前，世界的未来和人类的解放都可能在我们的努力中实现。

心理学家将希望从模糊概念、精神信仰中脱离出来，注重阐述希望的内部生成机制，并开发相应量表测量希望水平，对希望与健康、成功、生活满意度、幸福感等变量间的内在关联进行研究，力图使希望的研究走出思辨、走出哲学，走进科学、走进实践。其不

---

① 林鸿信著：《莫特曼神学》，台北：礼记出版社2002年版，第89页。

足之处在于，心理学视角对希望的阐述将希望与目标联系得过于紧密，而希望是一个大视野，希望并不等同于目标。目标之中没有希望，只有束缚；目标之中没有想象，只有压制。过于强调目标，则削弱了希望的内在精神感。

总的说来，希望是一种精神的期待和超越，是人对美好未来的向往和追求，是人的社会存在和价值实践的思想反映。希望包含着人们的期待与愿望、理想与梦想、信念与信仰，是人存在于世间最独特的魅力。人生活在现实与希望的统一体中，以现实为基础，以希望为动力。在平淡的生活中，希望点燃人们的激情，激发人们的想象，在人生的道路上披荆斩棘，向未来的彼岸奋战前行。在希望的指引下，人们从狭小世界里走出来，关注更为广阔的外部世界，走向充满意义的旅途，不断追问美好的生活，不断思考未来的生活。

第二节　灵性领导希望的内涵与意义

一、灵性领导希望的内涵

希望是人类寻找意义、理想和未来的重要范畴。灵性领导知晓希望对于人类的积极意义，用希望影响希望，以希望召唤希望，引领组织成员不断探寻"尚未"的、"可能"的和"美好"的未来。具体而言，灵性领导的希望具有如下特征：

（一）灵性领导的希望指向"尚未"的现实

"尚未"，意为"尚不是"、"还没有"、"还不是"等。"尚未"不是纯粹的"无"或简单的"没有"，而是指"目前尚未存在或尚未生成，但面向未来的正在生成的可能存在，是一种开放的过程"。①
人的"尚未"是指，"人没有固定的不变的本质，人始终处于未完成
的状态，他还没有真正拥有他自己，仅仅是我存在的'在'，只达到
了自我意识的水平，必须从外部带给他自己某些东西"。②

　　人是一种"尚未"的匮乏存在，自然地向他人开放，向世界开
放，寻求展开着的"尚未被意识到的东西"和"尚未形成的东西"。
在未完成的世界里，重要的不是过去，而是未来。"思考着未来，生
活在未来，这乃是人的本性的必要成分。""人的世界绝不是现成给
予的，而永远处在开放和生成之中……人拒绝接受既定'事实'，他
总是生活在'远方'，生活在'未来之乡'，生活在'未来'的牵引
之中。正是这种对理想世界的绝对向性，变成了人类超越自身的强
大动力，引导人走上了不断解放自身的历程。"③ 人生活在"实际如
此"的状态，但并不会满足于这种状态。人永远处在旅途当中，如
同"普罗透斯的人"。对未来的向往和追求"乌托邦"精神的本性，
使人生活在理想世界，生活在"乌有之乡"之中。人们逃离封闭、
僵化的"自我"，转向开放、流动的"自我"，立足于已是、已有、
已经达到的层次，不断向"其所不是的领域""冒险"挺进，不断
走入人的"应是"的理想之中。

　　灵性领导深知，人总是处在不断的自我塑造和自我创造之中，
不断突破周而复始的被动性，促使人的生命不断发展、不断超越。
"生存"并非简单的指"生命的存活"，而是指"生成着的存在"，

---

　　①　衣俊卿等著：《20 世纪的新马克思主义》，北京：中央编译出版社 2001 年版，
第 148 页。

　　②　陆俊著：《理想的界限》，北京：社会科学文献出版社 1998 年版，第 51 页。

　　③　贺来著：《现实生活世界：乌托邦精神的真实根基》，长春：吉林教育出版社
1998 年版，第 13 页。

永远不会达到却又无时无刻不在追求着无限和完美。进而，灵性领导正视组织成员"尚未"的生长状态，把握事物发展的趋势，呵护一切发展变化的可能，带领组织成员作为一个未来的主体参与到世界的创造之中，激励组织成员在开放意识中指向尚未被意识到、尚未形成的希望世界。灵性领导意识到，希望不仅只是成为科学家、艺术家、教育家，不仅只是修身、齐家、治国、平天下，也不仅只是建立一个民主平等的新社会……如果希望被任何一种可能性所限定，就会转变成一个现实的目标，而失去了他的开放性和未来性。希望是一种对未来开放的期待，是一种精神的不断生成与体现。有了发自个体内心的希望，组织成员永远处于探索之中，生命也随之活跃和丰盈起来。

（二）灵性领导的希望指向"可能"的未来

希望之所以不是狂想或是痴心幻想，根本原因在于：未来是可能的。未来存在着巨大的发展可能性，存有多种选择的机会。希望的运行轨迹就是在最有价值、最受人欢迎的"可能性"中做出选择，继而朝着这个可能的未来前行。人既需要现实的生命与直接的体验，同样也需要"可能"的未来的激励与明天的憧憬。希望不是通向虚无，而是通向更真实的未来。只有希望才能被称为现实主义，因为只有它严肃地考虑了充塞一切现实的可能性。"对未来的希望和预见不是添加在黑暗的存在之上的理想化光辉，而是了解我们真正可能性的范围的现实的手段。"[①]

灵性领导深知，人是一个潜在的能量库。美国心理学家和哲学家威廉·詹姆斯曾断定，"与我们应该成为的人相比，我们只苏醒了

---

① 刘小枫主编：《二十世纪西方宗教哲学文选》（下卷），杨德友等译，上海：三联书店 1991 年版，第 1784 页。

一半。我们的热情受到打击，我们的蓝图没能展开，我们只运用了我们头脑和身体资源中的极少一部分"。① 基于此，马斯洛坚信人的发展的可能性，"大多数人都有一种自我实现的需要和倾向。然而，尽管事实上好像所有的人都有这种潜力，却只有极少的人达到自我实现。部分原因是："人们对他们的潜力全然不知，他们既不知道什么是有可能做到的，也不理解自我实现会给人带来什么好处。"② 灵性领导珍视组织成员的"可能"性存在，呵护一切事物的"可能性"，激发组织成员沉睡的潜能，引领组织成员追寻"可能"的未来。

（三）灵性领导的希望追逐"美好"的精神家园

人是精神想象力的动物，人不仅要摆脱物质世界的束缚，还要期盼未来，向着更高的存在发问。如果人们的眼光仅仅只聚焦于目的，就会在能力和欲望的纠缠中挣扎一生，无任何欢乐可言。唯有走向"美好"的精神家园，才能远离生命的孤独、寂寞和无聊，才能享受生命的饱满、美丽和精彩。正如布洛赫所说，人是"期待的X"。为人的根本就是要有所追求，尤其是保持对真、善、美的追求，祈求或期待人能进入至善的精神王国之中。"希望之道抵制生活的焦虑，抵制惧怕的奸计，也即抵制酿就这一切恶果的人——大多数情况下我们对这些人一望即知；希望之道在世界自身之中寻找救治世界的良方，这一良方一定能够找到"。③ 正如德国思想家豪克所提出的，"希望就是广泛地相信，尽管会有种种失败，人类孜孜不倦的努

---

① 转引自〔美〕马斯洛著：《马斯洛人本哲学》，成明编译，北京：九州出版社2003年版，第115页。

② 同上，第156页。

③ 岸瑛："希望的原理"，参见 Http：//www.cnread.net/article/11243.html，最后访问日期：2013年9月3日。

力，总有如愿以偿的一天；尽管会有灾难和危险，一切最终都会变得美好"。[1]

灵性领导深知，"美好"的精神家园是希望的一种象征和隐喻，包含着对未来的想象，对未来的企求。追逐"美好"的精神家园，就是追逐理想、幸福的生活。对于组织成员而言，未来是一个蓝图，不过目前它仍是"待创作的艺术品"。领导与组织成员处于"同一创作过程"中，就像艺术家在塑造自己的艺术作品一样，在相互尊重的"创作与被创作"关系之中共同追逐其"艺术作品"："美好"的精神家园。在追逐"美好"精神家园的过程中，灵性领导激发组织成员的对美好生活的渴望，敞亮组织成员生活及其价值视野，引导组织成员广泛地与周遭世界进行生动活泼、丰富多彩、富于爱心的交流，践行充实、温暖而有价值的人生。组织成员尽管会面临遗憾和缺陷，但仍执著地挣脱生命简单循环的沉沦、荒诞与无聊，放弃对现实目标的执迷，超越现实生活，追寻生活意义，与幸福相连，与希望相依，追求和体验着内在的"美好"。

总的说来，灵性领导关怀组织成员的希望意识，尊重希望，怀抱希望，试图成为守护理想生活的希望者，为组织成员打开一个"尚未"的、"可能"的、"美好"的未来。在现实生活与未来生活的对话中，组织成员看到的不是一个目标，而是一种融入生活世界的期待、想象和自由。在组织成员彼此相依的过程之中，组织成员们丰富人的生命体验、追逐人的存在意义、完善人的精神世界。

---

① 〔德〕豪克著：《绝望与信心》，李永平译，北京：中国社会科学出版社1992年版，第81页。

二、灵性领导希望的意义

希望是人类永恒探索的重要主题，是组织成员寻找意义、理想和未来的重要范畴。人类不会停留在一个地方长久不动，人类的前行总是被希望牵带着。没有希望的指引，人们面临着生存意义的危机，找寻不到内在精神的依托。点燃组织成员内心深处的希望之灯，给予组织成员无限向前期待的原动力，是领导能力的重要体现。

（一）现代人希望的缺失

在中西方传统社会里，人们的精神生活中含有一种超越的神圣价值，为世俗世界提供着核心价值、终极关怀和生活意义。这种神圣价值或采取外在超越的方式，以人格神、造物主、意志主宰的形态存在；或采取内在超越的形态，以天命、天理、良知等形态出现。然而，当历史步入近代，随着人的主体性的确立，人替代超越之物成为自己精神的主宰，理性、情感和意志获得了独立的自主性，神圣超越世界崩溃，世界进入一个韦伯所说的"祛除神魅"时代。人们的终极关怀、价值源头和生活意义不待外求，而从世俗生活本身自我产生，精神生活开始走向世俗化。

在世俗生活之中，人们的生活充斥着太多的期待和理想，但通往希望实现的道路却没有打通，被激起的希望背叛并折磨着那希望着的人。人们发出两种完全不同的追问：一个是负向的追问：世界为什么这样黑暗？一个是正向的追问：我，占有了一切，可是，我的意义在哪里？人们希望活得更好、活得明白，而凡事却难以事如所愿。希望给人们带来太多的历史沉悲和心灵伤害，希望越大，失望越大。失望的累叠打击让人们找寻不到任何利于希望的理由，人们对"希望"失去了向往和信心，剩下的只是对人生的厌恶，生命了无旨趣，无力苍白，人们逐渐走向绝望。在"绝望"之中，人们不是半信半疑，而是完全怀疑，或者说是没有期待的期待——可怕的坏事情、消极的事物是毫无疑问的，而更好的东西是肯定不会来的。在对毫无疑问的消极期待之中，人们深切地体验着终结的临近，不再承认有任何可能性的存在，也不再相信可能获得任何突破性的改变。正如蒂利希所指出的，"绝望中绝无通往未来的出路。"① 于是，人们回到现实当中，回到功利当中，关注现在，拒绝希望，而不管希望到底有无意义。人们不再憧憬轰轰烈烈，而是脆弱地臣服于现实状态之中，停驻于具体目标的实现，看不到任何"动态"的变化。一旦未来被宣布为"给定"，时间就会立即凝固，希望的天性被压抑、藐视、摧残和否定，人"心"便开始了她的漂泊流离之旅，生命不再具有意义。人们不断扪心自问，为什么要去追逐虚无缥缈的梦幻？甚至有人认为，希望会把当前的幸福骗走……

事实上，无论是社会期待湮没个体希望，还是物质欲求代替心灵享受，或是现实目标遮蔽生活意义，都折射出内心希望的缺失、对心灵感受的漠视和对终极意义的放弃。"绝望"是一种"静态思维"，它只关注现在，却没有看到未来。弗莱雷曾指出，绝望不是一个人的正常生活方式，它是一种反常现象。人不是首先没有希望，到后来才变得有希望，恰恰相反，人首先是作为希望的存在，只是以后由于各种原因可能会失去希望，这种绝望将禁锢人们的行动。② 布洛赫曾这样描述无望，在时间意义上和实际意义上，无望是最令

---

① 〔美〕P. 蒂利希著：《存在的勇气》，成显聪、王作虹译，贵阳：贵州人民出版社 1988 年版，第 50 页。

② Freire, Paulo（1994）. Padagogy of Hope: Reliving Padagogy of the Oppressed. New York: Continuum Publishing Company.

人难以忍受的，是完全与人类的需要不相容的。[①] 一切堕落和罪恶都始于灵魂的绝望和意义的丧失。当人们陷入了狭窄的个人生活需要，远离了存在意义的希望，意义、未来和理想就不能真正进入人们的心灵生活和梦想世界，我们就只能眼睁睁地看着希望在生活中失落，正如海德格尔所说的那样——生命掉进存在的深渊里。不抱有任何希望的人看不到自己的未来，淹没在狭小的生存境遇之中，屈从于宿命论，丧失了勇气和力量，只能在浑浑噩噩中结束其毫无价值的生命。

物质的解放可能带来精神的解放，但物质的解放也可能带来精神的放逐。现代人具有想象的能力和批判的武器，而富足、多元的生活遮蔽了生存的价值。人们心灵空虚，找不到精神寄托，犹如机器人一般麻木地行走在生存游戏之中。没有希望的指引，人们面临着生存意义的危机，找寻不到内在精神的依托。

（二）人类生活呼唤着希望

有关希望的实证研究表明，希望对于人们的工作与生活有着积极意义。斯奈德认为，个体的希望水平影响着他面临问题时所采取的应对方式。当个体认为解决问题的希望比较大时，往往会积极应对；相反，如果希望水平低，则更倾向于采取消极的应对方式。在面对压力时，希望水平高的被试倾向于运用更积极的应对策略，较少不切实际的妄想、自我批评和社会退缩，也更容易尽快摆脱忧伤、焦虑、孤独等不良情绪。[②] Larson 和 Luthans 认为，希望水平较高的管理人员，其管理的工作部门的绩效较高，下属的留职率和满意度

[①] 岸瑛："希望的原理"，参见 Http：//www. cnread. net/article/11243. html，最后访问日期：2013 年 9 月 3 日。

[②] Snyder CR，Feldman DB，Taylor JD，et al.（2000）The Roles of Hopeful Thinking in Preventing Problems and Enhancing Strengths. Applied and Preventive Psychology，9，249 –270.

也较高。拥有希望的员工工作目标明确，行动计划务实可行，并能努力达成目标。[①]国内学者仲理峰的研究也表明，员工的希望对工作绩效、组织承诺和组织公民行为有着积极影响。[②]

电影《肖申克的救赎》讲述的是这样一个故事：1947 年，银行家安迪酒醉后本想用枪杀了妻子和她的情人，而巧合的是那晚有人枪杀了他的妻子和她的情人。安迪没有杀人，但所有证据都证明他是凶手，他被指控谋杀。正处于而立之年的安迪一下子从人生的颠峰跌入了人间地狱，被关进了肖申克监狱。在长夜漫漫、黑暗无边的监狱里，安迪花了将近 20 年的时间在厚厚的墙壁上凿开了一条通往自由的道路，而工具就是一把不到一尺长的钉锤。电影中，有一句让人久久不能忘却的台词，"Remember, Hope is a good thing, maybe the best of things and no good thing ever dies！"（记住，希望是件美好的事情，也许是人间至善，美好的事物永不消失！）安迪心中始终怀有的希望赐给了他神奇的力量，支撑着他熬过了生命中最艰难的岁月，让他重新获得了自由，让他看见了如梦中一样蓝的太平洋海水。可见，希望是一种积极的心力动能，是一种超越现实、超越有限的行动，是一种以未来和终极为想象和追求目标的精神期待，其中内隐着战胜各种艰难险阻的内在动力和坚韧毅力，有助于人们冲破束缚，超越自我。

事实上，人类对自身生存至境的向往和追求从未中断过，从柏拉图的"理想国"、莫尔的"乌托邦"、康帕内拉的"太阳城"，到中国的"世外桃源"、"大同世界"，都包含着希望的激情。以中国

① Larson M, Luthans F. (2006), Potential Added value of Psychological Capitalin Predicting Work Attitudes. Journal of Leadership & Organizational Studies, 13, 45 – 62.

② 仲理峰："心理资本对员工的工作绩效、组织承诺及组织公民行为的影响"，载《心理学报》2007 年第 2 期，第 328 – 334 页。

古代哲人为例，孔子在繁荣的周王盛世中看到希望，老子则发现神奇世界的依托，这些思想都折射着理想世界对生活的超越和指引。再以宗教为例，几乎所有宗教都描绘了令人神往的未来图景，以美妙的未来图景牵引着虔诚的信徒。佛教中寂静的极乐世界吸引着无数善男信女悠然神往，"彼佛土，玻璃为地，金绳为道，城阙宫阁，皆七宝成"，"楼台伎乐，水树花鸟，七宝严饰，五彩彰施"。① 道教中，道教仙境宫殿林立，琼林玉树，五色灵芝，莲花婀娜，道教神仙长生不死，法力无边，呼风唤雨，斩妖降魔，劫富济贫，这无疑是人之无限性的幻想。人类对生存至境的向往伴随着人类的产生与发展历程，融入人类的生命血液，影响人类的自身发展。

作为人必不可少的精神营养，希望引导着、改进着和完善着人生，使之趋于完美。希望如同一匹识途的老马带领着我们走出困境，宛如一盏不灭的明灯指引着我们勇敢前行。人的希望与情感、认知相连。固然我们不能拿它来和树的向光性相比拟，但是如果说，人之于希望犹如树之于向光性，是一点不为过的。人不能把视线停驻在个人日常生活的狭小空间，而需要一种永恒的希望，指向最遥远、也是最明亮的地平线。当人们拥有希望时，人生也就有了立命安"心"之所。"我"在希望着，希望可能改变未来，也可能改变现在，更重要的是它正在改变着"我"。希望是精神生活的阳光，是人存在的原动力，是人活着的力量所在。在希望中，人们从贪婪思维中解放出来，从不再期待任何东西的听天由命态度中解放出来，感受生命的厚重与质感，心灵的成熟与沉稳，成其为"具有内在性的人"。在希望的引领下，人们心念专注，稳健充实，振奋"现在"，期许"未来"，追逐

---

① 转引自马晓燕："当代中国人信仰问题研究"，东北师范大学 2008 年博士学位论文第 42 页。

"无限"，直抵心灵深处对人心的进逼透视及领悟，进而慰藉心中的孤寂，安居游荡的灵魂，发现生命的意义，绽放内在的活力和潜能。

（三）播种希望是灵性领导的重要职责

灵性领导深知，组织成员能否健康发展，取决于他是否拥有希望，取决于他有什么样的希望，取决于如何实现他的希望。领导是一门蕴涵希望的艺术，播种希望是领导的重要职责之一。《哈佛商业评论》（中文版）2007 年 3 月号刊登了领导"必须关注的 10 个前沿观点"，领导"要给员工以希望"位列榜首。哈里·赫特森和芭芭拉·佩里认为，卓有成效领导者的决策、话语和行动使下属们对未来抱有更大的希望。克劳塞维茨在《战争论》中写道，"统帅必须用自己内心之火和精神之光，重新点燃全体部下的信念之火和希望之光。只要做到这一点，他才能控制他们，继续统率他们"。[①] 战争打到一塌糊涂的时候，将领的作用是什么？就是要在看不清的茫茫黑夜中，发出生命的微光，燃起士兵们的希望，激发他们的斗志，鼓舞他们的精神，带领着队伍走向胜利。马其顿帝国君王亚历山大东征之前，将所有的财物散发给臣民。大臣不解地问，"陛下，我们手中没有钱财，拿什么去征服敌人呢？"亚历山大说，"我只要带一样东西就够了"。大臣们百思不得其解，亚历山大说，"我们只要带着希望去远征！"回想当年，在中国共产党处于低迷状态之时，有些同志不免滋生悲观、失望的情绪，怀疑红军到底还能撑多久？为了批判党内存在的悲观思想，毛泽东给林彪写了一封信，这封信就是后来收入《毛泽东选集》第一卷的《星星之火，可以燎原》。正是这点点星火，从井冈山燃到遵义城，从延安燃到西柏坡，最后燃遍全中国，建立了新中国

---

① 〔德〕克劳塞维茨著：《战争论》（第一卷），中国人民解放军军事科学院译，北京：商务印书馆 2005 年版，第 76－77 页。

政权。作为一股积极的力量，希望对于有效领导而言必不可少。

　　而在领导实践中，领导放逐了希望的大视野，把持了制造希望的权力，用"目标—手段"的模式实施着希望的领导。但是，目标是策略性的而不是终极性的，目标并不等同于希望。目标之中没有希望，只有束缚；目标之中没有想象，只有压制。在"目标—手段"的思维之中，领导根本不可能培育希望的心灵和理想的信仰。如果组织成员将人生寄托于具体目标之上，则无论是在目标实现的那一天，还是目标不能实现的那一天，组织成员都会随之陷入深深的迷茫和精神的困顿之中。灵性领导深知，个体的希望只能从心灵生活、梦想世界、幸福美好起步，而不是单纯的具体目标。在某一个特定时期，凝聚人心的东西是希望，而非物质目标。这正如罗斯所言，"社会在某个特定的时期，被约束在一起的东西是信仰而不是利益"。[①] 灵性领导引导组织成员打开心灵的希望之窗，让个体过上一种希望着的生活，让组织成员在迷茫的十字路口中，在进入高峰或陷入困惑之时，转向平凡而美好的生活。在希望的视野中，组织成员与人类命运和理想沟通，将自己的希望融入生活世界，重新获得反抗和超越的能力，重新回到心灵思考和意义世界之中，与美好的价值和幸福的生活对话，认识自己的存在及其内在的真正意义。

　　点燃组织成员内心深处的希望之灯，给予组织成员无限向前期待的原动力，是领导能力的重要体现。在希望视野的转变过程中，组织成员走出封闭、狭窄和保守，从被动顺从向主动探寻过度，提升自我的精神境界，与未来、自由和超越相结合，不断向心灵、他者、宇宙和终极世界靠近。

---

　　① 〔美〕罗斯著：《社会控制》，秦志勇等译，北京：华夏出版社 1989 年版，第 165 页。

第三节　灵性领导的希望修炼之路

对于灵性领导而言，希望是不可回避的。只有用希望才能感召希望，只有用心灵才能感动心灵，只有用生命才能点燃生命，只有怀抱着无限美好与希望的心灵，才能开启另外一扇心灵的希望之窗。灵性领导超越机械的"科学管理"，发掘组织成员身上的闪光点，增强组织成员的"高峰体验"，引导组织成员勇敢地打开心灵希望之窗，感受美好未来的气息。在呵护组织成员的希望意识，激活组织成员的希望意识，孕育组织共同希望的过程之中，灵性领导提供和创设希望的场景与情境，将组织成员引向更为广阔的生命之路。

一、灵性领导呵护组织成员的希望

未来是什么样，希望达到的究竟是什么，初始时谁也说不清楚。世界是开放的、不确定的、难以预测的，有许多意外和不可避免的事情发生，而恰恰是这些意外和不可避免的事件决定或改变着人们的生命轨迹。从这个角度来看，组织成员要敢于去"想"，敢于去"做"，而这断然离不开希望的指引。灵性领导呵护组织成员们的希望，唤醒组织成员们的意识，激发组织成员们勇敢地去梦想、去探险、去超越。

灵性领导深知，人是未完成的，不会永远满足或停留于现存，而是不断产生超越现存的希望意识，指向某种"尚未生成"的东西。正因如此，人类就得永远去探索，不断用美好之光来感降丑恶，使人类趋向完善。灵性领导明白，希望是人类境况必要的组成部分，是推动我们发展的必要动力，也是人类历史经验必需的调味剂。人类生存的有限境况之中包含着某些"未经检验的可行性",如果发现了"未经检验的可行性",组织成员心中就会充满希望;若没有发现"未经检验的可行性",组织成员则会陷入无望的境地。而探寻"未经检验的可行性",依赖于组织成员个体自身,存乎于组织成员的心灵世界之中。进而,灵性领导返回人的精神世界,返回人的存在意义之中,通过组织成员的言行知晓他们对世界的看法,探索他们内心"未经检验的可行性",理解具体环境是如何塑造并影响着他们。

在领导实践中,灵性领导不断扪心自问:谁在给予我们希望?谁在制造希望?谁能够垄断制造希望的权利?谁应承担建构希望的责任?我的言行是会扑灭组织成员的希望,还是会点燃组织成员的希望?灵性领导与组织成员共同探讨组织成员过去曾经拥有过的希望,这些希望是如何产生和消退的,是什么阻碍了希望的实现等,从中了解组织成员的希望是如何萌芽、成长和停滞的。基于此,灵性领导逐渐明了,制度、习俗和传统所制造的希望是非心灵化的希望,它可能是美好的,但却不能反映心灵希望的那种只有个体独有的美好性。社会希望、组织希望并不能代替和否定个人鲜活的、具有生命力的心灵希望,我们"……必须抛弃那样一种观念,即,社会希望的目标是一致的,其实现是必然的。"① 希望并非是预先设定的,而是生长于人内心深处的一种力量。希望不能被给予,也不能被恩赐。希望与人的生命一同生长,而不可从生命之中抽取出来作为可资利用的工具。进而,灵性领导摒弃了"利用"希望之路,走上了"呵护"希望之路。在"利用"希望的过程中,组织成员难以过上一种真正有希望的生活,因为意义、未来、理想和终极不能真

---

① 〔英〕帕特丽夏·怀特著:《公民品德与公共教育》,朱红文译,北京:教育科学出版社1998年版,第14页。

正进入组织成员的心灵生活和梦想世界，他们的希望只是被授予的希望。而在"呵护"希望的旅途中，灵性领导并不垄断希望的权利，而是创设一个产生希望的工作场景，为组织成员及时打开一个充盈着希望的生活世界。

灵性领导明晰，在"呵护"希望的旅途中，自由是断然不能缺少的。自由是组织成员超越已有意义的根本前提，没有自由的希望就等于绝望，扼杀自由就是扼杀希望。灵性领导相信人们内在生命的纯洁和高尚，相信灵魂能有力地改变一切不幸和罪恶，坚信只有在不被任何力量所限制的意志自由中，人们才会有意义地创造。进而，灵性领导尊重组织成员特立独行的个性、"标新立异"的思想或是"异想天开"的想象，不局限于组织目标的追求，不局限于近在眼前的东西，不拘泥于感官的享受，鼓励自由，崇尚自由，鼓励"冒险"，鼓励"试错"，为组织成员营造一种"海阔凭鱼跃，天高任鸟飞"的宽松条件。在自由的想象、发现与追逐之中，组织成员向生命过程、向未知世界无限敞开，立足现实而又不局限于现实之境，犹如居于天地境界中俯瞰万物，进而赢得生命的从容与祥和，获得超越的无限动力，拓展生命的视野，促进生命的完善。

对于灵性领导而言，希望如同一颗璀璨的明珠，闪烁着耀眼的光芒，而永远不会破碎。灵性领导充盈组织成员的生活世界，激发组织成员的内在潜能，有意、无意地对组织成员的未来状态形成一定的期待，规划和设计出一个独特、美丽的世界，引导组织成员走向一条不断敞开的路，向着能够生活或即将生活于其中的可能性开放。灵性领导在组织成员心中埋下希望的种子，呵护希望在内心深处的冻土中艰难地萌芽、开花、结果，唤起组织成员升起对未来的想象和对生活的希望，追逐生命的、神性的、心灵的旅程。在一股

神奇力量的作用下，组织成员打开心灵希望之窗，勇敢地直面自己
的脆弱，走入生命意义的大视野，见证生命的神奇与珍贵，体验生
活的幸福与痛苦，感悟生命中的平和与安宁、美好与善良。在鲜活
的心灵希望之中，组织成员的眼睛慢慢地睁开，意识渐渐地苏醒，
生活之门缓缓地开启，过着一种充盈着自由和想象的生活。组织成
员摆脱虚无的恐惧和痛苦，超越先验的封闭与孤独，重新回到心灵
思考和意义世界之中，依靠人性的内在解放力，与人类的未来和命
运相结合，和美好价值与幸福生活对话，认识自己的存在及其真正
意义。此时，组织成员的希望并非是社会希望，也不是组织希望，
而是源自个体内心的心灵希望。在希望中，人们看到的不是一个目
标，而是一种期待与想象、自由与信任，以及承担一切的责任。组
织成员被一种柔和却又源源不断的能量所包围，不再愤世嫉俗，不
再萎靡不振，坦然接受事情的考验与磨炼，认识自我存在的内在意
蕴，返回心灵思考的生命之途。这一希望的视野是现代生活尤为需
要的，是现代人摆脱现代文明的压力，解除现代信仰的缺失的重要
方式之一。

二、灵性领导激活组织成员的希望

人的希望意识指向客观真实的可能性，而牵引希望的正是那种
尚未生成的可能性指向。如果组织成员经过努力仍看不到实现这种
尚未生成的可能，他的"希望之火"就有可能趋于泯灭，甚至可能
"变成极其深痛的失望"。正如布洛赫所指出的那样，"希望与可失望
性是直接联系在一起的"，希望需要用高峰体验加以支撑、加以丰
富、加以想象。

高峰体验，是在成功完成某项任务后，人们产生的一种自我满

足的愉快情绪状态，是一种生命内在深层次的觉醒。它可能是瞬间产生的、压倒一切的敬畏情绪，也可能是转瞬即逝却极度强烈的幸福感，甚至是欣喜若狂、如醉如痴、欢乐至极的感情……在工作与生活中，人们体验到的高峰体验越多，就意味着潜能开发的程度越高。而潜能是人"沉睡着"的力量，是生命蕴含的、潜在的、可能的发展方向，需要适合其发芽、生长、成熟的外部环境加以激发。加德纳发现，几乎所有4岁以下的小孩都有天才水平的智力。而到了20岁时，天才水平的小孩就只有10%，过了20岁，天才就只有2%。① 哈佛大学认为，他们最值得骄傲的不是培养了36位美国总统，不是造就了36位诺贝尔奖得主，也不是送出了全美国500多家特大型企业一半以上的经理。最值得骄傲的是，哈佛的教育让每一块金子都闪闪发光，让每一个从哈佛走出来的人都充分挖掘了内在的潜能。毫无疑问，无视人的高峰体验、压抑人的生命潜能只会带来生命的闭锁、异化，而呵护人的高峰体验，挖掘人的生命潜能则会带来生命的健全、豁达。

在现实中，遭遇失败似乎是人们的家常便饭，组织中的失败者无处不在。我们的制度设计、文化氛围更多关注"优秀员工"，而较少关注"一般员工"。其结果是获得了少数"优秀员工"的"忠诚"，而遗弃了多数"一般员工"的"忠诚"，多数"一般员工"难以在工作中获得高峰体验。在很多组织中，职位高低是衡量组织成员成功与否、优秀与否的唯一标准。某种意义上，金字塔的组织结构制造和产生了大量的"失败者"。毕竟，金字塔上方的组织成员只占据少量比例，而大部分组织成员则在金字塔的下端。金字塔型组

---

① 〔美〕彼得·圣吉等著：《第五项修炼·心灵篇》，张成林译，北京：中信出版社2010年版，第28页。

织结构注定了成功者永远是少数，失败者永远是绝大多数的事实。大多数组织成员在无休无止的挫折中体验着失败，咀嚼着失败，习惯着失败，时刻感受着失败的痛苦，而渐渐失去了工作的信心和生活的乐趣。一旦个体失败经历过多，就会削弱其主动积极性，产生消极的情绪情感，阻碍认知过程，引致新的失败。"失败"的苦涩滋味使组织成员长时间自卑，甚至一辈子被自卑的阴影笼罩而无法自拔。

灵性领导审视、斟酌希望本身的阻碍、挫败等因素，义不容辞地创设"成功"的机会，呵护组织成员的高峰体验，引导和帮助每位组织成员感受和体验成功的喜悦，相信自我、挑战自我，走出自卑的阴影，走进阳光地带。无论前方的困难和障碍有多大，灵性领导努力击败绝望与消沉，树立组织成员对未来的信心，呵护组织成员自我的希望，激发组织成员自由的思考。在实践中，灵性领导绝不让组织成员产生"我办不到"、"我注定是失败的命"的感觉，而是不断鼓励组织成员，"我们必须尝试一下不同的方法！""慢点！让我们弄清楚原因，我们一定能办到"。即便在茫然不知的状态下，在寂寞孤独的状态中，在遭受打击的状态中，灵性领导仍然对生命怀有希望，从中寻觅失败的经验，孕育不懈的毅力，憧憬美好的生活。在成功的高峰体验时刻，组织成员走出怀疑、恐惧、压抑、紧张和怯懦，超越理性认知的褊狭，挣脱功利取向的羁绊，唤醒内心深处的自我意识，激发无限的想象力和创造力，释放内在的生命潜能，体验新生事物的冲动与生命活力的勃发，沉浸于一片纯净而完美的幸福之中。处于高峰体验之中，组织成员知晓价值性，看到可能性，明了方向性，发现"未经检验的可行性"，感受自己和组织使命之间真切而亲密的关联，并乐意对此负责。此时，组织成员比其他任何时候都更富有责任心，更富有主动性和创造力。组织成员打开可能的生活，潜能自由的释放，憧憬美好的未来，自我的唯一性、个体性和特异性得以彰显，成为"独特的自我"。

当然，灵性领导不是给组织成员"画饼充饥"、"望梅止渴"，更不是"精神鸦片"。灵性领导也不排斥和否定现实，而是将现实作为希望的栖息之地，立足于现实的生活世界，立足于具体的现实环境之上，激励不同兴趣、特长的组织成员在各自领域中发挥自己的潜能。灵性领导深知，每个生命都有所不同，每个生命都有其精彩之处，组织成员之间犹如十个指头，都有着自己的独特性，各有千秋，而不可低估。正所谓"尺有所短，寸有所长"。灵性领导深入而全面地了解每位组织成员的特点，尊重每位组织成员的个性，珍惜每位组织成员的闪光点，坚信每位组织成员都是有培养前途的、可以健康发展的，因人制宜地创设不同展现才能的机会，为组织成员搭建一个展示才华、锤炼能力、参与竞争的平台。灵性领导用希望召唤组织成员，肯定生命价值的可贵，呵护组织成员的自信，唤起内在生命的毅力，通过选拔组织成员外出深造、对组织成员及时进行表扬、奖励、轮岗或内部晋升等方式让组织成员切身感受到组织中存在着大量发展、晋升或被认可的机会。大量机会让组织成员感受希望达成的清晰路径和可能性，在体验"高峰经验"愉悦的同时也期待着机会降临到自己身上。与此同时，灵性领导不将评价作为评选优劣的"筛子"，而将之看做不断激励组织成员发展的"泵"，实施分层激励、多元评价。灵性领导从不吝啬自己的赞美之辞，适时在公共场合肯定其点滴进步，调动其积极性，激发他们不断超越自己。每一个信任的微笑、每一次肯定的颔首、每一句鼓励的话语，每一个及时、恰如其分的评价都会让不同类型、层次的组织成员得到客观的自我认知机会，趋散组织成员沉积在心底的自卑阴影，消融凝结于心底的误解坚冰，让每位组织成员体验成功的快乐，饱尝成功的兴奋，进而增强工作内驱力，维持工作兴趣，开发内在潜能，促进能力提升。

三、灵性领导孕育共同的希望

在组织中，每个人都有可能同时既是希望的主体，又是希望的客体。在领导对组织成员的希望中，领导是希望的主体，组织成员是希望的客体。而在组织成员对领导的希望中，领导成了希望的客体，而组织成员成为希望的主体。每位组织成员都是一个真实的"希望者"，同时也是一个"被希望者"，每一成员都是"希望网络"上的一个点。在某种程度上，个人的希望也是他者的希望，而他者的希望也是我的希望。

共同的希望是人与人、思想与思想的沟通桥梁，是组织成员相互理解与信任的基础，是组织生存和发展的"黏合剂"。共同的希望是组织使命感和核心价值观向活跃、动态的战略规划转换的桥梁，启发着组织成员坦然地面对过去的历史，激励着组织成员勇敢地战胜现实的苦难，引领着组织成员走向充满未知和神秘的未来。毫无疑问，共同的希望客观存在于个人的希望之中，但并非是对个人希望的"扼杀"或"削平"。个体的希望是唯一的、独有的。每位组织成员都有自己的希望，不能用我的希望来否定他人的希望，也不能用他人的希望来替代我的希望。在一定意义上，共同的希望抽取个人希望的共同特点而形成，共同的希望和个人的希望相互影响、相互制约、相互平衡。"共同的希望"既不同于个人的希望，也不同于集体的希望。个体的脆弱性促使人们倾向浓缩于集体的希望之中，而集体的希望常常将一切责任交给一个没有人负责的集体，而拒绝承担任何个体责任。人们可以相互聚集在一起，但是不会凝聚在一起，并不对共同奋斗的目标负有责任。集体的希望并非是一种共同的希望，而是放弃心灵和意义的一种规划和意志。而当我们对自己想要的生活方式、工作环境承担责任时，我们将变"不得不"为"我喜欢"、"我愿意"、"我选择"做的事情。而这种"我喜欢"、"我愿意"、"我选择"的共同凝聚给予组织成员以强大的内心能量，聚焦目标，奔向憧憬，使"我们"成为不平凡的人群，成为我们想要成为的人。

灵性领导试图透过纷繁复杂的迷雾，洞悉组织未来的清晰图景，追逐一种更高的生命内涵，激励着组织成员在投入生活的同时放眼未来，在走向生活的同时超越生活，在心灵世界的想象与生活世界的现实之间达成和谐状态。在拥有责任感的共同希望中，灵性领导不用自己的外在权威去压抑领导过程，而是把领导过程看做是领导与组织成员有限生命的共同构成。在长期持续的对话过程中，灵性领导创设孕育希望的工作场景，营造轻松活泼、快乐和谐的工作气氛，建立一系列组织的价值理念，构想一幅组织发展的生动图景，将组织和个人的生存与发展寄托于组织成员对未来的期盼之中。灵性领导与组织成员共同分享希望，共同怀有期待，共同克服阻碍组织发展、个体发展的障碍。在希望的场景之中，灵性领导倾听组织成员的思想，触摸组织成员的灵魂，点燃未来的前进之路，激发改变现实的强大动力。组织成员不妥协、不倒退、不空想、不奢望，用心灵中的爱与美好来看待共同希望，自然而然地认识共同希望，懂得共同希望，并将共同希望转化为个人的幸福和意义。共同的希望成为组织成员内在的精神力量，组织成员摆脱被希望的状态，而成为一名真正的希望者。认同共同希望，成为每位组织成员的向往与追求，化为每位组织成员的内在希望。在可能且美好的共同希望之中，组织成员对组织的未来构筑永恒的信心。福特人的共同希望就是"要使一般人、不仅是有钱人能拥有自己的汽车"。苹果电脑的共同希望就是"希望电脑能让个人更具力量"。宝洁的共同希望就是"亲近生活、美化生活"。耐克的共同希望就是"服务生命"。共同的希望渗透到整个组织运作当中，内化为每位组织成员的愿景，唤醒组织成员的内在需求，激发组织成员的工作动力，最终获得个体和组织的共同发展。

灵性领导深知，共同希望的提出，并非是将其诉诸某种语言符号便宣告结束，这仅仅是开始。如何让这种共同希望深入人心，转变为组织成员内在的心灵希望，转化成个人生命的一种状态，这才是最为重要、最具挑战的工作。共同希望形成的标志就是组织成员对共同希望的坚信心态，而这种心态具有非理性特征。对共同希望的激情和力量也就来自于这种非理性心态，它将知、情、意、行诸多因素有机地组织起来，表现为对共同希望的绝对信服和遵从，而毫无怀疑、叛逆之心。灵性领导意识到，传统的制度性希望之中融入了集体的意志和愿望，而舍弃了个体的想象和欲求。抽象的制度性希望不是一种共同希望，之中没有个体、心灵和自我的地盘，难以形成真实感，也无法让人们信服，更无法使人们产生冲动的激情。进而，灵性领导将抽象的共同希望形象化、具体化，在组织成员头脑中形成生动的逼真画面，以触发组织成员的内心体验，调动组织成员的非理性因素，激发组织成员实现目标的欲望和冲动。灵性领导通过多种表达手法创设着组织的共同希望，比如：仪式、庆典、图像、音乐和故事等，一次又一次地生动描述达成共同希望的过程和情境，进而引燃组织成员的想象力，唤醒组织成员的洞察力，触及组织成员内心深处的情感世界，影响组织成员的深层意志。稻盛和夫在自传中就曾回忆起创业的一段难忘经历，"我已经无法克制住自己激动地情绪。我大呼一声，'为了不忘今天，让我们以血印盟誓'。众人血气方刚齐声呼应，'赞成，没有异议'。冈川君立刻写好了誓言，'我们团结一心，必将成就为社会、为世人的事业，以此血印为证'。我带头签名，并割破了小拇指，按下血印"。① 正是在这种非理性的情绪感染之中，稻盛和夫激发组织成员内在的激情，增加组织成员对共同希望的内心认同，进而凝聚人心，提升领导效能。

在激烈的社会竞争之中，个体和组织的持续发展需要强大的精神支柱和精神推动。希望是一种强大的精神资源，是人的社会存在和价值实践的思想反映，也是推动人类社会发展的强大动力。灵性领导深刻领会希望的意义，用希望影响希望，以希望召唤希望，用更宽阔的视野理解生命的存在，在希望的场景中唤醒组织成员的热情，用希望的情怀激励组织成员焕发勃勃生机与活力，组织成员自然而然地认识希望，懂得希望，学会希望。

---

① 〔日〕稻盛和夫著：《稻盛和夫自传》，陈忠译，北京：华文出版社 2010 年版，第 67 页。

第 六 章

关爱：灵性领导维度之四

第一节　追溯"关爱"的思想内涵

一、西方文化对"爱"的认识与理解

爱是人类情感中最本质、最核心的内容，也是人的本能和追求。在有关"爱"的西方思想史中，学者们用以阐述"爱"的概念丰富多彩，其包含的伦理寓意也甚为宽广。早在远古时代，"爱"主要蕴含着友情、爱情、性欲或生命力。在中世纪，"爱"主要表现为对上帝的神爱，爱是人心安顿、社会稳定、追求崇高的力量源泉。时至现代，"爱"的意义更为广泛，"爱"不仅是一种情感活动，也是一种心理活动，还是人道主义的核心思想和人实现自我完善的有效办法，主要表现为处理人与自然、人与人、人与社会之间关系的道德原则。

（一）亚里士多德的友爱观

在亚里士多德看来，不论是对私人生活还是对城邦共同生活而言，友爱都是每个公民所必需的德性，是把私人生活和城邦共同生

活联系起来的桥梁和纽带。在充分继承和吸收柏拉图友爱思想的基础之上，亚里士多德认为，友爱并不简单等同于爱，性爱只是友爱之中的特例。亚里士多德大大扩展了友爱的范围，"友爱必须包含尽可能多的内容，按照希腊人的一般用法，把任何两个人之间的任何相互吸引，从家庭中夫妻、父子、兄弟的感情关系、伙伴关系，到城邦中的一切关系，如治者与受治者的关系、公民间的商业的与非商业的关系，都包括进来。"① 在古希腊城邦中，有着三种基本的共同生活方式，即家庭生活、伙伴关系和城邦公民间的关系。针对古希腊城邦中这三种基本的共同生活方式，友爱被划分为三种主要的形式：家庭中的友爱、兄弟间的友爱、公民间的友爱。

基于此，亚里士多德分析了友爱的三种性质。首先，"善的友爱"（希望对方过得好）。"善的友爱"是合乎德性的真正的友爱。在"善的友爱"中，人们并不因为对方能为自己带来感官和利益上的快乐或用处而承认对方的善意、希望他好，双方因为彼此善或者优点而相互吸引，建立共同的爱。这种"善的友爱"并非出于偶性，而是一种真正"利他性"的友爱，友爱双方相互尊重、相互信任、相互欣赏、相互关怀。当然，"善的友爱"需要时间，需要在持久的交往和熟悉过程中形成共同的道德和相似的认识背景。其次，快乐的友爱（为了快乐）。快乐的友爱双方拥有一些相似性，在快乐的友爱中也存在着慷慨大度而不斤斤计较。"快乐的友爱由于是非功利的，互爱的双方可能变得在德性上相似而在德性上互爱。"② 在这种

---

① 廖申白："友爱在亚里士多德伦理学中的地位"，载《哲学研究》1999 年第 5 期，第 55－61 页。

② 廖申白著：《亚里士多德友爱论研究》，郑州：河南人民出版社 2000 年版，第 117 页。

情形下，快乐的友爱也就变成了德性的友爱。最后，实用的友爱（相互利用）。实用的友爱是最低级的友爱。一切基于计算的以实用性为主的朋友间的友爱都是暂时的，算计到斤两的得与失容易致使双方抱怨和指责。无论是实用的友爱，还是快乐的友爱，友爱他人只是把他人当作个人利益的源泉，他们关注的是私利，而不是相互关心。建立在实用和快乐基础上的友爱是偶性的、暂时的，都不具有持久的性质，都会随着时间而变化，都不能在总体上达到善或者快乐。"一个朋友之所以被爱，并非由于他是个朋友，而由于他们有的能提供好处，有的能提供快乐。……他们如不再是令人快乐和对人有用，友爱也就此终止了。……做朋友的原因一旦不存在了，友爱也就不再存在了。"①

亚里士多德认为，完美的友爱是对其感情进行调整之后的理性选择的结果，是理性与感情对立斗争的过程。在亚里士多德看来，友爱拥有如下几方面特质：首先，友爱具有相互性。友爱存在于两个至少是有生命有感觉的存在物之间，是爱与回报之间的情感往来。"善意在通常的意义上只是产生于人的心智的希望另一个人好的意向，是因为它是一个选择的目的。"② 只有将这种善意运用到实践交往中，才能使双方互有善意，互知善意，才能使双方相互享有属于友爱的善、感情和快乐。其次，友爱双方具有相似性。友爱是建立在一个双方共同或是起码的"相似性"的背景之上。亚里士多德认为，两个好人之间的差异小，其品性相同的地方多，他们彼此之间

---

① 〔古希腊〕亚里士多德著：《尼各马可伦理学》，苗力田译，北京：中国人民大学出版社1997年版，第166页。

② 廖申白著：《亚里士多德友爱论研究》，郑州：河南人民出版社2000年版，第79页。

总是抱有相互的善意，并且都具有德性，都能为对方全力以赴。其他情况，如好人与坏人之间、坏人与坏人之间，由于差异性大，使得他们只是偶性的具有友爱的性质，如善意和共同生活。权宜的相处一旦没有益处，则友爱不复存在。再次，友爱建立在情感亲密性的基础之上。友爱需要情感的积累，而不是偶性的情感。善意要经过持续的情感交往达到亲密性时，才会成为友爱。复次，友爱双方建立在共同生活的基础之上。"没有什么比共同生活更显得是友谊的标志。"① 在亚里士多德讨论的友爱背景中，亲密的共同生活是发生在城邦共同体内部的特殊现象。共同生活需要情感投入，而一个人的情感却不能分属于过多的人，这也就决定了只有少数人才能拥有友爱并相互分享感情和共同生活。只有那些与自己有亲密情感的，并且每一个人对对方都是善的人，才能与之共同生活，友爱也才能实现。最后，友爱是具有德性的品质。"只有德性才是恒常如一的。"② 公正和平等，以及与交往有关的德性，如慷慨、大方和友善等都是友爱中的德性，其中最为相关的应当是友善。"如没有善意友谊就不能生成。"③

在亚里士多德看来，友爱"就是某种德性，或者是赋有德性的事情"。④ 作为一种德性，友爱是通过后天习惯养成的稳定性的品质，是在实践过程中逐渐凝化为较为稳定的趋向。善的友爱，是一种真正"利他性"的友爱，是合乎德性的真正的友爱。亚里士多德的友爱思想，构成了西方政治哲学，尤其是古典政治哲学的核心。

---

① 〔古希腊〕亚里士多德著：《尼各马可伦理学》，苗力田译，北京：中国人民大学出版社1997年版，第170页。
② 同上，第167页。
③ 同上，第195页。
④ 同上，第163页。

（二）基督教的上帝之爱

在希腊思想发展的末期，基督教在犹太教的土壤上滋生起来，它宣扬精神上的一神论、来世的生活、仁爱的福音以及基督受难的范例。随着文化阶层中信仰者的逐渐增加，基督教也随之繁荣壮大。

依据基督教教义，上帝救世是上帝之爱的显现。人类要想得救，就必须选择相信上帝，把自己的心放在上帝身上。选择相信上帝，就是选择了爱。"这种爱不是自发的，而是被给予的。换句话说，爱是信仰的结果，不是天然具有的。"① 耶稣布道，提出两条诫命，均与爱有关：首先"要尽心、尽性、尽意，爱主你的神。这是诫命中的第一，且是最大的。其次也相仿，就是要爱人如己。这两条诫命，是律法和先知一切道理的总纲"。② 耶稣明确地告诉世人，基督徒的标志就是爱。虽然彼此相爱与爱上帝仅仅是耶稣对《旧约》思想的重申，但是，把爱提高到惟一，作为一种信仰的显著标志，则是耶稣和基督教所特有的。正如奥古斯丁所说，"没有爱，便没有基督教"。③

爱是最高的德性，是所有其他德性的源泉。在爱的前提下，人类才有可能谈及生存、知识与理智的问题。"上帝出于爱心，为了爱而创造。上帝只创造了爱本身和爱的手段而没有创造他物。只有信仰上帝，人才会获得爱，才真正懂得什么是爱，才会拥有爱"。④ 上帝之爱不能用现实的利益来衡量，也不能以帮助人类解脱痛苦为标

---

① 杜丽燕著：《爱的福音：中世纪基督教人道主义》，北京：华夏出版社2005年版，第157页。

② 圣经·马太福音，第二十二章第37－40节。

③ 杜丽燕著：《爱的福音：中世纪基督教人道主义》，北京：华夏出版社2005年版，第9页。

④ 同上，第159页。

准。上帝对于人类的承诺不是物质的东西，而是一种善的承诺。只要信仰，无论身处何等境地，都能看见世界的美和生命的价值，并过上"一种圣洁的生活，这种生活有爱、有高尚的道德、有希望、有未来、有能够克服时间诅咒的内涵"。[①]

当然，在基督教的道德观念里，爱的概念也是有层次的。首先是对上帝的爱，然后是人与人之间的爱。人应该效法上帝和耶稣，爱邻人、爱兄弟、爱敌人、爱上帝创造的一切，这种爱是当之无愧的博爱。基督教的博爱是一种超自然的精神意向，它完全超脱了主观情感状态的混乱易变，消除了自然本能生命的外在束缚，在上帝与人的精神关联中获得了精神的纯粹质性。博爱不仅限于某个种族、某个阶层，而是涉及所有的人，是不以血缘、乡情、人的仁爱之心和对上帝事业的信念为前提的爱。不言而喻，这种爱需要人的慷慨、仁慈和自我牺牲精神，需要付出自己的善与爱，是一种不计回报、不计对象的永恒之爱、圣洁之爱、伟大之爱、神性之爱。

基督教追求自上而下的爱，爱的运动方向是"高贵者俯身倾顾贫穷者，美者俯身倾顾丑者，善人和圣人俯身倾顾恶人和庸人，救世主俯身倾顾罪人——而且，与古人不同，并不害怕这样一来会有失身份、会变得不高贵，反而虔诚地确信会在这一'屈尊'行为之中……在这一'有失身份'的行动之中抵达最高境界，亦即与上帝相似。"[②] 基督教的上帝不再是永恒的第一推动者，不再是高高在上

---

① 杜丽燕著：《爱的福音：中世纪基督教人道主义》，北京：华夏出版社2005年版，第160页。

② 〔德〕马克斯·舍勒著：《价值的颠覆》，罗悌伦等译，北京：三联书店1997年版，第58页。

的彼岸世界的永恒存在，而是返身向下，甘愿降身为人，在倾顾弱者、甘愿牺牲的行动中成就之所以为上帝的价值与品性。这一爱的运动转向并非简单的方向逆转，而昭示着古希腊和基督教爱的思想的根本差异。毫无疑问，博爱对于人的教化力量是无法估量的。这种扩大了的普世的、精致的、利他的爱的哲学使得基督徒组织起来，形成共同的生活和信仰的教会。这种由信仰而生的爱一旦付诸实施，人世间便会形成一种伟大而崇高的人性。

（三）舍勒对"爱"的认识与阐释

伴随中世纪的完结，基督教爱的赞歌也随之完结，近代有关爱的思想踏上历史的舞台。路德把爱分成恩宠与本能两种类型：恩宠是神的爱，人类并不具有；而本能是人类无法摆脱的性爱，是原罪。当路德将性爱从禁欲主义中解救出来时，对性爱抱有罪恶感的克尔凯郭尔提出争辩，进而造成伦理之爱与性爱的对立。这使得在古代和中世纪一直为人类所追求的爱，到近代末期却不再成为人们所追求的目的。时至现代，哲学家舍勒致力恢复基督思想中爱感的优先地位，将基督思想的本质质素注入哲学、伦理学和社会学的结构要素中，这对于重振基督思想之力量有着决定性贡献，具有深远的现代性意义。

舍勒认为，人是爱的存在，爱在我们的精神世界中占有核心地位，爱的深度和广度决定了我们精神世界的范围。"爱始终是激发认识和意愿的催醒女，是精神和理性之母。"[①] "在人是思之在者或意愿之在者之前，他就已是爱之在者。人的爱之丰盈、层级、差异和力量限定了他的可能的精神和他与宇宙的可能的交织度的丰盈、作

---

① 〔德〕M·舍勒著：《爱的秩序》，林克等译，北京：生活·读书·新知三联书店1995年版，第47页。

用方式和力量。"① 在舍勒看来，"爱"是一个人认识世界并做出意志行动的前提，爱在人的存在中起着根本性的奠基作用，为人一切主观的欲求、渴望、向往、情感、意愿和追求奠定了基础。在人的存在过程中，"爱"无时无处不在，不随周围环境或人生际遇的改变而改变。没有爱，世界就不会向人照面，它也因此不会成为人的认识对象和意志对象。② 爱优先于人的其他一切行为，人的其他行为在爱之中孕育并涌现为精神的丰富形态。"爱是对价值对象的直接的反应方式，并且无论如何与关于对象及其价值判断没有任何关系。"③"爱在爱之时始终爱得并看得更远一些，而不仅限于它所把握和占有的东西。"④ 正是由于爱的这种本质，才使得人的发展不会终止于某一个终点，而是沿着特有的理想性和完善性方向趋于无限。可见，舍勒的爱是一种先验、客观的爱，是超出人意志范围的爱，人命定要去"爱"。

舍勒认为，各种不同性质的爱的行为构成一个巨大的爱的王国，在这些异质的爱的行为中存在严格的法则性，先天的价值等级秩序对应在每个人身上，便是我们的爱的秩序。爱的秩序既是个人一切行为的根源，也是一个先天价值秩序的缩影。"作为爱的秩序的核心，人类的心灵并非是一片混乱的情感状态，而是所有可能存在价

---

① 〔德〕M·舍勒著：《爱的秩序》，林克等译，北京：生活·读书·新知三联书店1995年版，第48页。

② 张志平著：《情感的本质与意义：舍勒的情感现象学概论》，上海：上海人民出版社2006版，第92页。

③ 〔美〕弗林斯著：《舍勒思想评述》，王芃译，北京：华夏出版社2003年版，第46页。

④ 〔德〕M·舍勒著：《爱的秩序》，林克等译，北京：生活·读书·新知三联书店1995年版，第50页。

值的一种有秩序的对应物，是价值世界的缩影。"① "谁把握了一个
人的爱的秩序，谁就理解了这个人。"② 舍勒从先验的意义上将爱理
解为四种形式：感官之爱、生命之爱、精神之爱和信仰之爱。与此
相对应，基于现象学的直观，舍勒发现了四种基本的价值存在样式：
感官价值、生命价值、精神价值和神圣价值。上帝之爱构成整个爱
的王国的最高点，构成一切爱的形式的总源泉。"每种爱都是一种尚
未完成的、常常休眠或思恋着的、仿佛在其路途上稍事小憩的对上
帝的爱。"③ 万物通过上帝之爱"以某种方式（在精神上）相互分
有，相互团聚"，"在适合于及指定给它们的界限之内共同趋向它，
升向它"。④ 人要达到等级高的爱，只有通过对上帝的信仰，否则这
种先验的普遍的爱就陷入了迷乱。进而，舍勒主张，要激发人们对
上帝的无限的爱，唤醒人们对价值秩序的直观，使人意识到自己真
正的使命，在实践中重建爱的秩序。

　　舍勒通过对爱的秩序的分析，摒弃了有关情感的种种成见，澄
清情感的本质，在对价值、情感及其秩序之间对应关系的细致界定
和考察中，寻求人的定位和人通向绝对上帝的观念的道路，为克服
"心的无序"，爱的秩序的迷乱寻求出路。

（四）弗罗姆对"爱"的理解与阐释

　　创建精神分析学派的弗洛伊德从快乐原则出发，把爱等同于性、
欲，单纯从人的生理角度来理解人性，而忽视了人的社会属性。弗

---

① 〔美〕弗林斯著：《舍勒思想评述》，王芃译，北京：华夏出版社 2003 年版，
第 49 页。
② 〔德〕M·舍勒著：《爱的秩序》，林克等译，北京：生活·读书·新知三联书
店 1995 年版，第 36 页。
③ 同上，第 47 页。
④ 同上，第 47 页。

罗姆不赞同弗洛伊德从纯生理的角度来解释爱，他认为，"人最迫切的需要是要克服孤独感，摆脱地狱般的寂寞"。① 而"在创造活动中达到的结合，不是人与人之间的心理结合，以狂欢与情欲放纵的形式达到的结合是转瞬即逝的结合；以从众和遵循公约的方法达到的结合是虚伪的结合。因此，它们只是生存问题的部分答案。生存问题的全部或完善的答案则在于用爱达到人与人之间的结合以及用爱达到同另一个人的结合"。② 爱作为人身上一种具有强有力冲动的生命活动，它对克服人的孤独感与分离感，打破隔离人心的围墙，促使人与人融为一体具有重要意义。"没有爱，人类一天也不能生存。"③

弗罗姆认为，"爱是一种积极的活动，并不是一种被动的情感；它是主动地'站进去'（standing in）的活动，而不是盲目地'沉迷上'（falling for）的情感"。④ "爱是指热烈地肯定他人的本质、积极地建立与他人的关系，是旨在双方各自保持独立与完整性基础上的相互结合"。⑤ 爱"主要是给予并不是接纳"。⑥ 什么是给予呢？施爱者"把自己的一切给予别人，把自己已有的最珍贵的东西给予别人，把自己的生命给予别人。这不一定就意味着为别人而牺牲自己的生命，但指的是把自己身上存在的东西给予别人，把自己的快乐、兴趣、同情心、谅解、知识、幽默、忧愁——把他身上的所有东西的

---

① 〔美〕埃·弗罗姆著：《爱的艺术》，康革尔译，北京：华夏出版社1987年版，第8页。
② 同上，第15页。
③ 同上，第15页。
④ 同上，第18页。
⑤ 同上，第213页。
⑥ 同上，第18页。

表情和表现给予别人。在他把自己的生命给予别人的时候，他也增加了别人的生命价值，丰富了别人的生活。通过提高自己的生存感，他会提高别人的生存感"。① 对施爱者而言，给予并非意味着自我舍弃、牺牲。"给予是潜能的最高表现。正是在给予的行动中，我体验到我的力量，我的财富和我的潜能。"② 由此无限欢欣，不断充实或完善自己。

在弗罗姆看来，"除了给予的因素外，爱往往还包含了爱的一切形式所共有的某些基本因素，这些因素是关心、责任感、尊敬和了解"。③ "爱包含了关心，……爱就是对我们所爱的对象的生命和成长主动地关心。哪里缺少主动地关心，哪里就没有爱。"④ 责任感指个人对整个人类负有的职责。责任感不同于义务，义务是从外部强加于人身上的东西，而责任感"在它的本质意义上，是一种完全自愿的行动；它是我对另一个人直接或间接的需要作出的反应"。⑤ "尊敬，意指能客观地观察一个人并能意识到这个人的独特个性。尊敬还意味着让对方任其天性地自由成长和顺利发展以及关心对方的成长和发展。"⑥ 了解则是关爱、责任感和尊敬的前提。无知所引发的关心和责任是盲目的，达不到真正的尊重，即真正的爱。而"只有当我关心他人甚于关心自己并处于他人的地位观察他人时，才有可能了解他人"。⑦ 当

---

① 〔美〕埃·弗罗姆著：《爱的艺术》，康革尔译，北京：华夏出版社1987年版，第20页。
② 同上，第19页。
③ 同上，第22页。
④ 同上，第22页。
⑤ 同上，第23页。
⑥ 同上，第24页。
⑦ 同上，第24页。

然，弗罗姆也指出，"作为一种给予的行为，爱的能力取决于一个人的个性发展特点"。① 并非所有人都具有爱的能力，"它是以达到一种最显著的创造倾向型阶段为先决条件"。② 爱是创造性的，是活生生的生命流露，是在平等、独立、相互肯定基础上人与人的结合，是一种人类至高无上的艺术。只有那些具备创造性人格倾向的人才有爱的能力，因为他们放弃了剥夺或聚敛财富的欲望，勇于奉献自己。

早在古希腊和中世纪，西方人多追寻上帝之爱。而在中世纪后期，文艺复兴时代人文主义者高扬民主、平等、博爱的旗帜以现代仁爱抗议上帝之爱，从而实现了爱的观念的当代转变。上帝之爱是一种精神性的行为和运动，追求内心的充实和福乐的宁静，以获得与上帝同在、同行、同感之心的充实。而现代仁爱使爱从天国回到了人间，关注当前的、可见的、受限的尘世自然生物的"人"，与促进人类进步或公益福利为特征的功效价值紧密相连。从西方爱的思想史的大致框架中我们可知，"爱是人格与人格的交融，是对同一价值的追求及相互提携，而绝不仅仅是感情问题"。③

二、中国传统文化对"爱"的认识与理解

"爱"不仅是西方文化关注的问题，也是中国传统文化关注的重要主题之一。"爱"是深受中国人普遍赞扬的传统美德和道德精神。儒、道、墨、佛家等各流派对"爱"的阐释相互影响，相互交融，

---

① 〔美〕埃·弗罗姆著：《爱的艺术》，康革尔译，北京：华夏出版社1987年版，第21页。

② 同上，第21页。

③ 〔日〕今道友信著：《关于爱和美的哲学思考》，王永丽、周浙平译，北京：三联书店（文化生活译丛）1997年版，第50页。

累积成不可多得、独具民族特色的精神财富。

(一) 儒家的"仁"爱

儒家对爱的阐释大都围绕"仁"而展开。在孔子看来,"仁"就是"爱","仁"是人所具有的一种内在的自觉性,"仁爱"是最高的道德标准。孟子发扬孔子的"仁"的精神,将其落实到人的主体意识之中。人皆有四端,作为四端之一的恻隐之心是仁之端也。"无恻隐之心,非人也。"① "仁者,人也",② 把"仁"看成是人之所以为人的根本依据。仁者自爱,仁者爱人是儒家关于"爱"的基本观点。

从起点来看,儒家的"爱"是一种有差别的爱。爱人,首先是"爱亲","仁主于爱,爱莫大于爱亲"。③ 仁的最初含义就是对根基于宗法血缘关系的亲子之爱的概括。人一出生首先享受到的就是父母的怀抱之爱,个人最基本的利益就是父母给的。爱父母,这是人最真实、最基本的情感,是其他一切情感的基础。"仁者,人也,亲亲为大。"④ "孝弟也者,其为仁之本与。"⑤ "仁之实,事亲是也"⑥、"事孰为大? 事亲为大"。"孰不为事? 事亲,事之本也。"⑦ 可见,儒家对于"爱"的阐释与氏族宗族血缘关系结下了不解之缘,血缘的亲子之爱乃是"仁"最深沉的心理基础。

---

① 〔宋〕朱熹撰,金良年今译:《四书章句集注(上)》,上海:上海古籍出版社2008 年版,第305 页。

② 同上,第36 页。

③ 同上,第59 页。

④ 同上,第36 页。

⑤ 同上,第59 页。

⑥ 同上,第364 页。

⑦ 同上,第361 页。

但"仁者爱人"所爱的对象显然不仅指"爱亲"，也有"泛爱"的性质。孔子从以"孝弟"为特征的亲亲人伦开始，将及于亲的仁爱之心逐渐充盈扩大，从爱自己的父母扩展到爱他人的父母，从爱自己的兄弟扩展到爱他人的兄弟，从爱自己的子女扩展到爱他人的子女，由内而外，由近及远，逐步推己及人，通过"泛爱众"而达至"四海之内皆兄弟"的"大公无私"的理想境界。这正如孔子所言，"入则孝，出则悌，谨而信，泛爱众，而亲仁"。[1]"仁者爱人"[2]是孔子"为政以德"的重要内容，也是孟子"仁政"思想的基础。孟子认为，"仁者无不爱也"，[3]"爱人者，人恒爱之，敬人者，人恒敬之"，[4]将仁爱精神推而及于政治。"亲亲而仁民，仁民而爱物。"[5]"老吾老，以及人之老；幼吾幼，以及人之幼。"[6]在他看来，仁与不仁应当作为施政的根本。不仁者而得邦国尚有可能，"不仁而得天下，未之有也"，[7]要统一天下，要得到天下人民的拥护，不施仁政是绝对做不到的。

儒家"仁爱"是一种爱有差等的爱，以对父母兄弟之爱为圆心层层外推，逐渐扩充到对宗族、对国家和对社会的爱。其中，"亲亲"之爱最真实、最浓厚，自然而然萌发而出。立足于"孝弟"基础之上，儒家的"仁爱"将对家族之爱推广为天下之爱，设身处地

---

① 〔宋〕朱熹撰，金良年今译：《四书章句集注（上）》，上海：上海古籍出版社2008年版，第61页。

② 同上，第378页。

③ 同上，第457页。

④ 同上，第378页。

⑤ 同上，第457页。

⑥ 同上，第271页。

⑦ 同上，第462页。

为他人着想，"己所不欲"亦"勿施于人"，展现具有普遍性的人类之爱。

（二）道家的"慈"爱

道家的"慈"与儒家的"仁"是两个截然不同的概念。"仁"以血缘关系作为基础，讲究差等之爱，故而有亲疏之别。而"慈"则是一种博爱，是一种不分亲疏的普遍之爱，是"以身奉天下，举心爱万物"的"大爱"思想。

"夫慈，故能勇。"① 慈爱化育万物，故能视万物为子女而尽力保全，如同慈母爱护幼儿一般，一旦子女遇到危险，定会勇气倍增，拼尽全力加以保护。同理，领导者具有"慈爱"之心，士卒才能奋勇杀敌，一往无前。"夫慈，以战则胜，以守则固。天将建之，如以慈垣之。"② 在老子眼中，天地万物是平等的，没有亲疏贵贱之分。"慈"与"道"一样，是没有指向性的，即不是为了谁而慈。道家"慈"是发自内心、没有区别的爱，不仅涵盖了亲人、黎民百姓，也包含了天地万物。进而，《道德经》把"慈"作为三葆之首。"我恒有三葆，持而宝之。一曰慈，二曰俭，三曰不敢为天下先。"③

如何慈爱百姓？一要"上善"。道家的"上善"无私欲、纯任自然、与道合一。"上善如水。水善，利万物而有静，居众人之所恶，故几于道矣。居善地，心善渊，予善天，言善信，正善治，事善能，动善时。夫唯不争，故无尤。"④ 老子所说的水之德，即"利

---

① 〔春秋〕李耳著，梁海明译注：《老子》，太原：山西古籍出版社2001年版，第124页。

② 同上，第124页。

③ 同上，第124页。

④ 同上，第14页。

万物而有静"。① 人与人交往应真诚相爱，尽其所能贡献自己的力量去帮助别人，但却不和别人争功、争名、争利。"和大怨，必有余怨，焉可以为善。"② 即使与人结怨，"善者善之，不善者亦善之，德善也"。③ 把个人的得失、荣辱、恩怨置之度外，"大小，多少，报怨以德"。④ 别人做了有损于我的事，不但不计较、不报复，反而以德相报，从而把怨隙消解于萌芽之中，达到"上善"境界。二要"无心"。"圣人恒无心，以百姓之心为心。"⑤ 依老子看来，天地间的一切事物，都是依自身之"道"而生生灭灭，并不因人之好恶感情或人的目的意图而改变规律。爱，就是遵循其自身之"道"，任他自然发展。因此，懂得"道"的人治国要以百姓的利益为重，急民之所急，爱民之所爱，乐民之所乐，好民之所好，恶民之所恶。如果领导不关心民之疾苦，把自己的富足建立在百姓穷困痛苦的基础之上，那就是与民对立，必然引起人民的反抗。正如《老子》中所言，"人之饥也，以其上食税之多也，是以饥。百姓之不治也，以其上之有以为也，是以不治。民之轻死也，以其求生之厚也，是以轻死"。⑥ 将这种"上善"、"无心"的慈爱之心推广于天下万物，则人、物因能各尽其用而实现"无弃人，物无弃物"，⑦ 达致"天人合一"的理想境界。

---

　　① 〔春秋〕李耳著，梁海明译注：《老子》，太原：山西古籍出版社 2001 年版，第 14 页。
　　② 同上，第 145 页。
　　③ 同上，第 88 页。
　　④ 同上，第 113 页。
　　⑤ 同上，第 88 页。
　　⑥ 同上，第 137 页。
　　⑦ 同上，第 47 页。

（三）墨家的"兼爱"

墨家反对儒家分亲疏、分等差、分厚薄、由近及远的"仁爱之道"。为克服"仁爱"之弊，墨家提出了超越封建宗法血缘关系、超越封建社会等级阶层的"兼爱"。墨子认为，有差别的爱正是造成天下之人不相爱的根本原因所在。"虽父之不慈子，兄之不慈弟，君之不慈臣，此亦天下之所谓乱也。父自爱也，不爱子，故亏子而自利。兄自爱也，不爱弟，故亏弟而自利。君自爱也，不爱臣，故亏臣而自利。是何也？皆起不相爱。……天下之乱物，具此而已矣。察此何自起？皆起不相爱。"① 进而，墨子极力提倡一种爱无差等的"兼爱"，要求人们抛弃血缘和等级差别的观念，爱人如己，"视人之国若视其国，视人之家若视其家，视人之身若视其身"，② 以此达到"国与国不相攻，家与家不相乱，盗贼无有，君臣父子皆能孝慈"③ 的良好局面。"是故诸侯相爱，则不野战；家主相爱，则不相篡；人与人相爱，则不相贼；君臣相爱，则惠忠；父子相爱，则慈孝；兄弟相爱，则和调。天下之人皆相爱，强不执弱，众不劫寡，富不侮贫，贵不敖贱，诈不欺愚。凡天下祸篡怨恨可使毋起者，以相爱生也，是以仁者誉之。"④ "兼爱"不分血缘的亲疏远近、身份的贵贱高低，"为彼者由为己也"，⑤ 视他人如自己，爱他人如爱自己，以"兼"的平等之爱代替"别"的差别之爱，弥平争端，实现国治民安的理想。

---

① 王焕镳撰：《墨子集诂（上）》，上海：上海古籍出版社 2005 年版，第 302 - 303 页。

② 同上，第 311 页。

③ 同上，第 305 页。

④ 同上，第 311 - 312 页。

⑤ 同上，第 349 页。

　　墨子既不片面宣传自爱自利，也不断然否定自爱自利。墨子认为，"不相爱"是由人的私心引起的，而"私心"是人的本能，只能采取"满足需要"的方式来解决。正所谓"兼相爱、交相利"。[①]要使人们能够"兼相爱"，就必须给人民以实际的物质利益，解决人民迫切的生活问题，做到"有力者疾以助人，有财者勉以分人，有道者劝以教人，若此，则饥者得食，寒者得衣，乱者得治"。[②]一旦将利与爱联系起来，使利成为爱的助力、佐证而不是独立面，那么利就获得了非同寻常的意味。爱必言利，以爱启利，以利寓爱，爱利统一，构成一个有机整体。"夫爱人者人必从而爱之，利人者人必从而利之；恶人者人必从而害之，害人者人必从而害之。"[③]在爱意融融的相互义务性关系中，天下才能实现和谐、富足。是故，兼爱互利是为治之道。

　　墨家的"兼爱"超越亲情血缘的限制，是对人类的普遍平等之爱。借由人与人之间的互动性，实现互爱互利之境界。值得指出的是，虽然墨子所主张的"兼爱"是相互的，也是利他的，但并非一定期待得到利于自己的回报。正所谓"爱人非为誉也"，[④]"文王之兼爱天下之博大也。譬如日月兼照天下之无有私也"。[⑤]这种无功利之"兼爱"犹如日月之光普照大地，而不奢望从中获得任何私利，这正是人生的最高道德理想。

（四）佛教的"慈悲"

　　"慈悲"是佛教思想的核心概念，也是佛教修行的最高境界。

①　王焕镳撰：《墨子集诂（上）》，上海：上海古籍出版社2005年版，第324页。
②　同上，第206页。
③　同上，第314页。
④　苏凤捷、程梅花注说：《墨子》，开封：河南大学出版社2008年版，第343页。
⑤　王焕镳撰：《墨子集诂（上）》，上海：上海古籍出版社2005年版，第369页。

《观无量寿佛经》中说，诸佛心者，大慈悲是。《大智度论》卷二十七说，慈悲是佛道之根本。慈，意为慈爱众生，给予他们快乐；悲，意为对众生之苦感同身受，并积极救济，拔除其苦。大慈与一切众生乐，大悲拔一切众生苦；大慈以喜乐因缘与众生，大悲以离苦因缘与众生。人若祛除对自我的贪著，"无我之爱"就是真正充满慈悲，不求回报的"真爱"。

佛教认为，人生的本质是苦，人恒处于苦海之中。而慈悲是对众生整体存在状态——"苦"的深切关怀，是诸佛菩萨共同具有的特性。慈悲乃内在于人心之中，是人性本有之德性。一切众生都有佛性，一切众生也都有慈悲心。对众生之苦的体认越深，慈悲心就越广大。佛教慈悲超越了人类中心主义，遍及人和所有的生物，凸显对一切有生命无生命物质的深切关怀。在佛教看来，我执乃一切衰损之门，而破除我执最好的方法，就是珍爱他人，关注他人，凡事以他人为重。放下自我之欲，灭除自我之恋，破除自我之执，设身处地为他人着想，对他人的苦难生起深切的悲悯之情，将己有布施于他人，而不带有任何利己动机，不求世间的名闻利养，不存有任何执著贪爱。如此而思而行，慈悲心自然会油然而生。布施是慈悲精神的具体展现，是减少烦恼与贪欲、利益他人生命的最佳途径。一般说来，布施分为财物布施、法布施与无畏布施三种类型。财物布施，就是用自己的财物救济他人。法布施，就是用自己的所学增长他人智慧，令人生悟。无畏布施，就是在他人危难的时刻，帮助与鼓励他人，解决他人的身心痛苦。在"无我"和"利他"的布施中，佛教主张一切众生平等，自发地拨人之苦，自觉地与人快乐，心无所悔，无有所求。

在中华文明发展的历史长河之中，"爱"发挥着巨大的作用。

儒、道、墨、佛家在"爱"的人性基础、修养方式和政治思想诸方面既存在着共同点，又有各自独特之处。儒家的"仁"爱由"亲亲"之爱逐渐充盈拓展到"泛爱众"，达至"四海之内皆兄弟"的"大公无私"之境界。道家的"慈"爱不仅涵盖亲人、黎民百姓，也包含天地万物。墨家的"兼爱"是一种爱无差等之爱，在以爱启利，以利寓爱的关系中实现天下和谐、富足。佛教的"慈悲"以解脱众生为根本宗旨，凸显了佛教对一切有生命无生命物质的关怀。在"仁"爱、"慈"爱、"兼爱"与"慈悲"之中，"爱"的指向和修养方式可能有所差异，但是他们都注重在人与人之间营造相互关怀、相互理解、相互同情的利他精神氛围。利他的精神氛围，正是一种可贵的正向精神能量，有助于促使组织、社会乃至国家走向繁荣昌盛。

三、中西方文化"爱"思想的评述

在爱的理论方面，从中国传统文化的"仁"爱、"慈"爱和"兼爱"到西方亚里士多德的"友爱"、基督教的博爱，对于爱的性质、爱的动力和爱的范围等方面的认识各有其不同之处。

首先，爱的性质不同。中西文化中爱的区别之一在于，一者是属人的，一者是属神的。以中国儒家"仁"爱为例，"仁"爱建立在血缘亲情基础之上，强调"仁者，人也，亲亲为大"。[1]"爱"源于身边最亲近的人，亲疏有别，爱幼差等，这是一种人与人的现实之"爱"。在儒家看来，"仁"爱作为大本大源的情感，是身心统一的渊源所在，与神的人格无关。而西方传统文化则无不体现着基督

---

① 〔宋〕朱熹撰，金良年今译：《四书章句集注（上）》，上海：上海古籍出版社2008年版，第36页。

教精神的浸润，所有的世俗之"爱"都被吸收到上帝之爱中，这是一种超越之"爱"。西方人的爱首先是对至善的、对上帝的爱，即超越性质的爱，然后才是人与人的爱。基督教的爱不是由人自己发出的，它是上帝赋予人的一种恩赐。人类的"爱"与人对上帝或上帝对人的"爱"紧密相连，水平方向的"爱"有赖于垂直方向的"爱"。亲爱、友爱及情爱都统一到圣爱之中，并尽可能减少爱的世俗性，甚至在相当长的一段时间排斥男女之间情爱的合理性。没有上帝对人类的启示与恩赐，人不能通过自身能力意识到爱，也不可能去实践爱。爱是由神性灌注到人心，通过回应，爱才能在人那里获得自己的表现形式。

其次，爱的动力不同。有些爱的理论强调超功利之爱，比如，儒家的"仁"爱、道教的"慈"爱、基督教的"博爱"等。以道家的"慈"爱为例。"慈"爱是一种不分亲疏的普遍之爱。"慈"爱强调爱的内在自觉性，只考虑自己应该如何爱人，而不考虑自己的道德行为会对自己产生什么功利性的影响。能否爱人，关键在于"上善"、"无心"，并将这种"慈"爱之心推广于天下万物。与此同时，有些爱的理论则认同功利之爱。譬如，墨子从功利着眼，提出爱是出于"兴天下之利，除天下之害"的目的。人讲道德是因为有道德的人可以而且必定会获得福禄，反之，缺德的人则必会遭到灾祸。可见，墨子的"兼爱"建立在对人类"互报"本性的把握，依靠于外在的强制力量来约束人的行为，实现爱人。

最后，爱的范围不同。有些爱的理论强调"爱"并非面向所有人，而是一种有等级、有差别之爱。以亚里士多德的友爱为例：一是亚里士多德的友爱不包括没有公民权的希腊人（奴隶）和异邦人。当时社会人们认为，奴隶和异邦人只是主人的劳动工具，而没有

"作为人"的那种关系。二是亚里士多德的友爱不包括一些病弱者。有疾病的人、穷人及下等人在希望具有公民身份的人眼中不配拥有爱。三是亚里士多德的友爱也不包括敌人。可见，受时代背景限制，亚里士多德的友爱并非面向所有希腊人。相反，还有些爱的理论则强调爱的博大和宽广，比如：西方的基督之爱，中国道家的"慈"爱、墨家的"兼爱"、佛教的"慈悲"等。以"慈悲"为例，"慈悲"是佛教修行的最高境界。慈悲超越人类中心主义，遍及人和所有生物，凸显了对一切有生命无生命物质的深切关怀。人们不因一个人的外在条件，比如，身份、地位、经济的优劣，而选择一些人或者放弃另一些人。无论性别男女、无论健康与否，无论财富多少、地位高低，都是爱的对象。在这种博大而宽广的爱之中，给予超越了自己的亲人、朋友、伙伴、陌生人乃至自然界中万事万物。正是这种神圣的、不计较个人利害得失的慈悲，使得爱的思想超越了众多世俗之爱。

当然，不可否认的是，西方思想者所论述的"爱"与中国传统文化中的"仁"爱、"慈"爱、"兼爱"、"慈悲"思想之间也有着异曲同工之妙。东西方哲人对"爱"的意义、内涵等问题上的认识具有相通之处。人们都认为，"爱"是人不可或缺的美好情感，是人类灵魂的家园，是人类孜孜以求的伟大理想。此时，"爱"已超越于日常生活中人们所理解的生理上的性爱或者动物式的爱，而是一种人类所特有的爱，不仅爱自己、爱亲人，还爱朋友、爱社会乃至爱宇宙万物。爱是双方保持独立和完整性基础之上的相互结合，是人类对自身及其生存世界普遍关怀的思想情操及行为。

第二节　灵性领导关爱的内涵与意义

一、灵性领导关爱的内涵与特征

灵性领导的关爱不以血缘、乡情、仁爱之心为前提，自觉地把自己最宝贵的东西、一切有生命力的东西给予他人，共同感受"爱"的愉悦，共同分享欢乐与兴趣、幽默与悲伤。具体而言，灵性领导的关爱具有如下特征：

（一）灵性领导的关爱具有普遍性

局部的、短浅的、狭隘的爱并不能反映灵性领导关爱的本质。灵性领导的关爱是广博的、全面的、共性的。正如弗罗姆所说的，"爱并不是同一个具体的人的一种关系；它是一种态度、一种性格特征的倾向性。它所决定的是一个人同世界整个的密切性，而不是一个人同一个爱的'对象'的密切性。如果一个人仅仅爱对方一个人，对其他的同伴漠不关心，那么，他的爱并不是一种爱，而只是一种共生性的依恋，或者是一种扩大了的自我主义"。① 灵性领导的关爱不以血缘、乡情为前提，不以人的仁爱之心为前提，而是充盈着慷慨、仁慈和自我牺牲的精神，对人们付出自己的善与爱，不求任何回报。灵性领导的关爱也不依赖、取决或指向于组织成员身上的某种品质，当组织成员具有这些品质时，领导"爱"他们；若没有具备这些品质，领导则不"爱"他们。依赖于某种品质的关爱可能"堕落"为对组织成员的操纵与控制，而组织成员便成了"爱"的

---

① 〔美〕埃·弗罗姆著：《爱的艺术》，康革尔译，北京：华夏出版社1987年版，第40页。

奴隶。这样的关爱是占有式的关爱，而非真正的关爱。灵性领导的关爱不随机而生，也不随遇而迁，不因个人的好恶与情境的变化而变化，也不为组织成员的情绪所左右，持之以恒地体现于领导过程的各个环节之中。即使面对不喜欢（甚至讨厌）的人，灵性领导也能表现出真正而非虚假的关爱。灵性领导的关爱是一种普遍之爱，是"保持一个人的完满性和一个人的个性的条件下的结合"，"使人克服寂寞感和孤独感"，但又"允许人有自己的个性，允许人保持自己的完满性"。① 普遍性的关爱来自于对事业的充分认同，来自于对组织成员的充分热爱，它使灵性领导时时具有坚定的信念与充沛的精力，处处保持睿智的目光与冷静的头脑，从而能恰当处理各种事件，妥善解决领导过程中出现的任何难题。

（二）灵性领导的关爱具有主动性

灵性领导的关爱是主动的爱，"己先爱人，然后得报"，"必吾先从事乎爱利人之亲，然后人报我以爱利吾亲也！"② 马克思在《1844年经济学—哲学手稿》中曾经谈到，"假定人就是人，而人跟世界的关系是一种合乎人性的关系；那么，你就只能用爱来交换爱，只能用信任来交换信任，等等。"③ 这就是说，你要别人爱，就得主动给别人爱，即你要被爱，就得主动施爱。马克思接着说："如果你的爱没有引起对方的爱，也就是说，如果你的爱作为爱没有造就出爱，如果你作为爱者用自己的生命表现没有使自己成为被爱者，那么，

---

① 〔美〕埃·弗罗姆著：《爱的艺术》，康革尔译，北京：华夏出版社1987年版，第17页。

② 王焕镳撰：《墨子集诂（上）》，上海：上海古籍出版社2005年版，第379页。

③ 马克思著，刘丕坤译：《1844年经济学—哲学手稿》，北京：人民出版社1979年版，第108页。

你的爱就是无力的，而这种爱就是不幸。"① 灵性领导的关爱永远不是强制的产物，而是自由自觉中发挥灵魂力量的内在要素，是主动积极地追求受爱人发展与幸福的过程。

（三）灵性领导的关爱具有无私性

爱不是获得，而是主动、无私地给予，如同母亲给孩子的爱，是不图回报的爱，是伟大之爱、纯洁之爱。灵性领导的关爱并非是因为发现了组织成员的某种价值或是因为这些价值才去关爱。如果领导抱着某种目的去爱组织成员，或把组织成员视为私人的财产，或将组织成员视为卑微自我的延续、实现自我野心的工具，那么领导建造的是一个追逐自我利益的、远离关爱的社会环境和结构。灵性领导的关爱是纯洁的、无条件的，是精神人格的自发自然的流溢，它并不要求组织成员任何回应。西方学者特拉泽尔认为，爱意味着同情感与献身精神。② 弗罗姆也认为，"给予"并非是"放弃"某些东西、失去某些东西、牺牲某些东西，"给予是潜能最高表现……给予要比索取和接纳快乐，这并不是因为它是某种东西的丧失，而是我的活力在给予的行为中表现出来"。③ "给予最重要的意义并不在于物质方面，而尤其在于人性方面。"④ 在关爱中，灵性领导与组织成员超越世俗的"得与失"，彼此同为主体或者融为一体，自觉地把自己最宝贵的东西、一切有生命力的东西给予他人，共同感受"爱"

---

① 马克思著，刘丕坤译：《1844 年经济学—哲学手稿》，北京：人民出版社 1979年版，第 108 页。

② 王毓珣："关于教育爱的理性思索"，载《中国教育学刊》2001 年第 4 期，第 20－23 页。

③ 〔美〕埃·弗罗姆著：《爱的艺术》，康革尔译，北京：华夏出版社 1987 年版，第 19 页。

④ 同上，第 20 页。

的愉悦，共同分享欢乐与兴趣、幽默与悲伤。

灵性领导的关爱是重新构建领导—组织成员关系的立足点，是组织成员精神成长的沃土，是组织发展的灵魂和核心。在一定意义上，领导过程不仅是达成组织目标的过程，还是组织成员成长的过程，更是领导—组织成员情感交流、心灵碰撞的过程。出于对组织成员生命的无限关怀与憧憬，出于对组织成员生命终极价值的热切追求，灵性领导对组织成员倾注满腔热情，敏锐地体察组织成员的情感变化，激励、唤醒和鼓舞着组织成员，把智慧和光明送入组织成员的心灵，照亮组织成员的人生道路。

二、灵性领导关爱的意义

（一）现代人关爱的缺失

城市工业文明给人们带来了物质生活的极大丰富，与此同时也提供了一种涣散和浮躁的生活方式，诱发了人与人之间的情感疏离。在激烈的竞争之中，人们只关注对象的有用性，而排斥有牺牲气息的爱。人与人之间充满了警惕、戒备和敌对，爱却成了有碍获胜的累赘。"在我们这个时代，人与人之间的关系中找不到多少爱和恨，而表面的友好倒不少，……在这种表面现象的下面，却是距离与冷漠，以及较多的难以觉察的不信任。"[①] 人与人之间的距离越来越远，人与人之间的关怀越来越少，人与人之间日趋冷漠、虚伪和唯利，绝望、对抗和冷漠成为一种普遍的社会现象。人们走入了虚无的精神荒原，孤独感、恐惧感、失落感甚至绝望情绪有增无减。

缺失关爱的人们丧失了精神背靠，处处弥漫着怨恨的毒素。为

---

① 〔美〕埃里希·弗罗姆著：《健全的社会》，孙恺详译，贵阳：贵州人民出版社1994年版，第110页。

什么你拥有着财富、地位和名望，而我却不曾拥有？怨恨的情绪在内心深处猛烈地翻腾，这或是由于自己的体力衰弱，或是由于自己的精神懦弱，无法把这种负面情绪发泄而出，依然"强颜欢笑"，却将反感与敌意深藏于心底。这种怨恨情感具有感染性、传染性，一旦怨恨情绪成为组织的主导话语，那么"竞争制度"就成为这一组织的灵魂。每位组织成员所处的位置都会成为这场普遍角逐中的暂时起点，权力欲望或经济动机便成了现象上的体验单位，将个人的野心和动机引向无界限，进而扭曲人们的心灵和价值意识。与这种谋求、占有和获得的欲望相比，爱恰恰是最无力的。它的作用总是不可见的、隐秘难测的，爱的天性被一些负向物质（物欲的膨胀、自我意识的扩张、狭隘、残忍等）所遮蔽。

（二）人类生活呼唤着关爱

爱"是一种把隔离人及其同伴的大墙摧毁的力量，也是一种把一个人与其他人结合在一起的力量；爱使人克服寂寞感和孤独感，但爱允许人有自己的个性，允许人保持自己的完满性"。① 一个群体，其内部成员愈是相互关爱，这个群体就会愈加繁荣，就愈可能在群体间的竞争中获胜。人类在地球上生存至今并愈发显得卓尔不群，正是因为我们将爱作为关键的生物机制。没有爱，也就没有人类。爱的消失，也就意味着人类的消亡。从这个意义上讲，具有巨大生存和发展价值的"爱"是人类的一种本能，是人类生存的基础，是人类进化的原动力。

"对于人这种动物来说，爱的重要，远超于其他一切事物之上。对爱的渴求不但涵盖了我们作为个人的、生物意义上的和社会意义

---

① 〔美〕埃·弗罗姆著：《爱的艺术》，康革尔译，北京：华夏出版社1987年版，第17页。

上的需要，而且还涵盖了我们在精神意义上的需要。我们一旦拥有它，幸福感、完美感和勃勃生机感便会油然而生。无论在哪一方面，它使人生添色，使存在充满活力，使人性变得高尚，使生活更加充实，同时又使我们的心灵体味到人生的圆满。"① "无论从长期还是短期看，人类更强烈的推动力可以是——并且一般是——对别人的态度和爱。"② "爱是生命的支柱。爱得热烈，生命力就会增强，生活就有了价值；爱一旦消失，人们就会感到绝望。"③ 一旦进入爱的价值中，人类就能消除生活中的自私、狭隘、仇恨、不义、纷争、暴力等各种痛苦、焦虑和疾病，人类就能摆脱精神的奴役状态，避免人与人之间的争斗、国家与国家之间的战争，获得和平、自由和幸福。

作为人身上微弱的火苗，关爱始终存在于人格核心的隐秘之处。真正的爱决不谋求任何占有和控制，决不谋求任何颂扬和利益，在默默无闻中引导人，给人指引道路，滋养着每个人的人格。虽然在日常生活中我们往往看不到爱的内在作用，但正因如此，爱对我们精神方向的指示和引导才是最内在、最深层的。爱往往可以深入到价值世界的各个领域，发现从未被人所知所感的价值，由此价值世界的未知领域向我们的精神之眼敞开。"对于爱的行为来说，这个行为更多是在我们价值把握中起着真正发现的作用……"④ 正如 Kelly

---

① 〔美〕安东尼·华尔士著：《爱的科学》，郭斌等译，北京：团结出版社 1999 年版，第 4 页。

② 〔美〕大卫·洛耶著：《爱的理论》，单继刚译，北京：社会科学文献出版社 2004 年版，第 233 页。

③ 〔日〕今道友信著：《关于爱和美的哲学思考》，王永丽等译，北京：生活·读书·新知三联书店 1997 年版，第 27 页。

④ 〔德〕马克斯·舍勒著：《伦理学中的形式主义与质料的价值伦理学：为一门伦理学人格主义奠基的新尝试（上册）》，倪梁康译，北京：三联书店 2004 年版，第 316－317 页。

所指出的，"爱是人类精神的先锋，推动人进入到世界本身，进入到可能的非实在的价值"。"爱让我们看到事物的本质，让我们看到事物之中的潜在价值。……爱具有特殊的认识论功能，在许多重要方面不同于作为认识行为的感受和偏好"。[①] 正是爱丰富和扩展了我们价值感受的范围和空间，改变了我们已有的、固定的、僵化的体验结构和精神气质。爱并不创造或者消灭任何价值，只是促使新的、更高的价值进入到我们可以感受的价值领域之中。只有我们爱得更多，我们感受到的价值才能更加丰富。而爱的缺少则意味着我们感受价值世界的停滞和精神人格的锐变。从这个意义上说，爱所到之处使一切都焕然一新，爱在价值领域中的探索永远没有止境。

（三）关爱是灵性领导的重要职责之一

关爱是建立在个体平等独立、自尊自爱基础之上人与人之间的和睦相融。在这个排斥爱的时代，负荷沉重的工作压力转变为一种冷漠的态度，也失去对人应有的慈悲与宽容之心。人与人的关系被蒙上一层利益主义的神秘面纱，领导与组织成员之间更多的是一种交换关系，领导—组织成员关系的精神实质被严重扭曲。一定程度上，组织成员不是领导关爱的对象，而是领导谋取、实现自身利益的工具。在领导实践中，组织成员感受到的不是爱和承认，而是身心的控制与折磨、本性的压制与扭曲，处于矛盾冲突以及分裂状态之中的组织成员常常陷于孤独、焦虑、渺小和无能为力感之中。

领导过程是心与心的呼应，是爱的共鸣过程。关爱，让灵性领导消除固着或是预设的倾向，使自己从自我中心的状态之中解放出来，变得更为柔软，更为慈悲。在倾听组织成员的过程中，灵性领

---

① Eugene Kelly (1997). Structure and Diversity: Study of Phenomenological Philosophy of Max Scheler, Kluwer Academic Publishers.

导关注组织成员的存在与权利，承认组织成员也是在大地上奔波、忙碌、追求幸福、确证自己的价值、实现自己的人生意义、创造自己"人格自我"的活生生的人。每位组织成员都具有区别于其他组织成员的个性品质和人格特征，都具有至高无上的内在价值和独立尊严。人之可贵，就在于他不同于别人，而拥有自己的个性。每个人的生活都是不可替代的，其生活价值也同样具有不可替代性。"成为我自己"是每位组织成员不可让渡的权利，任何人都没有权利把他人视为实现自己目的的工具。在有意无意中，灵性领导对组织成员的关爱，不仅可以唤起组织成员对灵性领导的关爱，还可促进组织成员体察他人需要、给予他人关怀，在组织成员心中衍生一种温暖人心、唤起生命的爱的能力，从而建立自我与他人、与社会、与自然的良好关系。换句话说，每种爱的行为都会引发被爱方爱的回应，爱的行为相互激荡，进而影响周边其他人，激发他人内心深处隐藏着的爱，如此类推，形成一个由爱的涟漪连缀而成的爱的共同体。在关爱的示范效应下，组织融入信任、尊重、宽容与利他的元素，并将这种元素渗入到每位组织成员的心灵世界，支配每位组织成员的行为。"我们的任务，就是通过扩展我们的慈悲心的范围，使之包容所有的生命，包容整个大自然及其内在之美。"①

沉浸于关爱情绪之中的组织成员在被爱中敞开内心的情感，滋养出生而具有的关爱之情，将关爱过程中的每一次情感回应，累积为我们关爱自己、关爱别人的内在力量。当关爱的动力来自于情感的召唤，其实践动力则来自于情感的相通，而不是规则的遵循。在全然信任、全然托付和全然需要之中，灵性领导突破任何把组织成员

① 〔美〕彼德·圣吉等著：《第五项修炼·心灵篇》，张成林译，北京：中信出版社 2010 年版，第 181－182 页。

区隔开来的藩篱，培育充盈阳光、温馨和浪漫的积极情感能量，组织成员在人格上相互尊重，在感情上相互依赖，在工作上相互支持，在发展机会上相互兼顾，进而满足组织成员的情感需求，激发组织成员的生命潜能，提升组织成员的生命效能。此时，人人都是组织中的关键角色，都可能是领导者，也可能是被领导者，不同部门、不同成员之间相互支持和协助，从而使领导的本质更具意义感和价值感，更具人性化和伦理性。在充满意义感和价值感的双向交流过程之中，灵性领导超越功利、超越世俗，直面人生中的痛苦、挫折与磨炼，展现出无私而稳定的领导爱，编织组织的关爱网络，形成人与人合作统一的巨大力量，与自己、他人、环境和宇宙和谐共融。当关爱成为组织信仰的时候，当组织成员对爱拥有虔诚之意时，即便面临最严重的困难、最危险的境地，关爱都将帮助组织成员共同平安度过。

第三节　灵性领导的关爱修炼之路

灵性领导的关爱是一种稳定、普遍、主动的爱，其过程是一个由自发到自觉的复杂过程。灵性领导将关爱洒向所有的组织成员，没有任何牵绊，没有任何强迫，也没有任何条件，尊重对方的个性，宽容对方的过错，给予对方成长、快乐和幸福的空间。

一、尊重是灵性领导关爱的基石

尊重（respect）的字根原是 specere，意思是"观看"。尊重的原意是"回头看，再看；或是以不同方式看"。[1] 尊重，意味着客观

---

① 〔美〕保罗·费里尼著：《宽恕就是爱》，周玲莹、若水合译，北京：中国友谊出版公司 2009 年版，第 68 页。

地观察一个人，并意识到他的独特个性，并让对方任其天性地自由成长和顺利发展，而不怀有任何为我服务的目的。被尊重是人类最基本的心理需求。缺乏尊重，灵性领导的关爱就蜕变为支配、占有。灵性领导深谙此理，高扬以人为本的价值理性，将组织成员视为独立的个体，尊重每位组织成员的个性，尊重每位组织成员的思维，尊重每位组织成员的选择，进而唤醒组织成员对自身创造的自觉意识，构建丰富的精神世界。

（一）灵性领导关注组织成员

关注与尊重密不可分。如果不关注一个人，不可能言及尊重一个人。倘若尊重没有关注作为先导，这种尊重亦是盲目而空洞的。灵性领导的关注并非停留在对表面现象的关注之上，而是深入事物内部、探索人类灵魂的秘密，探索人最深层的"属于人自己"的内在本质。

体现关注的最常见、最重要方式之一，就是"倾听"。灵性领导抛弃所有的成见，精神贯注地倾听着组织成员的言说，全身心地为其投入与奉献全部的智慧和力量。在专注的倾听之中，灵性领导不断思考着，"他（她）正在做什么"、"他（她）需要什么"。"当我关注对方时，非常重要的一点是：我变成了二位一体的人。我通过双方的眼睛观察，通过双方的耳朵聆听，站在双方的立场上感受痛苦"。①"此人不再是他或她，不只是他们或她们的一个样本，不只是世界的时空网格中的一个结点，也不是一个可以预期并准确描述的物体，或者可以明确说出的若干素质的拼合物。他是独特的、连

---

① Nel. Noddings（2002）. Starting at Home：Caring and Social Policy. Berkeley，University of California Press.

续的，他是充满苍穹的那个你。"①

在真挚细微、深思熟虑的关注之中，灵性领导忘却自我，自愿敞开，主动开放，勇敢承认自己的弱点，适时展露人性的真实面，用一颗柔软、接纳和宽广的胸怀拥抱每位组织成员，站在组织成员的立场上深入倾听组织成员内心的焦虑、恐惧、耻辱和慌乱，敏锐地观察对方的需求与欲望、情绪与情感、思想与观念，设身处地地去同情与理解，感受这些感情和感受的相互作用及其对我们行为的影响。灵性领导将组织成员当作有血、有肉、有感情的人来对待，关注对方的尊严与价值，关注其独特的生命体验和生命需要，关注其发展过程中的困惑和选择，遇到不平时义愤填膺，遭遇失败时沮丧无助，受到不合理时据理力争，在丰富而深藏的内心世界中更清晰、更深层地了解组织成员。进而，组织成员逐渐理解领导的意图、动机和情感，体会灵性领导对他的浓浓爱意，也把领导作为一个与他同样具有个性、情感的真实人来关注。

（二）灵性领导接纳组织成员

灵性领导的关爱是一种完全且充分的接纳，接纳组织成员独特的生命体验和生命需要。唯有放下批判，放下控制，接纳自我，接纳他人，心灵才得以开放，内心才更为慈悲，关爱才会在内心无障碍地自由流动，如同潮水般地涌入生命之舞。

在领导实践中，如果组织成员获得领导的接纳，他就会形成积极的情绪，精神振奋。相反，如果组织成员经常遭受领导的蔑视，他就会情感暗淡，精神颓废，逐渐走向对领导的敌意，抗拒到底，甚至产生报复组织的念头。灵性领导深谙此理，悉心挖掘组织成员

---

① Martin Buber (1970). I and Thou. Trans: Walter Kaufmann. New York: Charles Scribner's Sons .

现有"视域"的前提和基础，真心接纳每位组织成员的"基础"或"前见"，以帮助他们不断完善他现有的"视域"。在灵性领导的眼中，每位组织成员都是一个特殊的个体，都具有"不可还原"性，都是不可重复的"这一个"，而永远不能归结为"这一类"或"这一堆"。"每个人的生命（灵魂）是独一无二、不可重复的，本身就具有不可替代的价值，必须予以尊重。每个人都有责任也有权力实现自己的个性和人生价值。"① 正是人的个性，使得每位组织成员成了"亘古未有，万世之后也不能再遇"的独一无二的存在，而每位组织成员的生命价值也在此之中得以确证。个体的独特性和丰富性是人类存在意义的本质要素，也是世界存在和发展的基本条件。

进而，灵性领导时刻保持一种清醒的态度，不夹杂丝毫的主观情感，不以个人好恶剪裁他人、规约他人、统摄他人，不简单将自己的价值和期待强迫在组织成员身上，而仅仅是为一个个特立独行、千差万别的生命存在和发展提供一个空间，一片培育的土壤。在肯定自我生命尊严与价值的同时，灵性领导承认每位组织成员都是大千世界的一道亮丽风景，承认每位组织成员都有其独特的生命价值和意义，承认每位组织成员生命个体的唯一性和珍贵性，而不论他的性别、个性与行为，不论他的对错、优劣与善恶，不论其才华出众还是能力平庸，不论其高贵典雅还是猥琐低俗，不论其机敏聪慧还是迟钝愚笨。灵性领导绝不要求组织成员牺牲"自我"、失掉"自我"，不为组织成员设置太多条条框框的束缚，不贸然打断组织成员的"答非所问"，不训斥组织成员不如己意的思想与行为，而将组织成员视为能动、独特的个体，尊重成员作为一个生命整体的发展需

---

① 周国平：《安静》，太原：北岳文艺出版社 2002 年版，第 344 页。

求，鼓励组织成员质疑问难，允许组织成员"别出心裁"、"标新立异"，从各个不同角度发现新问题，提出新问题，以一种开放、亲切和包容的心态聆听成员的倾诉。在宽松和谐、合作民主的组织氛围中，灵性领导以非压制、强迫性的方式充分发挥组织成员的积极性、主动性和创造性，调动组织成员对于工作和生活的热情，进而心灵得以敞开，热情得以激发，灵性得以提升。

灵性领导呵护组织成员主体性中最珍贵的要素：自尊感和尊严感，让关注和接纳充斥于每位组织成员的内心世界，影响每位组织成员的深层意志，渗入领导过程的每个细节，接纳组织成员的独特性，鼓励组织成员的异己思维，促进组织成员个性的张扬，激发组织成员内在的潜能，进而消除心灵隔阂，追逐共同理想。在这个过程中，组织成员将紧绷病态转变成轻松自如，由闭塞转变为开放，由不信任转变为信任，由"防御"转变为"接纳"，将"排斥"转变成"包容"，泰然地散发着内在的平和气息，自然地流露彼此的融洽，削减意志与生命感觉的对抗，感受生命潜能的洋溢，体会内在生命的愉悦，共同迈向未知的世界。

二、宽容是灵性领导关爱的精髓

宽容是一种基于人与世界多样性、真理相对性之上的理性生活态度、行为方式和人生观，体现着"大智若愚"的恬静、洒脱与自由，彰显着生命的成熟、坚强与自信。"个人的不宽容，它会导致集体内部分裂，其危害性远胜麻疹、天花和饶舌妇人的危害总和。"[①]而"'宽容'这个词自古就是一个奢侈品，只有智慧超常的人才会购

---

① 〔美〕亨德里克·威廉·房龙著：《宽容》，姚伟编译，武汉：武汉出版社2009年版，第95页。

买，与那些思想狭隘的同时代人相比，他们的思想更为开明，眼光更为远大，甚至看到了人类发展的广阔前景。"① 灵性领导就是这智慧超常人群中的一员。灵性领导深知，生命中的事情，都是中性的，无所谓正与负，好与坏，一切都依赖于你如何诠释。进而，灵性领导无条件地宽容着组织成员，容人之异、容人之短、容人之功，引导组织成员开放自我，超越自我。

（一）灵性领导容人之异

每个个体的家庭背景、工作经历、个性特征和思想基础等都存在着差异，引致每个个体都有着不同的"先见"，对同一现象存有不同的理解。即使生活在同一家庭的人们，他们的价值观念、生活方式、价值选择也不可能是绝对同一的。每个人都有着初始的独特性，在出生之时就带入了这个世界。有的深沉如老井，有的清淡如绿茶，有的幽默如开心果，有的浓烈如陈年佳酿。价值差异性、多样性是客观存在并且是无法避免的。"人作为'人'，本来就是多向性、多义性、多面性乃至多态性的矛盾存在。"② 人总是生活在高尚与凡俗、崇高与卑微、正确与谬误、智慧与愚蠢、高雅与庸俗、坚强与软弱的矛盾之中。正因人的差异性和多样性，才引致了世界的丰富多彩，生命的充实丰富，人生的意义与价值。承认世界的差异性、多样性，洞烛人性的歧义性、复杂性和矛盾性是宽容的精神内涵之一。

虽然异己者不同的信仰、思想、行动及存在会让人们感到不安和恐慌，但灵性领导深知，"人类知识在任何时候都是有限的，再智

① 〔美〕亨德里克·威廉·旁龙著：《宽容》，姚伟编译，武汉：武汉出版社2009年版，第241－242页。
② 高清海著：《人就是"人"》，沈阳：辽宁人民出版社2001年版，第32页。

慧的人亦无权垄断真理，宽容是我们惟一的选择。"① "一个人之能够多少行近于知道一个题目的全部，其唯一途径只是聆听各种不同意见的人们关于它的说法，并研究各种不同心性对于它的观察方法。"② 不宽容地压制、制止不同的声音、不同的意见，就会阻塞通往真理的道路。"在每一个可能有不同意见的题目上，真理却像是摆在一架天秤上，要靠两组互相冲突的理由来较量。"③ 进而，灵性领导反对高高在上的压制，反对盛气凌人的指责，拒绝颐指气使的独白，拒斥唯我独尊的专横，呼唤和平共处的自由，企盼真诚相待的理解，期望平心静气的沟通，诉诸心平气和的交流。灵性领导不唯自己的"视界"独尊，而是给予组织成员的"视界"正常存在。组织成员"视界"的形成，有他自己的经历经验、情绪情感的基础，每个人都有平等选择和追求价值的权利和责任。灵性领导以开放、接受的态度对待差异之美，勇敢地面对它，同情地理解它，甚至最终接受它、欣赏它，给不同的观点、不同的信念、不同的价值追求、不同的人生目标留有自由的空间。在希望自己利益得以兑现、价值观得以伸张的同时，也承认他人的利益追求与价值观的合理性；在自己的意见得以表达的同时，也能坐下来听听不同的声音。这正如松下幸之助所谈到的，"得到和自己心意相投的人相助，当然是件值得欣慰的事；相反，如遇见观念作风和自己格格不入的人，却也无须懊恼。一般说来，在 10 个部属中，总有两个和我们非常投缘的；六七个见风转舵，顺从大势的；当然也难免有一两个抱着反对态度

---

① 邹吉忠："现代宽容及其合理性探究"，载《社会科学辑刊》1999 年第 2 期，第 14－20 页。

② 〔英〕约翰·密尔著：《论自由》，许宝骙译，北京：商务印书馆 1959 年版，第 21 页。

③ 同上，第 38 页。

的。也许有人认为部属中有持反对意见的，会影响到业务的发展。但在我看来，这是多虑的。适度地容纳不同的观点，反而能促进工作更顺利地进行"。①

在"我"和"你"的平等对话中，灵性领导打破"小我"的一己之见，认可组织成员的多元认知方式，容许组织成员有行动和判断的自由，对不同于自己或传统观点的见解有着耐心而公正的容忍，不武断地排斥、否定甚至是压制组织成员的思想与意见，不偏执地独霸话语权、压制别人言说和发表意见的权利。灵性领导创造思想和言论的"自由市场"，宽容地让每一个人自由地畅谈与倾听、自由地思想与做梦，让各种灵感和思想平等交流，让各种意见和见解自由辩论，允许缄默的声音去说出与多数话语相反的原则与观点。自由的交流，使谬误得以澄清；异见的碰撞，使真理逐渐澄明。在宽松的氛围中，灵性领导承认每位组织成员的生命独特性，组织成员亦通过自由思考和独立判断逐渐建立个人的人生信念。

（二）灵性领导容人之短

每个个体或多或少都带有些人性的弱点，人也难以一辈子都一帆风顺，即便是在最熟悉的领域，有时也不免会遇到一些挫折和麻烦。处于成长过程中的组织成员，在某些场合下可能会暴露出某些人性的弱点，这可以理解。人类永远走在从无知到有所知，从知之不多到知之较多的途中，永远走在"求真"、"向善"和"达美"的途中。天地苍茫，谁能穷尽宇宙的真谛？人心微微，谁能参透生命的禅机？人类的认识具有"可错"与"有限"的本性，任何人都不是"绝对真理"、"至善道德"的拥有者。绝对的真理只可能在"彼

---

① 潘竞贤、周来阳编著：《松下幸之助管理日志》，中信出版社 2010 年版。

岸"世界，人只能无限靠近而永远不能达至，"在途中"是人永恒的宿命。

每个人在自己的人生旅途中都可能犯这样那样的错误，特别是在社会上各种思潮的影响和形形色色的诱惑面前，一时一事不慎，出现过失、错误是常见的现象。每个人都是不完美的，都是有"欠缺"的存在者，而对于这种不完美"欠缺"的困惑、痛苦和抗争，也正好深刻地显示出人类本性中即有的对有限的超越和对无限的追求。灵性领导并不渴求绝对完美，而是坦然接受个体生命的"不足"。灵性领导深知，时间是生命的特性之一，每个个体生命的成长都有其内在的时间性。任何事物的成长、发展都需要有时间的沉淀。有时我们可能会看不到太大的变化，但是只要有足够的耐心，变化将随期而至。在事情的成长、发展过程中，失误是一条必经之路。如果我们愿意从失误中吸取教训，失误将使我们变得更为美好。美国硅谷之所以迅速发展成为世界高科技中心，与其独特创新文化和公认的社会价值体系紧密相关。超越自我、宽容失败和允许创造性紊乱是硅谷的文化精髓。在某种意义上，硅谷并非建立在成功之上，而是建立在失败基础之上。灵性领导深谙此道，他尊重个体生命成长的时间性，为组织成员成长恰当地"留有时间"。尤其是在组织成员被无能与自责等负向情绪所包围之时，灵性领导耐心地等待着组织成员的变化，在"留有时间"中不断给组织成员生命提供有效能量，在与时间保持步调一致中觉察内心的镇静和自信。

灵性领导胸怀"宰相肚里能撑船"的宽容之心，"不念旧恶"、"犯而不较"，悦纳他人、欣赏他人，对组织成员出现的一般性失误或小节方面的问题"糊涂"地点到为止，在不经意间，耐心地引导组织成员客观分析自己的弱点和错误，抓住弱点和错误的关键缘由，创设为组织成员改错的氛围，忘记彼此间曾经存在的误解，引导组织成员从多个视角更完善地认知世界，找寻继续前行的路径和方法，进而减轻组织成员的思想包袱，激发组织成员的创新欲望和动力。

（三）灵性领导容人之功

在领导实践中，有些领导心胸狭窄，生怕别人功绩突出，影响自己的进步。有些领导时刻想着如何压制别人，一遇到德才比自己高强的人，内心滋生嫉妒，甚至想方设法使绊子、排挤和压制。害怕德才兼备的人超过自己的人，大多患有"珠玉在侧，相形但恐见绌"的心病，说到底是没有容人之功的雅量。"武大郎开店——比自己高的都不要"，就是对这种心态的形象概括。

倍加欣赏超越自己的人，反映着领导的胸襟和境界。灵性领导深知，没有"长江后浪推前浪"，怎得"不废江河万古流"？后来者居上是社会发展的必然趋势，人与人之间的相互超越也正是社会发展的动力所在。没有这种超越，人类社会就缺少活力，历史的脚步就会停滞不前。时代的变化，社会的发展，人类的前进，事业的进取，需要不断涌现出的优秀人才担当重任，如果对人才怀有一种怕超越自己的心理，敌视压制，总想让他们跟在自己的后面亦步亦趋，那我们的事业就不会后继有人，社会就会止步不前。进而，灵性领导胸襟开阔，磊落大度，胸无芥蒂，吐故纳新，凡事都从大局出发，为长远考虑，以组织利益为重，直面他人超越自己的现实，不为个人得失耿耿于怀。灵性领导乐于别人超越自己，处处甘为别人的进步当人梯，用有亲和力的观点欣赏大有作为之人。当然，灵性领导的欣赏不是刻意的抬高、曲意的逢迎、假意的吹捧，不是无原则的夸奖、投其所好的献媚、阿谀奉承的拍马屁，而是内心真诚的外在表露。在一个适合个性发挥的宽松、和谐而又充满人情味的组织氛围中，组织成员感到德有所用、才有所展、劳有所得、功有所奖，进而产生不竭的工作动力，挖掘无穷的内在潜力，促使事业发展得更稳健、更良性。

在灵性领导看来，宽容是一个永无止境的无条件过程。灵性领导"所'容忍'的并非他人的完全不同的观点、见解和标准、或态度、行为方式、做法或某些行动，而是这些人的存在"。[①] 在容人之异、容人之短、容人之功的组织氛围中，组织成员不用担心"标准答案"、"一元价值"让自己"削足适履"。组织成员可以拥有"异想天开"的思想，可以发出"与众不同"的声音，还可尽显"卓尔不群"的个性。在宽容的组织里，成员们既歌颂栋梁，也容纳小草；既仰慕英雄，也包容俗众；既盛赞高尚，也宽宥平庸……组织成员可以选择"多重的真理"，认同"多元的价值"，走不同的道路，过不同的人生。在宽容的关照下，组织成员们面带微笑，怡然自得地行走在大地上，永葆无限生机与活力。

三、利他是灵性领导关爱的灵魂

利他是灵性领导对生活目的、人生哲学和生命意义的深深感悟，体现着灵性领导的大智慧和高境界。"心胸狭窄、自私自利的人永远体会不到分享的快乐；而乐于奉献的人，永远都会沉浸在幸福之中。"[②] 如同天底下最伟大、最让人感动的母爱。只要你过得比我好，就是利他之爱最朴实的注解。在无条件的利他过程中，灵性领导尽力把自己的东西"给予"他人，从中体验到"我"的力量、"富裕"

---

　　① 约安娜·库茨拉底：《论宽容和宽容的限度》，黄育馥译，载《第欧根尼》1998 年第 2 期，第 19－27 页。

　　② 方雪梅编译：《品读人生》，天津：天津教育出版社 2007 年版，第 158 页。

和"活力"，丰富他人与自我的生命感。

灵性领导从不希望控制和利用组织成员，从不要求组织成员成为自己所希望的样子，也从不让组织成员成为自己的附庸，而是坦然接受组织成员本来的面目，帮助组织成员找寻自己的内在禀赋，鼓励组织成员找到自我的真正力量。每位组织成员都具有内在独特的理想本质，爱的意义就在于让组织成员摆脱个人化过程中所伴随的孤独感与恐惧感的困扰，化解生命的障碍、闭塞和固执，以他自己的方式去成长和发展，使之恢复和趋向于自身的完整本质。真正的爱是摆脱利益、观点和欲望的束缚，让其成其所是，而非把自己的意愿或观点简单地强加于组织成员身上。正因如此，安东尼·圣欧伯利说，爱是我引导你回到你自己的过程，即帮助他人找回"自我"，进而实现自我或者说成为他自己的过程。

组织成员在成长过程中不免会面临一些成长压力，他们或挣扎，或困惑，或犹豫，或彷徨。作为领导，如果不及时引导、督促，很多人可能错失良机；如果不及时点拨、激励，很多人可能会丧失信心。灵性领导深知，这种成长压力而引致的痛苦是组织成员生命成长的双刃剑，是组织成员成长的分岔点。进而，灵性领导沉浸在爱的情感里，超越我执我见、自私自利的狭隘之心，以朋友的身份走入组织成员的心灵深处，分享他们的快乐和幸福，分担他们的烦恼和痛苦，点燃关怀、宽恕和感恩的心灯，在情感与理性、直觉与感觉、思想与行动中倾听不同的声音，理解不同的声音，欣赏不同成员的不同理解，捕捉不同成员的不同需求，对每个组织成员都抱以积极而热切的期望，在与异己价值的自由交往中和平共处、和谐发展。灵性领导深入到组织成员的无意识深处，孕育组织成员透彻的生命意识，培植组织成员独特的内在禀赋，进而追求一种超越一己之私利的大我，追求一种走入组织成员心灵深处之人我互动的感动，追求一种更伟大的理想与意义。在利他之关爱中，灵性领导和组织成员作为完整的生命"融入"到交往之中，呵护不可分割的依存感和关联性，"在爱的行为中，在把我自己的一切给予别人的行为中，在深入了解对方的行为中，我找到了我自己，我发现了我自己，我发现了我们俩，我发现了人类"，① 实现精神的"沟通"、"相遇"和"共享"。处于唤醒状态中的组织成员，在灵魂震颤的瞬间，感受到一种从未体味过的内在敞亮，真正认识自我和自己所身处的世界，认识自己存在的处境、生命的历史和未来的使命。此时，心灵不再在习惯的诱引下沉睡，而是在剧烈的震荡中，荡涤尽情感的自然状态。组织成员的一切疑惑，一切不安，一切仇恨，在经过最初的震荡后平复下来，化为一种内心宁静，逐渐成长为一个充盈着灵性的人。

如果说组织是一间小屋，关爱就是小屋中的一扇窗。如果说组织是一艘船，关爱就是茫茫大海上的一盏明灯。关爱是灵性领导的本然状态，是组织成员精神成长的沃土，是组织发展的灵魂和核心。在感情的交融、心灵的默契与生命的升华中，灵性领导关注组织成员的内心感受，接纳组织成员的独特价值，容人之异，容人之短，容人之功，引导组织成员从内在精神上重新体验、审视和陶冶自己，激发个体的深层潜能，促进个体的灵性成长，最终转变为组织的可持续发展。

---

① 〔美〕埃·弗罗姆著：《爱的艺术》，康革尔译，北京：华夏出版社 1987 年版，第 26 页。

第 七 章

灵性领导的灵性培育策略研究

第一节 对话：灵性培育策略之一

人生而具有灵性的"种子"，生而具有可以生发灵性生命的潜能和精神倾向。而长久以来，人们陷于追赶所谓"科学与客观"绩效的迷思之中，离灵性愈加遥远。在对话中，灵性领导"引出"组织成员原先即已存在的内在灵性，帮助组织成员逾越曾经走过的黑暗与困惑，滋养组织成员的内在心灵，实现组织效能的提升。

一、对话的内涵与特征

对话，指的是在民主和平等、尊重和信任、宽容和关爱的氛围中，组织成员以提问、倾听等方式在经验共享中分享人生经历、创造生命意义、提升人生境界的过程。具体而言，我们可以从以下方面来把握对话的内涵与特征：

其一，平等和民主的相伴是对话的基石。在传统组织中，成员间交往多表现为垂直性关系，较易形成所谓的"寡头"和霸权。而在对话中，成员间交往更多表现为水平性关系。双方均为具有独立人格的自由主体，是对话的前提条件。在对话中，灵性领导随时倾听一切人的声音，反对用一种观点来排斥另一种观点，也不把个人观点强加于他人观点之上。灵性领导并不追从外在权威，而是深深意识到：当共识"是通过反民主、不公正的程序，依靠权力和暴力手段建立起来时"，它是"虚假的，压抑个性的"。反之，当它"以主体间自由认同的方式，通过民主和合理的程序建立起来时，它便是对压制和统治的否定，便是真实的，因为，它排除任何强权与暴力的使用，维护了个体的自由权利，体现了大多数人的意志"。① 进而，组织成员享受思想和言说的同等权利，对话不依附于任何一方，也不受任何一方的控制，在真诚平等、尊重信任和包容接纳的对话情境中，组织成员发表各自不同的见解，彼此提出挑战性的问题，获得意义的分享和精神的交流。对话不是按照事先计划好的细节操作，而是无规则、不确定的，没有特定的原则、模式和方法。对话跟随组织成员经验的增长和精神的变化而变化，分享经验、体认意义，而灵性则在双方对问题的探讨之中不断生成和澄明。

其二，共性和个性的张力是对话的前提。对话意味着差异和冲突、多元和对立，意味着人类情感的多层次性、人类生活的多样性。对"异"的尊重，乃是求"同"的前提与基础。人们在价值话语、情感倾向和意识立场上的分歧和差异，正是对话存在的前提。与此同时，对话也需要共性，需要共同的统觉背景，比如：概念的界定，理解言谈的知识背景等。只有在共性的统觉背景下，双方才能相互理解，对话才能逐渐深入。对话正是在这种个体个性和社会共性的对立之中进行的，个体的差异性与社会的共通性互相对立而又互相

---

① 章国锋："哈贝马斯访谈录"，载《外国文学评论》2000 年第 1 期，第 27 - 32 页。

制约，互相辅助而又互相成就。否定对立两极中的任何一极，这个张力结构也就解体，对话也就无法进行。正如伽达默尔所说的那样，"真正的对话，其结果不是一种拉平，而是要激发一种突变，生成一种新的东西。……在碰撞和相互作用中，调动出二者最大的潜力，喷射出绚丽的火花，从而使对话成为一种活泼的事件。"①

其三，灵性的提升是对话的核心。对话并非是表面上你来我往的言谈，不是为"对话"而"对话"，关键在于双方灵性思想、经验的交流和互动，其根本目的在于在"对话"的交往中，对话双方关注彼此的情感和精神世界，进行生命与生命的相互对接、交融与摄养，思考"灵性"、展现"灵性"、提升"灵性"。对话不仅是一种调动组织成员的领导手段，更是一种尊重组织成员的领导思想；不仅是一种走进心灵的领导境界，更是一种启动灵性的领导技巧；不仅是灵性领导和组织成员通过语言进行的讨论与争鸣，更是组织成员之间平等的心灵沟通与交流。对话，是灵性提升的重要路径。在对话中，对话双方倾听个体生命的灵性意愿，唤起各自既有的灵性知识，理解个体境遇的复杂独特，在敞开的视域中产生观察、分析问题的新视角、新思想，进而享受成长的愉悦，提升自我的灵性，达到内心的平静、反思、希望和关爱，保持生命成长与发展的韧性与可持续性。

对话并非是单向的"意见发表"，也不是单纯的"相互提意见"，而是个体从狭隘走向广阔的过程，是个体与他人、与世界建立连接的过程。对话不仅是平等主体之间的坦诚相见，不仅是平等主体的相互关照与包容、共同在场与成长，更是弥漫、充盈于成员之

---

① 转引自金生鈜著：《理解与教育：走向哲学解释学的教育哲学导论》，北京：教育科学出版社1997年版，第40页。

间的一种生活情境和精神氛围。在对话中，人们尽力接近内心深层的存在中心，理解与分享心灵的声音，相互吸纳灵性经验，共同分享灵性成果。此时，组织成员远离内心的恐惧和不安，传递内心深处与众不同、独一无二的声音，成员的个人智慧转化成集体智慧，达到个体和组织层面灵性的共同提升。

二、基于对话的灵性培育之策

对话是一个永无止息的过程，永远没有终点，没有唯一的答案，亦没有最后的结论。在对话中，组织成员叙述和领悟个体的生命，积淀和交流个体的德行，养育和催生个体的思维。具体而言，我们可以从"提问"和"倾听"两方面来阐述基于对话的灵性培育之策。

（一）提　问

孩子拥有着天然的灵性，生来就具有不断探寻为什么、怎么样的倾向。还在幼小的年纪，孩子们一直在寻问他们是谁？为什么会出生？他们从哪里来？这个世界从哪里来？为什么人们会那样行事？而伴随着成长和"成熟"，孩子们逐渐将这些问题搁置一旁，或是敷衍回答了事，逐步远离我们内在原初的灵性。灵性领导深知，提问是组织成员共同追求意义、探究真理的过程。提问不仅是对问题的解答，更重要的是它是双方共同寻求、发现生命意义和客观真理的过程。在提问中，通过提示与组织成员已有经验相矛盾的事实、指出组织成员知识的漏洞等方式来打破组织成员原有思维的内部平衡，迫使组织成员重新恢复思维平衡，在此之中，思维自然而然地展开了。进而，灵性领导关注灵性提升中的重点、难点和疑点问题，以重点、难点和疑点为中心来设计导引性问题、争论性问题、探究性问题和拓展性问题，在逐层递进的对话过程中引导组织成员主动生疑，培养组织成员的灵性探究精神。

其一，呵护问题意识。问题意识是灵性提升的起点。在领导实践中，为了树立"无所不知，无所不能"、"一贯正确，东方不败"的领导形象，问题似乎离领导越来越疏远。缺乏问题意识的领导，必然对诸多有意义的领导现象熟视无睹，对领导问题无动于衷。而灵性领导清晰地认识到自身的局限性，自己是人而非神，进而将自己当作人世间的普通一员，脚踏实地、求真务实，坦率地承认自己的不足和疑惑，与组织成员共同研讨和思考。在强烈问题意识的驱使下，灵性领导保持强烈的求知欲，保持对新生事物的敏感性，深潜于问题的"浑水"中摸清老底、掌握实情、权衡利弊，从纷繁杂多的领导现象中截取具有典型性的问题，并以此作为透视本质规律的突破口。

在充满挑战、困惑、质疑和探究的领导情境之中，在对领导实践的主动考察与分析之中，灵性领导悉心呵护着组织成员可贵的问题意识。灵性领导巧妙地创设问题情境，把组织成员带入具有趣味性、动态性和挑战性的问题氛围中，不急不躁、不愠不火、不厌不懈，诱发组织成员发现问题、提出问题、分析问题、解决问题的欲望，引导组织成员大胆主动地表达内心的好奇和疑惑，培养组织成员在诸多矛盾、诸多关系、诸多利益之中抓住实质、抓住关键、抓住要害的能力。长此以往，组织成员就会习惯性地沉浸于质疑的氛围之中，问题意识逐渐由感性接受升华为理性批判，由领导引导提升为自觉探究，进而更善于在细节中发现苗头，从现象中看清本质，处理与应对复杂情境的实践智慧得以提升。

其二，设计提问行为。提问，是一个互动的行为，是一系列被一定顺序排列的"行为链"。在归纳多项研究的基础上，美国学者卡兹登提出提问的三个联接点：发问、应答和反馈。

对于发问，灵性领导深知，"善问者，如攻坚木，失其易者，后其节目，及其久也，相说以解"。[①] 灵性领导将提问放置在一个整体的领导情境之中，抓住对整个组织有牵一发而动全身作用的关键性问题，并将其分解为若干个有计划、有步骤的系统化子问题，由浅入深，环环紧扣、层层递进，组织成员自然愉快地接受，理解各个问题并做出准确而详尽的回答，从而促使对话更为深入和清晰。在提出关键问题之前，灵性领导常常先抛出几个铺垫性的次问题。比如，"我们可以谈一谈吗？""今天感觉怎么样？"通过一些铺垫性的小问题放松对方的心态，营造友好的提问环境。在组织成员灵性成长的过程之中，灵性领导有意识地提供一些重要的反思指引：我是谁？我为什么来到这个世界？我生命存在的意义与价值是什么？自己真正的需要与追求是什么？我生命的最终目的是什么？我怎样才能活出最好的生命？世界的起源和终极是什么？如何管理自己？如何找到自己？如何看待生命？……灵性领导从简到繁，由此及彼地提出问题，如同投石击水在组织成员思维的海洋里激起层层涟漪，充分调动组织成员的积极性和主动性，引领组织成员深入探索组织及个人的存在意义和价值，让组织处于一种积极求索的状态之中。如果感觉自己的生活过得有意义、有深度，人们的内心深处就会滋生一种持续的平安与宁静，以应付各种困难与逆境。

在问题选择时，灵性领导多运用积极型问题，谨慎使用消极型问题。消极型问题名为沟通、交流，实则命令、强迫，缺少友善的

---

① 胡平生、陈美兰译注：《礼记·孝经》，北京：中华书局2007年版，第126页。

语气和商量的余地，带有明显的责难、质问和不满的情绪，难以深入探讨问题的根源，难以激发人们找寻改善的"机会"。"这是谁的问题？""那个主意是谁提出来的？"这都是消极型问题。领导经常运用消极型问题，容易激发组织成员的对立情绪，激起组织成员破坏性的工作态度，组织成员更多倾向于明哲保身、息事宁人，进而形成官僚、涣散、相互推诿的组织氛围，影响组织绩效的提升。而积极型问题着眼于未来，态度谦恭，更多侧重于启发和激励。比如，"大家想想，我们还能用其他方法来解决这个问题吗？""根据你的经验，你认为我们下一步应该怎么做呢？"积极型问题摒弃领导和组织成员内心的不良情绪，创设平静客观的思考氛围，鼓励组织成员大胆地将这些问题作为一个挑战性的"难题"来进行研究，进而排除心理屏障，拓展思维空间。

灵性领导对组织成员的灵性水平有一个清楚的了解和正确的估计，为程度不一的组织成员设计不同的问题。问题的难度和复杂程度与组织成员的灵性水平相适应，与组织成员回答问题的心理准备和愿望相适应。选择哪些组织成员回答什么问题，灵性领导事先有一个大概的意向。选取灵性发展水平高的组织成员回答太容易的问题与选取灵性发展水平低的组织成员回答太难的问题一样，都不能达到对话的良好效果。太难的问题，组织成员因担心无法回答而不愿思考。太容易的问题，组织成员则会因轻而易举就能回答而懒于思考。只有难度适中的问题才能让组织成员感受问题的刺激性，产生解决的欲望和认知驱力，引起深层次的思考和参与，灵性领导也才能了解组织成员对灵性的真正理解和掌握情况，以改进自己的领导实践。

在组织成员应答的过程中，灵性领导给予组织成员足够的思考时间。毕竟，提问不是为了获得正确的答案，而是为了更深入地挖掘问题的实质，这就需要时间的沉淀。在实践过程中，沉默、不应答似乎让人们感到多少有点尴尬和不自在。领导无法确认，在等候期中组织成员是在思考，还是没在思考？是在积极思考，还是在消极等待领导的回答？有些领导潜意识里认为，长时间的等候会减弱组织成员思考的动力，引致组织成员注意力的分散，进而急切焦虑地等待着组织成员的积极应答。而灵性领导清醒地认识到等待的重要意义，进而放平心态，放缓速度，营造宽松的思维氛围，缓解组织成员的焦虑与紧张，运用有意识的等待引导组织成员"不要急于下结论"，不要急于回答"是"、"否"或"对"、"错"，鼓励组织成员在下结论前先作多方面的思考。灵性领导从不像"急风暴雨"似地逼迫组织成员做出立刻的反应，而是允许组织成员有时间去酝酿及发展其思维的产品，鼓励组织成员思考与讨论，不停询问"还有没有更好的建议？""还有没有其他的建议？"短暂的沉默不一定是坏事，只要组织成员知道你需要真诚的答复，他们总会在短暂沉默后"胡思乱想"，畅谈起来。在积极的等待和真诚的倾听中，组织成员的思维被激活，组织成员更快成长为一个具有独立行动和独立思考的人。而等待的时间并非机械固定，它受到问题的灵性水平层级、组织成员灵性水平差异等因素的影响。

领导适时对组织成员的应答做出反馈是提问行为中不可或缺的环节之一。对组织成员的应答不作反馈，会使组织成员无所适从；批评、训斥等消极的反馈方式，则会降低组织成员参与应答的愿望；而肯定、赞扬的积极反馈方式有助于组织成员保持思考的积极性。当组织成员的回答与问题无关时（要记住对有关的组织成员而言，不一定是无关的），灵性领导注意避免当众羞辱、嘲讽和挖苦组织成员。当然，一味表扬组织成员的应答，缺乏具体的引导，也会促使组织成员产生心浮气躁的心理，思维难以深入。灵性领导的反馈以组织成员的发展为重，既关注组织成员思维的深入，也关注组织成员情感与态度的形成与发展；既关注组织成员思维的结果，更关注他们在思维过程中的变化与发展。无论组织成员应答得如何，首先肯定、鼓励他们的积极参与，在接受他们观点的基础之上进一步深化和拓展，在相互对话中达成思维拓展、视野融合。与此同时，灵性领导切实推进组织成员建议的具体实施，让组织成员看到领导的诚意和他们的建议所带来的积极变化。此外，在反馈过程中，灵性领导尽量少皱眉头，面部表情往往是个更直接、威胁性的征求意见的手段，它将阻碍沉默的组织成员参与讨论。

当然，提问并非是灵性领导的专利，领导提问只是提问的一种，而组织成员提问是提问的更高层次类型。灵性领导注重培养组织成员对问题的敏感性、寻找问题的良好习惯。只有组织成员带着问题收集和分析信息，才有可能触及灵性的本质。在良好提问习惯的支撑下，灵性领导与共同体成员之间形成一种平等、民主、有序的多向性群体交流。灵性领导尊重组织成员的思维方式和观点，激励组织成员沉浸于奇思妙想之中，支持组织成员不平凡想法的萌发。组织成员的心灵"不是一个需要填满的罐子，而是一颗需要点燃的火种"。① 一旦灵性的"火种"被点燃，就会激发组织成员的创造热情，勇于表达独特的意见或想法，充分发挥其内在的创造潜能。

（二）倾　听

任何对话都有"言说"与"倾听"两个侧面，忽略任何一个侧

---

① 张斌贤、褚洪启等著：《西方教育思想史》，成都：四川教育出版社 1994 年版，第 139 页。

面，都不能构成真正意义上的对话。在领导实践中，领导更多充当言说者的角色，而事实上，倾听的价值和意义远比人们想象的要高。在领导过程中，最重要的不是言说，而是倾听——无意地、专注地、共情地倾听。灵性领导通过倾听领悟组织成员，将组织成员视为生命体的存在，而非物质或观念的存在。组织成员彼此心怀一种善意期待，突破思维定势的局限，以积极欣赏的眼光对待彼此，真诚听取他人的观点和意见，承认和接纳个体的特殊性，从组织成员的立场重新审视他人与自己的观点，增进对他人与自我的了解与领悟。

1. 倾听的内容

灵性领导深知，"善听"而不是"选择性倾听"（只倾听那些能满足其自我需要的声音，对那些可能对自我构成威胁的声音却加以排斥和压制）、"虚假性倾听"（表面上摆出倾听的姿态而实际上却未听）和"错误性倾听"（未能准确把握组织成员话语的潜在意义）。毫无疑问，这些不"善听"的行为无形中剥夺了组织成员的言说权利，使组织成员丧失对话的兴趣。灵性领导保持诚恳的态度，以平易近人、和蔼可亲的形象出现在组织成员面前，创造一个平等、无拘束的乐于倾听、能够倾听的组织氛围。灵性领导从不轻易打断对方的谈话，深入组织成员的内心世界，关注组织成员的独特体验，在倾听中走入对方的精神世界。

第一，倾听组织成员的欲望和需求。组织成员的欲望和需求往往不是通过他们的行为，而是通过他们的声音表达出来。它可能是一段叙说、一个句子或者一个简单的感叹词，也可能是一声呼喊和连绵不断的啜泣。对这些声音所表达欲望和需求的倾听、理解和应答，就成了灵性领导倾听的重要任务。

第二，倾听组织成员的情感。细致入微地把握对组织成员的情感状态，并及时加以协调和引导，是良好对话的重要标志。任何言语都糅合了话语主体对事物的理解和思考，尽管话语主体力求使自己的言说更为客观，但话语中不可避免地、或多或少地渗透着个体的创造和加工，之中蕴涵着自身对生活世界的独特体验，这种话语是珍贵的，无法替代的。一个善于倾听的灵性领导，可以迅速准确地从组织成员发出的各种声音中听出愤懑、悲哀、快乐和喜悦等各种情感，与此同时，在领导过程中作出适当及时的反应和调整。

第三，倾听组织成员的思想。一个具有倾听意识和习惯的灵性领导不会满足于仅仅倾听组织成员的欲望和情感，他还善于倾听声音背后某种思想和观念的萌芽，并尽量认可它们的价值和意义。当组织成员发现自己那些隐藏不露、羞于见人的思想被灵性领导倾听并认可时，他们就与灵性领导建立了更深一步的交往关系——思想上的交往。于是，他们对自己充满了自信，真正意识到自己作为一个人的尊严和价值。

生命并非是抽象的生命，它体现于各种欲望、需求、情感和思想之中，体现在个体生命的差异和区别之上。在倾听组织成员欲求、情感和思想的基础上，灵性领导倾听生命和呼应生命，体悟组织成员的个性特征，把握组织成员的思想动态，感受组织成员与他人之间的互动关系。

2. 倾听的方式

只有看到了"你"愿意听、能够听，对方才会自然而然产生倾吐的欲望，慢慢呈现出他们的"心里话"。在言说与倾听的交流过程中，组织成员敞开自己的精神世界，各自的情感与理性、直觉与感觉、思想和行动、经验和知识时时展现在对方面前。在无意、专注和共情的倾听之中，灵性领导相信组织成员的力量，聆听其言谈之义、弦外之音，感受其生命的律动、生命的多姿。

第一，无意地倾听。无意地倾听指的是，在倾听的过程中，灵性领导不持有任何观念，不为任何先见所局限。法国弗朗索瓦·于连曾对圣人无意做过精彩的阐释，"圣人在看待世界时，事先并没有向世界投去一种先入为主的视角。因此，也就没有因个人观点的介入而使视野变得狭窄。在圣人的心中，所有的可能性都是开放的"。① 这正如克里希那穆提在《最初和最终的自由》所指出的，"为了能够真正地倾听，一个人应该放弃或者暂时放下一切偏见、成见和日常活动。"② 只要有接受的虚心，理解就非难事。然而不幸的是，我们往往带着先前的、固有的观念去倾听，在根本没有认真倾听和理解别人话语真正内涵的情况下，我们急于发表自己的意见，而忽略了人作为发展主体的事实，遮蔽了人的各种潜在可能性和创造性。我们内心深处闪烁的是自己的主张与意见，是自己生活中的担忧、欲望以及畏惧，进而我们只能听到自己的声音、自己的主张，而绝非别人所言说的真正内涵。

灵性领导深知，事物的丰富性、复杂性决定于事物的"视角性"。正是因为一个事物有着"不可穷尽的"视角，它才是多姿多彩的、复杂多元的，它才蕴藏着创造的潜能和诸多的可能。在世界、知识和真理面前，灵性领导意识到，自己确实一无所知。这并非灵性领导故作姿态，把本来"知道"硬说成"不知"，而是诚实而富有勇气地承认自己的"无知"。进而，灵性领导搁置先见，放下全部

---

① 〔法〕弗朗索瓦·于连著：《圣人无意：或哲学的他者》，闫素伟译，北京：商务印书馆2004年版，第15－16页。

② 〔印〕克里希那穆提著：《最初和最终的自由》，于自强、吴毅译，上海：华东师范大学出版社2005年版，第3页。

防御姿态，解除知识和经验的优越感，树立平等的观念，小心翼翼地以无意的态度去倾听组织成员的内心想法，去体验组织成员丰富的内心世界。这正如法兰兹·卡夫卡曾经描述过的，"你不需要离开你的房间，只要静坐在桌前用耳朵聆听；甚至不用聆听，只是等待就好；甚至不必等待，只要安静不动，这个世界就会卸下面具自动呈现于你的眼前——它别无选择"。① 灵性领导不带偏见、不作评论地静默感受当下，控制内心的主观期望，以一颗无意之心去聆听世界的声音，去体验周遭的人事，进而在寻常中看到独特，在表象中看到本质。

在无意的倾听中，灵性领导对组织成员时刻怀有一种期待的视界，敞开自己所有的触角，甚至愿意漠视自己心智所向往的东西，使它对它没有料到的思想开放（利奥塔）。② 纵然是身处喧嚣杂乱之中，物欲横流之间，灵性领导仍能保持无意而敏锐的倾听，坦诚谦虚地欣赏、体味组织成员的言说内容和立场，理解话语中潜在的复杂想法，倾听其言语中所包含的心情、想法，真正走进组织成员的内心深处，真正理解组织成员的精神世界。

第二，专注地倾听。灵性领导深知，专注的倾听对于组织成员而言是一种无形的褒奖，进而灵性领导保持冷静，约束自我，不随意插话或截话，采用反馈、释义和重复结论等方式确认真实的意思，重复分析、证实和评估所接受到的信息。

专注倾听的核心就在于思考，对话双方在倾听彼此言说的过程

---

① 转引自〔美〕埃里克·布斯著：《艺术，是个动词》，张颖译，南昌：二十一世纪出版社 2009 年版，第 74 页。

② 陈向明著：《质的研究方法与社会科学研究》，北京：教育科学出版社 2000 年版，第 384 页。

中，总是伴随着观察、辨别、选择的复杂思维活动过程。在专注倾听的过程中，灵性领导不对组织成员的意见进行批评指正，而是进行"思考性倾听"，边听边观察，边听边理解，边听边思考。灵性领导积极关注每位组织成员，细心感受组织成员的情绪，全身心倾听每位组织成员的反应，包括他们的声音、神态和体态，真正做到与每位组织成员的思想和情感相互呼应、相互应答，以应对瞬息万变、无法预测、出乎意料的各种情境。释义（paraphrasing）是"思考性倾听"的方法之一，倾听者公开说出自己对他人讲话的理解，以便核对自己的理解是否正确。通过释义的方式，不仅能表明对谈话者很感兴趣，而且还能进一步倾诉自己的想法和观点。灵性领导向组织成员表达自己对其话语的理解，以确定自己的理解是准确无误的，为对话双方的沟通创造更多的契机，提高交流的效率。

在专注的倾听中，灵性领导尤为关注沉默，体会沉默之中所隐含的深层内涵。在中国传统文化中，语言的力量是有限的，而少言和沉默是被广为称颂，很多人都在有意无意地遵从着"善者不辩，辩者不善"的传统。沉默内隐着丰富的含义，沉默可能意味着对方的犹豫不定，可能意味着对方正在寻找合适的字眼和词语来表情达意，可能意味着对方要披露某一个重要的信息，也可能意味着对方的无言抗争和不满。灵性领导在倾听过程中适时、适地、适景地把握沉默状态，边听边观察，既倾听组织成员的言语表达，也注意观察组织成员的姿势、体态以及情绪变化等，综合多种信息，力图真正听懂对方表达的话语意图，及时分析话语中的信息，尤其是那些言语未曾表露的隐含意图。

第三，共情地倾听。心理学家罗杰斯将共情视为体验他人内心精神世界的能力。共情地倾听即是指，倾听者变换自己的体验，进入言说者的内心世界，理解与分担言说者精神世界中的各种负荷。从这个意义看来，共情是一种接纳的态度，是一种换位思考，是进入他人内心世界的有效方式。正如大卫·列文指出的，"倾听他人讲话就是站在他人的位置上了解世界的真象，倾听就是变换位置、角色和体验。拒绝这个转换性就是拒绝倾听他人的观点"。① 罗杰斯也曾指出，"倾听的目的是要进入他人的知觉世界，而不是把他人嵌入自己的知觉世界"。② 只有如此共情地倾听，才可以超越地域、文化、种族和宗教的限制，实现倾听者与被倾听者心灵的交流。而在领导实践中，有些领导往往不是从组织成员的角度而是以自身的立场、标准来倾听组织成员的真实想法和情感，甚至对有些不符合自己观点的组织成员的声音横加指责和批评，难以真正理解和包容组织成员的真实情感及其不够深刻的认识。

灵性领导深知，每个生命是不同的，都有着自己独立存在的价值。不管言说者的观点是肤浅还是深刻，灵性领导都会尽其所能地去感受和发现对方投射和隐藏的情感，运用共情"思想组织成员的思想，体验组织成员的体验"。当倾听成为一种关心情愫和理智投入的态度的时候，它就不再局限于耳朵或听觉，而是弥漫于人的整个身心，由此我们拥有"倾听的眼睛"、"倾听的身体"。此处，倾听是亲近性的，之中浸透着责任和爱，饱含着情感，充满着灵性的关怀。灵性领导的倾听以责任和爱为核心，以此激发组织成员积极的情感，让组织成员在爱的润泽中敞开心扉、表达观点、暴露问题。

---

① 〔美〕大卫·M. 列文著：《倾听着的自我：个人成长、社会变迁与行而上学的终结》，程志民等译，西安：陕西人民教育出版社 1997 年版，第 212 页。

② 《心理学百科全书》编辑委员会编：《心理学百科全书》，杭州：浙江教育出版社 1994 年版，第 1924 页。

没有爱的倾听不会感染组织成员，也不会让组织成员拥有自由言说和表达的勇气。基于此，灵性领导放下自己的参照标准，从组织成员内心的参照体系出发，对来自组织成员的每一个声音所隐含的价值保持敏感，设身处地地从组织成员的参照标准来观察事物，从组织成员间接的线索如手势、体态语和神态表情来感受和体验组织成员的内心世界，以言语或非言语的方式表达对组织成员内心体验的理解，捕捉话语背后所隐含的意义，理解他们内心的思想、感情和愿望。灵性领导倾听时共情的理念和态度使得组织成员感受到被接纳、被认可和被信任，而组织成员的这种积极感受正是引发真诚交流和相互理解的基础。此时，组织成员真实地体验到灵性领导对自己的尊重和理解，进而发出属于自己的真实声音，而不是迎合领导的虚假声音。

倾听不是沉默，而是一种分担、一种关怀，是人与人、心与心、感情与感情、灵魂与灵魂的交融和共鸣。倾听，需要时间，需要兴趣，需要方法，更需要一种能力。灵性领导怀着深深的谦虚和忍耐，以一颗充满柔情的爱心满怀信心和期待地"倾听"那些生命之音，在"倾听"中生成对于组织成员生活世界的生命感，在"倾听"中治疗我们多"思"、多"言"、多"做"的弊病，在"倾听"中学会"思"，学会"言"，学会"做"，惟此才不会有不健全倾听、虚假倾听，才能把隐藏在背后的声音转化为语言，才能提升对话的层次和生命的质量。

对话是灵性培育的重要策略之一。在对话中，灵性领导清晰地认识自己的身份与使命，敏锐地察觉组织成员的需要与欲求，尊重组织成员的差异与个性，给予组织成员自由言说的空间。组织成员彻底表达内心深处最真实的想法和看法，言说者和倾听者时常相互异位，不同意见之间彼此碰撞、激荡和交融，对话过程成为你来我往的倾听、提问的交往过程。在这个过程中，平等民主的组织成员关系得以构建，敏锐创新的思维能力得以提高，组织成员的灵性得以提升。

第二节　讲故事：灵性培育策略之二

讲故事亦是灵性培育的一种重要策略。故事触及组织成员内在柔软而谦逊的内心世界，拓充着组织成员内心的自我疆界。在讲故事的灵性之旅中，灵性领导遵循灵性生长的内在逻辑，真诚面对生命故事的转换，了解内心的困惑与喜乐，追问人生的意义与价值，发现生命的神圣与超越，陶塑生命的"真"与"善"，探寻自我与自我、他人、自然之间的关联，思考对自己根本且重要的事情。

一、故事的内涵

通过故事的编撰、叙说与反思，灵性领导影响组织成员的愿景、理念和价值观，进而有效达成既定目标，提升自我的灵性水平。灵性领导、故事、讲故事三者相互串联、相互影响，形成复杂的灵性领导关系。在这种关系中，故事扮演着媒介、方式，甚至是结构的角色。

什么是故事呢？中文百科大辞典对"故事"的界定是"前朝之事"。英语中"故事"（story）的主要意思有：（1）过去的事情、历史、经历、阅历；（2）想象的和真实的事情；（3）小说、戏剧的情节等。可见，英语对"故事"的界定似乎更为宽泛。依据不同的故事来源，我们可以将故事分为两种不同类型：一是生活故事，即日常生活当中可见的故事。比如，新闻、周遭生活故事、个人经验、家庭故事等；二是文学故事，即文学中创作的故事。比如，小说、童话、神话、传说、科幻故事等。

　　故事展现着个体体验世界的方式，但是并非所有的故事都是灵性领导所关切的素材。具体而言，灵性领导关注的故事具有如下三个基本特征：第一，内隐着深刻灵性思想的故事。离开了思想内涵，故事就失去了它的目的和意义。灵性领导的领导过程就是在展开、分析和描述过去的或已经历过的故事中反思、认同和获得意义的过程，进而激发组织成员对灵性思想的探悉，引导组织成员探寻生命、生活和生存的意义。第二，来源于真实生活世界的故事。灵性领导肯定组织成员的个人生活实践对其思想和行为的重要意义。灵性领导关怀组织成员的生活体验，重视组织成员的外在处境，关注贴近组织成员生活实践的真实故事。在客观存在的真实生活故事中，灵性领导感受细腻的情感变化，体悟丰富的内心世界，蕴藏展现富有人情味道、具有人文关怀、含有情感魅力的生活世界。第三，有情节的故事。灵性领导叙说故事，并不是记流水账，而是叙说有情节、有意义、相对完整的故事。在情节描述中，灵性领导远离抽象的学术语言，用人文的话语系统叙说着真实的世界。在对组织成员的现实关怀中，在独特的言说中，探析隐含在故事背后的思想，隐藏在心灵深处、内隐着灵性韵味的东西。

　　在灵性领导的领导过程中，一个个真实的故事就是一个个弹性的思维跳板，一座座动人的情感桥梁。故事深刻地影响着组织成员的态度和思想，鼓励组织成员超越目前所处之困境，告诉组织成员他们是谁，他们在做什么，他们要往何方。通过故事编撰、故事叙说和故事反思，灵性领导为组织成员提供一张"灵性地图"，帮助组织成员重新反省自己的内在经验，重新看待自己的生命及意义。

二、讲故事的魅力

从小到大，我们听过无数"故事"，经历过无数"故事"，也创造过无数"故事"。大多数人都爱"听"故事，有些人还爱"说"故事，故事在我们的生命中扮演着不可或缺的角色。故事是最有效的储存、回收以及传递信息的方式，也是人类交往和沟通中最深刻的社会形式①。正因如此，Berry（2001）认为，"故事是我们理解世界的基本方式之一，……通过理解组织的故事，我们可以部分理解可见行为背后的原由"。② Neil Postman 甚至指出，"没有空气，我们的细胞会死亡；没有故事，我们自己会死亡"。③

学者们指出，讲故事有助于建立组织成员之间的信赖感和融合感，④ 有助于进行组织内外沟通，提高组织向心力，有助于深入组织成员的心灵，理解复杂问题，改变内在认知，有助于激发变革，重塑组织。⑤ 这正如 Brown & Duguid（1991）所说的那样，"不仅仅讲

① 〔美〕特伦斯·加吉罗著：《管理者要学会讲故事》，孙立武译，北京：人民邮电出版社 2007 年版，第 2 页。

② Berry, G. R. (2001). Telling Stories: Making Sense of the Environmental Behavior of Chemical Firms. Journal of Management Inquiry, 10, 58 - 73.

③ Morgan, S. & Dennehy, R. F. (1997). The Power of Organizational Storytelling: A Management Development Perspective. Journal of Management Development, 16 (7), 494.

④ Hicks, S. (2000). Leadership Through Storytelling. Training & Development, 54 (11), 63 - 65.

⑤ 〔美〕史蒂芬·丹宁著：《故事的影响力》，刘莉译，北京：中国人民大学出版社 2010 年版，第 1 - 2 页。

述故事，而且重述故事"① 都是有价值的。如果我们藉由故事赞赏与感谢为组织牺牲的人员，便能提高组织成员的认同、骄傲与自信。相反，如果为组织牺牲的人员没有得到领导者的关心，组织成员则会表现出消极与抗拒的心态。进而，Rolf Jesnen（2002）预言，21世纪，企业需要拥有的最重要技能就是创造以及讲故事的能力。② Howard Gardner 则认为，讲故事是最简单的、最有凝聚力的工具。③ John P. Kotter 甚至指出，不会讲故事的企业家就不会领导。④ 如何编故事，如何说故事，直接影响着组织的成败。

灵性领导深知其理，在故事叙说中带领组织成员步入一个充满想象的世界、一个充满情感的世界。一方面，故事创设了一个充满想象的世界。讲故事可以被视为一种邀请。灵性领导叙说故事，也即邀请组织成员穿越时空隧道，从自身的视野与问题意识出发，依据故事所建议的蓝图去想象一个新的世界，进而改变组织成员的观点、认知与判断。在故事的创作、讲述、再讲述过程中，组织成员联想到自身的相似情境，将故事主角的所作所想与自己在相似情景下的所作所想加以对照，形成与故事主角的事实交流和对话。此时，生命的当下存在不仅仅是一个现代时，过去的经历与经验以显性与隐性的状态在内心深处涌动，而幻想的未来也抹不去地在脑海中飞舞。故事改变了人们存在的时空感，连接着过去、现在和未来，将

① Brown, J. S., & Duguid, P.（1991）. Organizational Learning and Communities of Practice：Toward a Unified View of Working, Learning, and Innovation. Organization Science, 2, 40 – 57.

② 转引自严幸美：《故事中的魔法实现了吗？从故事行销谈消费者化妆意涵》，http：//ccs. nccu. edu. tw/history_paper_content. php? P_ID = 75&P_YEAR = 2006。

③ 转引自李源："故事就是力量"，载《中外管理》2008 年第 6 期，第 46 页。

④ 同上，第 46 页。

回忆和渴望融为一体，建立成员对组织过去和未来定位的共同认识。在过去与未来"共在"，真实与虚幻"同在"的交融对话中，组织成员们在原汁的言说中，在原味的情感里，在原态的情境中，畅游在"熟悉的生活世界"里想象，提炼应对策略，或质疑，或认同，进而内心发生某种改变。另一方面，故事创设了一个充满情感的世界。故事将灵性领导和组织成员联结在一起，而联结的纽带就是内心的情感。灵性领导尊重和呵护"个性化"的个体生活，关注具有丰富情感、鲜活个性和不同性格的"个性化"个体。在真实的故事中，灵性领导开放自己的内心世界，创造绝佳的心灵图像，分享彼此的深层情感。组织成员似乎身临其境，体验着故事人物的苦乐酸甜，感受着故事人物的内心冲突，沉浸于与故事人物的情感互动之中。在唤醒组织成员内心情感的过程中，灵性领导激发组织成员的生命潜能，增强组织成员的生命活力，提升组织成员的生命境界。

灵性领导改变单纯推理演绎的领导方式和思维方式，通过讲述与组织成员自身生活经验相连的故事，促使组织成员在直观的故事中体验生活，在本真的故事中感悟生活，期待组织成员重新诠释和建构内隐的意蕴，提升内在的灵性水平。这正如 Simmons 曾经指出的，故事最惊人的力量是发生在讲完故事之后，听众在内心里回味着故事，进而诞生出发酵的意义，在听众心中烙下难以抹减的印记。[①] 此时，故事如同植物的种子，深深根植于组织成员的脑海之中，自然而然地理解所意欲传递的思想与价值观，提升内隐的灵性认知和能力，故事的力量在激发组织成员的想象和情感之中得以彰显。

---

① 转引自黄光玉："说故事打造品牌：一个分析的架构"，载《广告学研究》2006 年第 26 集，第 1–26 页。

三、基于故事的灵性领导之策

灵性领导在故事编撰、故事叙说和故事反思的过程中，走进组织成员的生活世界，关怀组织成员的灵性生活，尊重组织成员独特的生活实践，发掘或揭示内隐于故事背后的灵性思想或是理念。在此，主要从故事编撰、故事叙说和故事反思三方面加以探讨。

（一）故事编撰

讲故事不像文学自传一样讲述一生的经历，它往往只能有重点、有选择地讲述特殊情境中发生的特定事件。因此，特定事件的选择尤为关键。灵性领导注重分析组织成员的背景或需求，选择适合于组织成员、组织核心价值观的特定事件。在富含思想性、感染性和真实性的特定事件中，灵性领导触及组织成员的内心深处，获得组织成员的内心认同。

其一，故事的思想性。灵性领导不是让倾听者沉浸在故事的细节里，而是要留出空间给倾听者想象和反思，让倾听者在故事中感悟出某种"道理"。如何达到这一点呢？每个故事都有一个主题，也就是故事的"魂"，故事的"魂"必须与讲故事的目的之间有着必然的内在联系。灵性领导不从抽象而生硬的大道理、种种脱离现实生活基础的带有理想化色彩的规训和教条出发确立故事主题，而是从组织所遭遇的各种灵性问题与困惑出发来确立主题。比如：平静、反思、希望、关爱等都是可参考的灵性故事主题。意欲传递平静的价值观念，灵性领导可以讲述自己成功与失败后的感受与体会。意欲传递希望的价值观念，灵性领导可以讲述与未来有关的故事。建立彼此信任的领导—组织成员关系，灵性领导可以讲述说明自己优点或脆弱一面的故事。意欲促进组织成员的分享和合作，灵性领导可以描述组织逆境的故事。灵性领导根据组织所关注的热点、焦点问题来提炼重要、鲜明、深刻、有指导意义的故事主题，将故事的主题贯穿于故事的全过程，"纲举目张"，实现观点和材料的有机统一。

其二，故事的真实性。Hicks（2000）认为，最丰富的故事来源就是人们的生活经验。[①] 来源于真实生活世界的故事，领导可以真实、诚实而热忱地叙说这些故事，也更能引起组织成员的认同与共鸣。灵性领导关注领导实践中的重点问题、难点问题，关注挥之不去的困惑、有趣、难忘甚至难堪的事件、成功和失败的经验等。这类事情通常表现为某种矛盾或问题，包含着某种让人惊奇，有点突兀，有些戏剧感的成分。而个体的灵性成长、组织的灵性发展也正是在面对这些真实的矛盾或问题中一步步得以实现。

其三，故事的感染性。灵性领导的过程就是故事主角和故事倾听者之间进行情感交流、心灵沟通的过程。灵性领导所选择的故事总是生活中那些充满情感色彩、对组织成员有着影响力的事件。这些包括戏剧性冲突、展现真实困境的生动、典型的故事切入组织成员的心智地图，内隐着个体的情感、态度、动机和思想等，展现了一个个活生生的、有血有肉的、有着生命理想和生命追求的、有着生命苦恼、烦闷和困惑的个体。当组织成员与故事主角心意相通的时候，组织成员就会有仿佛亲身经历的感觉，感同身受，恍惚走入故事主角的生活世界，在故事主角的生活世界中理解他人、体悟生活、感受世界，并将之融入自己的生命生成过程。

日常生活中到处都有丰富生动的故事题材，灵性领导平日虚心

---

① Hicks, S.（2000）. Leadership Through Storytelling. Training & Development, 54（11），63–65.

聆听他人的故事，悉心观察身边的人、事、物，充分挖掘亲身经历或耳濡目染的生活事件，随时记录、分类存放、标识出处、不断累积，用不断变化着的生活实践丰富"故事数据库"。在"故事数据库"的建构过程中，灵性领导尤为关注"我是谁"、"我们是谁"、"我们要往哪里去"的故事。当然，建立"故事数据库"不全然只是灵性领导的工作，还可以成立故事搜集组或是依赖专业机构，专门负责搜集和整理故事，用以激发组织成员的灵性体验，传递组织的愿景和价值观。

（二）故事叙说

选择好故事以后，就要思考如何叙说故事，组织成员才能更好地接受。故事叙说的关键要素就在于领导的情感投入。在故事叙说中，灵性领导对故事有着真切而深刻的感受，与故事人物同呼吸共命运，营造真挚、生动的情感氛围，用"情"触动组织成员的心弦，激起组织成员的共鸣，获取组织成员的同情，进而组织成员在"感动"中发掘内心深层的情绪、渴望和梦想，接受某种思想、理念或是价值观。在真挚、生动的情感氛围中，灵性领导和组织成员共同品味着故事的味道，捕捉着故事的气息，感受着故事人物的情感，进而成为一个真正的思维融合体和情感共同体。

灵性领导善于运用眼神、语音、手势等非言语行为的变化来表达内在情感的感受。以语音为例，灵性领导有时放大音量，有时降低音量，有时加快节奏，有时放慢节奏，在恰当的时候突出重点语句，以帮助组织成员清晰地理解所陈述的观点。甚至还可以运用一个停顿，一段寂静，如同音乐中的休止符一样，引发组织成员更为热烈的反应，让故事更为有力。与此同时，灵性领导还运用一些诉诸于五种感官的手法，比如，文字、影像、音乐等要素，充分调动味觉、触觉、视觉、听觉和嗅觉等感官系统，为组织成员创造一种全方位的感官体验，让故事显得更为活泼和生动。

在故事叙说时，灵性领导惜语如金，果敢地去掉与中心思想关系不大的繁琐细节，留下足够的空间鼓励组织成员去填充故事情节，鼓励组织成员去回忆过去的故事，想象未来的前景。在简要的故事叙说中，灵性领导邀请组织成员进入一个想象的世界，激发组织成员自发生成两个故事：领导讲述的故事和组织成员自创的故事。值得注意的是，灵性领导还可先在小群体中尝试着讲述故事，以减少负面反应的风险。在此过程之中，清晰捕捉听众对故事整体轮廓和细节的反应，观察听众是否领会到故事的意义，是否愿意以开放的心态接受新的发展方向。

（三）故事反思

故事的效用并非一成不变，即便是好故事，也有使用期限。如果我们不断重复叙说同样的故事，而没有修正和重选故事，这种故事将会失去影响组织成员的能力，甚至于影响其他故事所能发挥的功效，使得组织成员不再关心领导所叙述的任何故事。因此，灵性领导注重持之以恒地进行故事反思。

一般说来，灵性领导从如下几方面进行故事反思：其一，反思对故事的感受和认知。比如，是否了解故事对于领导实践的价值？是否知晓良好故事的要素？是否了解故事应用于成功领导的策略？其二，反思编撰故事、叙说故事、反思故事的能力。比如，故事所传递的价值观是什么？故事所激发的情感原动力是什么？故事企图传播的情绪因子是什么？故事如何与组织成员的生命故事相结合，以激发组织成员的思维和情感？其三，反思讲故事的成效。比如，故事是否在听众心中烙下难以抹去的印记？经过故事叙说后，组织成员有无增进信任、达成共识？有无提升素养、增强信心？有无解决问题、增进绩效？有无提升个体层面和组织层面的灵性水平？上述三方面分别从认知、能力和成效三个层面对基于故事的灵性领导过程进行完整而全面地反思。只有拥有正确而完整的认知，具备良好的讲故事能力，展现有效的领导成效，才是理想的基于故事的灵性领导之策。

灵性领导借助于以下方法帮助自我更好地进行故事反思：一是观察与分析组织成员的反应。在讲故事的时候，灵性领导随时观察与分析组织成员的即时反应，比如，表情、肢体动作、专注度等，作为判断组织成员对故事的反应与接受度的依据。二是与组织成员互动和对话。在故事叙说过程中，组织成员可以与领导成为共同的故事编撰者。组织成员依据自己的经历经验，潜入领导叙说的故事世界，填补领导经验与故事情节间的缝隙与落差。在故事叙说之后，灵性领导运用提问的方式与组织成员互动和对话：哪些情节印象最为深刻？从中有何感触和收获？由此来判断组织成员对故事内容与主旨的理解程度。三是持续地追踪、观察。讲故事的成效并非短时间就可以判断其成效，它需要时间的酝酿，阅历的沉淀，尤其是传递价值观与理念的故事。在刚听完故事的当下，故事在组织成员的内心并未产生太多涟漪。但是，经过一段时间的咀嚼与品味，组织成员才会真正体会到故事的真谛之所在。灵性领导创设适当且方便的反馈管道，持续追踪与观察组织成员的表现，让组织成员可以随时随地提供相关反馈信息，进而判断讲故事的成效。如果故事的成效与预期有着一定差距，组织成员的接受程度也不高，则必须修正故事，或是重新选择故事。

基于故事的灵性领导过程是一个故事编撰、故事叙说和故事反思的过程。故事的力量并不在于故事本身，而是在激发组织成员的想象和情感之中得以彰显。灵性领导和组织成员在故事之中关怀彼此的理性、感性和灵性，交融彼此的内心感触，激发彼此的思维之舞，传递着灵性领导的理念或价值观，以提升彼此的灵性水平，取得预期的领导成效。这一过程中反思的深刻性、情感的丰富性、内心的冲击性也正是灵性领导富有生命力源泉之所在。

第三节　艺术：灵性培育策略之三

艺术是人类滋养灵性的重要途径之一。情感的介入是艺术与灵性的重要融合通道之一。借助于艺术、情感，灵性领导带领着组织成员在艺术与自我之间建立富含艺术精神的隐喻关系，体悟人生的静谧、意义和超越。

一、艺术与灵性：人类的精神食粮

艺术是人类最高雅的精神食粮之一。艺术以其生动、形象、直观的表达方式，展现对人类自身的关怀，满足人类情感的需求，追逐超越自身的梦想，表达主体对人生、对世界的诠释。文字、绘画、雕塑、建筑、音乐、舞蹈、戏剧、电影等任何可以表达美的行为或事物，皆属艺术。艺术具有深切的人文关怀特性，"再现了生活的过去，保留了生活的现在，也憧憬了生活的未来。不仅如此，艺术还再现了人的心灵和情感，成为伴随人类生命长河一同流动的进行曲"。① 艺术发展的历史，既是一部人类不断认识自己心灵历程的形

---

① 齐亚萍："论旅游的美育使命"，载《天津商学院学报》2002 年第 6 期，第 60 -62 页。

象化历史，也是人类不断探求和向往真、善、美生活理想的历史。

　　作为人的本质属性之一，情感与人的生命活动相连。情感既是生命活动的特定状态反映，又是生命活动的内在驱动力。情感是艺术的灵魂，是艺术追求的内在动力，也是艺术得以诞生的重要基础。没有艺术的生命是呆板枯萎的，没有情感的艺术是没有生命的。艺术带领我们进入一个情感的世界，情感决定着艺术作品的方向、深度和广度等。如果艺术活动缺少情感这一动力源泉，人们就难以产生感觉、表象和想象，世界就是苍白而沉寂的。没有情感表达，也就没有艺术活动。正如梁启超所言，"音乐美术文学这三件法宝，把'情感秘密'的钥匙都掌住了。艺术的权威，是把那霎时间便过去的情感，捉住他令他随时可以再现；是把艺术家自己'个性'的情感，打进别人们的'情阁'里头，在若干期间内占领了'他心'的位置"。① 灵魂中的欢乐与忧愁、喜悦与哀伤、兴奋与痛苦，乃至于敬畏、崇拜、关爱等情绪都属于艺术所表现的特殊领域。"艺术，只有显示生命的欢乐与悲哀，生命的渴望与追求，生命的活力与创造，才有艺术之美，欣赏艺术作品，只有体验到生命的广大与深邃，生命的空灵与充实，才能进入艺术的世界，才能以艺术滋润生命，涵盖生命，激发生命的创造，创造美的生活。"② 以最富抒情性、最具表现力的音乐为例，音乐通过内在要素的高低起伏、长短快慢、强弱变换，组成不同节奏、节拍、旋律、调式的曲谱来表现和抒发作者对于外界对象的某种感悟、情绪，表露人物种种微妙的感情，揭

---

　　① "中国韵文里头所表现的情感"，载梁启超著，夏晓虹编：《梁启超文选（下集）》，北京：中国广播电视出版社 1992 年版，第 23 页。

　　② 林爱华："生命原理的解答——艺术的价值"，载《福建论坛（社科教育版）》2010 专刊，第 147 页。

示人物丰富的内心活动。而如若我们的心灵处于情感空白，这些声音便只是宇宙脉息自在流动的潮而已，与美、与音乐毫无关联。离开情感体验的艺术作品，自然就不具备人的灵性和情感，也就丧失了其内在的意义、价值和关联。

艺术是传递情感的重要通道，是生命存在所追求和实现的最高形式，也是美好人生的最完美表达。从这个角度看来，情感的介入是艺术与灵性的重要融合通道之一。作为一种信息通道，情感将艺术和灵性紧密相连，互为依傍。借助于艺术、情感、想象，灵性领导超越自然情感，认识自我和外部世界，抒发深邃的喜悦与悲哀，体验与自然进而合一的生命状态，把内心深处感情世界所特有的激动化为自我倾听的自由自在，使心灵免于压抑和痛苦。在融合真、善、美的艺术结构之中，灵性领导感受宇宙的生命情调，欣赏宇宙的和谐韵律，获得情感的激动、审美的体验和精神的愉悦。在体验人生与宇宙的过程中，组织成员从本能的境界走向超本能的境界，从现在的境界走向超现在的境界，拥有仁和的胸怀，获得心灵的净化。

二、艺术的魅力

人的精神需要，是灵性和艺术共同关注的核心问题，之中包含着人类最深层的生命困惑，包含着人对自身生存与发展境遇的关注，亦包含着人对自然与社会环境的关注。早在原始时期，艺术就是人的精神家园。"在如痴如醉的狂舞之中，那些饥饿、恐惧的原始人通过在精神和肉体上都达到极限强度的歇斯底里行为来表现他们对自然的怯懦。在此过程中，他们失去了对外部现实世界的意识；陷入了下意识的、梦幻的内心世界中，这个世界正是他们渴求的那个世界。他们借助于极度的意志力，力求把幻想强加于现实。……由此，他们与环境之间在心理上的冲突被消除了，恢复了心理上的平静"。①

　　优秀的艺术是灵性与情感沟通的桥梁。"任何摆脱了功利纠缠的艺术，都有一种境界和意味，能使真正懂得它们的人摆脱物质的和世俗的羁绊，忘情于它的景象和旋律中。面对这样的艺术，人的感受、想象、情感和思维等似乎插上了翅膀，不断向新的人生高度腾越"。② 譬如，当运动员在国际体育比赛中夺魁，听到雄壮激昂的国歌，不由得流出激动的泪水。象征祖国之魂的乐曲震撼了人的精神，激发了情感，使人们融化在祖国的怀抱之中，与祖国紧紧相拥。再如，冼星海创作的《黄河大合唱》，表现了中国人民的苦难生活与顽强斗争，中华民族的伟大精神和不可战胜的力量，成为凝聚中华民族精神力量和激励我们奋斗前进的最强音。至今听起来，人们依然会情绪激昂、热血沸腾，心灵受到震撼。还如，中央电视台曾播放电视连续剧《钢铁是怎样炼成的》，在社会上引起了强烈反响。尽管保尔的生活距离这一代人确实很远，但是保尔那种不"因虚度年华而悔恨"，不"因碌碌无为而羞愧"，③ 将生命都献给世界上最壮丽事业的精神打动、感染和激励着人们。在这种超乎寻常力量的激励中，人们仿佛看到了人文精神的灯塔，进而净化心灵，陶冶情操，升华自我的精神世界。可见，艺术作品并无大张旗鼓之势，却有着惊心动魄之力。在种种悲伤、喜悦、忧愁的复杂体验之中，艺术作

----

① 〔美〕沃尔斯托夫著：《艺术与宗教》，沈建平等译，北京：中国工人出版社1988 年版，第 9 页。

② 转引自潘明："艺术教育中人文精神与情感教育的集中体现"，载《中国成人教育》2007 年第 9 期，第 145－146 页。

③ 〔苏〕H. 奥斯特洛夫斯基著：《钢铁是怎样炼成的》，王志冲译，上海：上海译文出版社 1999 年版，第 203 页。

品犹如阵阵春雨"随风潜入夜，润物细无声"，① 不知不觉地给人以启迪和激励，激荡人的情感，颤动人的灵魂，振奋人的精神，提升人的灵性。

正因看到艺术的独特魅力，柏拉图在《理想国》中极高地推崇优秀艺术对人类精神的激励鼓舞作用。在他看来，真正的艺术正是那些诉诸理性、以知识为基础、能清楚把握和说明理性的对象和功能的艺术。在澄澈超越的优秀艺术中，人们唤起心灵反应和回响的力量，激发美的联想，感受美的意境，建立心灵的沟通，体会精神的愉悦，触动内在的情绪、情调和思想，感受纯粹、理性的高品质的快乐与幸福。

三、基于艺术的灵性领导之策

艺术始终是人类滋养灵性的重要途径之一。对于灵性领导而言，不断提升自我的人生境界，一直坚守着那份"精神家园"，是其深层的内在需要。毫无疑问，一位人生境界不高远的人、一个精神世界匮乏的人、一个对人毫无激情、毫无爱意、毫无同情心和责任感的人难以超越现实的生活，难以欣赏和领悟真正的艺术，更难获得灵性的关照与滋养。在艺术活动中，灵性领导在艺术与自我之间建立起富含艺术精神的隐喻关系，体悟生命之静谧、意义与超越，以抚慰内心的心灵世界，强健内在的精神世界，促进灵性的提升，塑造完美的人格。

（一）体悟生命之静谧

在对艺术的静观默照中，灵性领导感悟艺术之美，发现自我之

---

① 〔唐〕杜甫著：《杜甫全集（2）》，珠海：珠海出版社 1996 年版，第 656 页。

真，体验内心之净，油然而生荡涤心扉的丰盈充实感，在"离形去智"、"无念"、"无相"中进入无物无我、澄明空灵的审美心境。正如宗白华先生所说的，"艺术心灵的诞生，在人生忘我的一刹那，即美学上所谓'静照'。静照的起点在于空诸一切，心无挂碍，和世务暂时绝缘。这时一点觉心，静观万象，万象如在镜中，光明莹洁，而各得其所，呈现着他们各自的充实的、内在的、自由的生命，所谓万物静观皆自得。这自得的、自由的各个生命在静默里吐露光辉。"① 在触动心灵元素的艺术活动中，灵性领导摆脱政治、经济和社会的束缚，去除一切束缚心灵的七情六欲和世俗纷扰，内心如同经过清洗的镜子一般无比空明、自由、澄静。灵性领导从"心为物役"和"身为物役"的状态中解放而出，"敞开"自我，至虚至静，至空至明，感受艺术的神韵和魅力，产生丰富深邃的情感体验，体验静谧深远的格调境界，静悟心与物的高度契合，智慧地体悟一个隐藏的、谛听的、充满暗示的虚静世界。这种虚静是沉思后的孤独，是体验后的深邃，是真诚随意的心境展示。

在灵性领导的引导下，组织成员聆听如同泉水般潺潺流淌的音乐，欣赏如同春雨般清新悠远的画面，坦然敞开所有的感官，谦逊感受所有的讯息，自然而然地调动自身的生活经验和人生体会，品位艺术中淡然宁静、出世脱俗的人生况味，体悟虚静的内在生命和永恒的生命精神。在虚静的世界之中，组织成员摒除杂念，凝神静照，逃脱无常的纷扰，超然物外的自由，抚慰焦虑、烦恼、压抑的内在心灵，感受扑面而来的清新自然之风，感觉天然拙朴的灵动洒脱之感，体验远离喧嚣的自由神畅之思，体悟万象生命的相生相谐、

---

① 宗白华著：《美学散步》，上海：上海人民出版社 1981 年版，第 21 页。

无争无夺，达致物我两忘、返璞归真、孤空澄明的空灵境界，而这正是艺术所追求的终极目的。

（二）体悟生命之意义

人的生命存在的最主要向度就是"意义"。"意义"是人类生命存在的庇护所，是人类生命存在的精神家园。人的生命是有限的，但人并不满足于有限的生命存在，而是去追求无限的精神超越，追求超越于当下生命的完美人生。人之为人，就在于他是一个精神性的存在，是一个寻求生命价值和生活意义的存在。

在艺术作品中，灵性领导亲近变换万千的自然世界，体悟神奇微妙的宇宙万象，感受义理幽深的人生意境，流连于对玄理玄思的感悟与体察，极大限度地激起人们的审美情感和创造想象力。此时，人们所获得的快乐决非区区物质需要所能满足。由此，灵性领导联想至人生，人生何尝不是幽深奥妙、变化无常的呢？执著的未必常在，未必能够持有，与其执著于现实的利害追逐并被其束缚了精神，倒不如放下执著，以自然无为的心态面对人生。历经多彩多姿的人生旅程，灵性领导高洁、纯净、卓尔不群的心灵仍不为外界俗规所扰，孤独而坚定地行走在人生意义的长途之上，感受一种不食人间烟火的仙风道骨，人生的苦恼、郁闷与无聊感化为乌有，进入心灵内求澄明神圣的精神境界。在令人惊叹的艺术之中，灵性领导引导组织成员从现实束缚中解放出来，不断思考与探寻人生的深层蕴含，在内心建构一个力量强大的自我机制，用足够的心力去抵御物质世界的喧闹，将全部的生命热情倾注于心灵花园的建设之上。经由艺术的浸染，富含艺术精神的组织成员体验厚实的情感累积，在原始生命力的喷涌之处汲取生命根底的力量，油然而生一种深深的责任感与使命感。

（三）体悟生命之超越

在艺术活动中，灵性领导发现自己的生活世界是如此的狭小，而艺术世界又是如此的广博。这正如雅斯贝尔斯所指出的，"在过去，艺术以绘画、音乐和诗的形式感动了整个人类，而人又通过艺术而认识到自己当下的超越层面。"[①] "艺术从它诞生之日起直到今天，总是让人自然地感觉到超越性，而令人信服的艺术形象又将这种超越性完美地表现出来"。[②] 进而，灵性领导并不局限于欣赏美丽的艺术作品，也不将自己局限于某种具体的目的，满足于某种具体的任务，而是反对具体、功利的目的，冲破生活的束缚，突破现实的局限，引导组织成员去找寻、追求和实现超越性。在富含情感的艺术世界之中，灵性领导不拘泥于一事一物、一时一点，用"音乐感的耳朵"和"能感受形式美的眼睛"感受浩瀚无际的胸襟，博大宽阔的视阈，摆脱因对现象世界的执著而滋生的众多烦恼，发现在你我生命外还有一个更伟大的生命在运作，名曰"道"、曰"天"、曰"神"、曰"生命之源"。在悠远无际、广袤无垠的视域中，灵性领导超越业已习惯了的生活层面，沉潜于自然万物的艺术作品之中，尊重与触摸自然、感受与体会自然、投入与融合自然，尽情享受创造的快乐，于创造中不断发现自我、净化自我、提升自我，其间的情感、乐趣并非执著于现实功利目的之人所能体味。

透过艺术活动，灵性领导将生命之乐安顿于自然之中，体悟自然的变幻、宇宙的浩瀚、生命的奥秘……将自我的生命情感与宇宙万象的生命情态紧密联结为一体，感受思想的深邃，体会祈祷的奇

---

① 〔德〕雅斯贝尔斯著：《什么是教育》，邹进译，北京：生活·读书·新知三联书店 1991 年版，第 93 页。

② 同上，第 94 页。

妙，经历内在深处的灵性之旅，体验内在的真、美、善，体会人类与自然的共生共运、圆融一体、浑然归依，追求主体与客体、内在与外在的生命和谐，获得自适自足的心灵抚慰和生命安顿，获得一种与自我生命交流的充盈感、喜悦感，达致天人合一、万物一体的自由境界。此时，人们所表现的情感，并不是一般日常生活的情感，也不是个人的真实情感，而是他所认识到的具有超越性、普遍性和恒久性的人类情感。如此一来，在欣赏或创作艺术作品的过程中，灵性领导潜移默化地受到情感的陶冶，脱离了单纯的个体生理欲望和占有欲望的控制，生命意志得以任意驰骋，内在心灵得以涵养，进入一种超凡脱俗的境界。借用毛泽东同志的话来说，就是变成了脱离低级趣味的人。在超越性的激发作用下，灵性领导在情景交融中思绪飞扬，在心物契合中想象万千，与艺术作品自由、充分地交流，坚守人性关怀的基本立场，产生丰富深邃的情感体验，感受艺术作品的欢快和悲伤，领略艺术作品的深层内涵和意蕴，清晰地感觉隐藏于深处的"终极"，感悟自然与社会的和谐之美，生发一种生生不息的精神，一种生命深处永恒坚毅的意志。正是这种生生不息的精神和永恒坚毅的意志，促使着灵性领导不断超越现有的生存境遇，凸显生命的价值，实现生命的理想，使生命逐步走向成熟、走向完满。在灵性领导看来，这是一种关注人之安身立命的内在精神，不停地追求、不断地超越也恰恰是人类社会和人类文明走向进步的巨大动力。

中国艺术的最高境界往往体现为一种恬淡寂寞、天人合一的境界，这种平淡天真里寄寓着极为丰富的人生体验和极其深刻的精神性。艺术不仅是人类精神的安息之所，也是人类精神的觉醒之地。站在生命精神的高度，艺术超越不同的文化形态，包容不同的价值观念，实现多元的价值共存，引发新的精神追求和意义揭示，丰富和开拓新的精神内涵。在人、自然与社会不断割裂的今天，随着人性的普遍觉醒，时代观念的改变，人们呼唤本真情感的回归，尊重普遍的人类伦理与自然伦理，越来越关注艺术中的内在精神和生命本质。在灵性领导的带领下，组织成员感受艺术中似道非道、似禅非禅的静谧空灵，发掘艺术中所隐藏的深幽意义和厚重精神，感悟艺术背后超脱通达的视阈与心境。组织成员用艺术的眼光看待生活，用艺术的涵养丰富生活，进而感受人生之静谧、意义和超越，展开自由的思想碰撞、心灵融合和精神交流。

第 八 章

灵性共同体：灵性组织的实现路径

第一节　追溯共同体的思想内涵

一、学者们对"共同体"的认识与理解

Community 是社会学的一个基本概念，通常被译为"社会"、"共同体"、"社区"、"社群"、"团体"等。对应解释为：（1）（同住一地的人所构成的）社区；（2）社区归属感（居住在同一地的人们所有的一种归属感）；（3）（拥有相同国籍，相同宗教等的）群体，界；（4）社会，公众；（5）群落（生长或生活在同一环境中的植物或动物群）。① 《牛津高阶英汉双解词典》将"共同体"定义为，宗教信仰、种族、职业等方面相同的人构成的集体，有共同利益的集体。② 中国正处于传统社会向现代社会迈进的历史进程之中，随着

---

① 英国培生教育出版有限公司编：《朗文当代高级英语辞典》，北京：外语教学与研究出版社 2005 年版，第 368 页。

② 〔英〕霍恩比：《牛津高阶英汉双解词典》，李北达译，北京：商务印书馆 1997 年版，第 278 页。

人们对"组织"概念的深入反思，越来越多学者开始关注"共同体"这一概念。

（一）斐迪南·滕尼斯对"共同体"的认识

在社会学领域，任何想要探索共同体概念的人，都不可能绕过德国学者斐迪南·滕尼斯。在《共同体与社会——纯粹社会学的基本概念》一书中，滕尼斯发现并深刻阐明了人类群体生活中的两种基本类型：共同体（Gemeinschaft）与社会（Gesellschaft）。

从滕尼斯对"共同体"的描述来看，Gemeinschaft"是一种持久的和真正的共同生活"，① 是基于原始、天然的本质意志（如情感、习惯、记忆等）的自然有机体。"凡是在人以有机的方式由他们的意志相互结合和相互肯定的地方，总是有这种方式的或那种方式的共同体。"② "共同体"以强烈的情感精神为特征，以血缘、感情和伦理团结为纽带，由合作、习俗和宗教构成，其典型表现为家庭、村落、宗族以及以宗教情感等联系起来的小城镇。"关系本身即结合，或者被理解为现实的和有机的生命……这就是共同体的本质……"③ 在"共同体"之中，人们扮演着不同的角色，彼此相互信赖，相亲相爱，拥有强烈的认同感与归属感。

共同体可能在自然基础之上的群体（家庭、宗族）里实现，也可能在小的、历史形成的联合体（村庄、城市）中实现，还可能在思想的联合体（友谊、师徒关系等）里实现，由此形成血缘共同体、地缘共同体和精神共同体三种共同体基本形式。从发生的角度来看，

---

① 〔德〕斐迪南·滕尼斯著：《共同体与社会——纯粹社会学的基本概念》，林荣远译，北京：商务印书馆1999年版，第54页。

② 同上，第65页。

③ 同上，第52－53页。

血缘的纽带是共同体最原始的形态，地缘共同体由血缘共同体发展分化而来，而精神共同体则是最高形式的共同体，人的结合或关系脱离了可见的空间联系，而发展成为一种内在心灵的亲近。血缘共同体、地缘共同体和精神共同体具有一种共同的特征，即"共同的关系和参与"，只不过，血缘共同体的"共同的关系和参与"活动创造的是共同的财产，地缘共同体"共同的关系和参与"活动建立在所占有的土地基础之上，而精神共同体则涉及神圣的场所或受到崇拜的神。①

　　滕尼斯非常欣赏"共同体"这种社会联结形态，在他的阐述之中暗含着对共同体逝去的深刻悼念，充满着回归共同体的希冀。但他也清晰地看到，"在大的文化发展中，两个时代相互对立，一个社会的时代紧随着一个共同体时代而来。"② 在滕尼斯看来，"社会"（Gesellschaft）是基于理性意志（比如深思熟虑、抉择、概念等），符合主观利益而形成的关系，其典型表现就是在传统、法律和公众舆论基础之上建立的各种利益团体，以及规模不等的城市或国家。社会"虽然也是一种人的群体，它们像在共同体里一样，以和平的方式相互共处地生活和居住在一起，但是基本上不是结合在一起，而是基本上分离的"。③ 它"只是一种暂时的和表面的共同生活。……应该被理解为一种机械的聚合体和人工制品。"④ 在"社会"中，人们相互独立，任何人都不得跨越心中的那条鸿沟，人与人之间的关系更多依赖于契约而得以维系。显而易见，这是一种机械的

---

① 〔德〕斐迪南·滕尼斯著：《共同体与社会——纯粹社会学的基本概念》，林荣远译，北京：商务印书馆 1999 年版，第 65 页。

② 同上，第 339 页。

③ 同上，第 95 页。

④ 同上，第 154 页。

统一，是以个人的目的、利益、动机为纽带的一种生活形态。

"Gemeinschaft"的出现标志着"共同体"作为社会学概念正式进入了学科领域。滕尼斯关于 Gemeinschaft 和 Gesellschaft 的细致对比和精确阐述，直接影响了后来诸多学者对共同体和社会的认识和分析，为社会学家们留下了一个经典的思考范式。在滕尼斯看来，"共同体"是在情感、依恋、内心倾向等自然感情基础上形成的联系密切的有机群体，而"社会"则是建立在外在的、利益合理基础上的机械组合的群体。"共同体"的本质是现实、有机的生命，是身体和血缘的结合。而"社会"的本质是思想、机械的形态，是相互独立个人的纯粹并存。"共同体"是古老而传统的、是自然形成的，是整体本位的。而"社会"则是新兴而现代的、是非自然的，是个人本位的。在"共同体"中，人们休戚与共、同甘共苦，相互占有和享受共同的财产，维系相亲相爱的紧密关系，拥有共同的精神意识及对"共同体"的强烈归属感、认同感。而在"社会"中，人们的关系是疏离的，却又不得不彼此联合，以争取自己的权益，"人们走进社会就如同走进他乡异国"。① 如果淡化了滕尼斯所提出的人与人之间的亲密关系、归属感和认同感，也就没有完全体现"community"的内涵与实质。

当然，滕尼斯也指出，"共同体—社会"描述了人类生活的两种极端状态，两种理念类型，在真实生活中，仅存在近似共同体（Gemeinschaft-like）和近似社会（Gesellschaft-like）的社会实体。② 滕尼

---

① 〔德〕斐迪南·滕尼斯著：《共同体与社会——纯粹社会学的基本概念》，林荣远译，北京：商务印书馆 1999 年版，第 52 - 53 页。

② 陈秀容："社群的互动与人权：关于社群权利的一种思考"，载《政治社群》，台北：中央研究院中山人文社会科学研究所 1997 年版，第 315 - 344 页。

斯始终推崇着"共同体"。而随着研究的逐步深入，滕尼斯的思想也从"社会"的产物：商业、科学、理性、契约、男性气质、个人自由之中看到了正面价值和积极意义。滕尼斯暗示，社会中存在重建"共同体"的可能，一个最高、无限的"共同体"会使人类通过共同生活统一在一起。

（二）马克斯·韦伯对"共同体"的认识

韦伯吸收了滕尼斯的许多观点，在《经济与社会》一书中，韦伯对于"共同体"和"结合体"这对概念之间的关联做出精辟的论述。韦伯承认，结合体并不等同于共同体。在韦伯看来，"所谓的'共同体'关系，是指社会行动的指向——不论是在个例、平均或纯粹类型中——建立在参与者主观感受到的互相隶属性上，不论是情感性的或传统性的。所谓的'结合体'关系，是指社会行动本身的指向乃基于理性利益的动机（不论是目的理性或价值理性的）以寻求利益平衡或利益结合"。① 在韦伯看来，仅仅是种族、有共同语言等都还不是共同体，"只有当这样的关系包含了相互隶属的感觉时，才算是一种'共同体'关系"。② 换句话说，共同体产生的关键，在于个体之间在密切联系基础上的互相融合。按照这样的界定，建立在感情、情绪或传统基础上的共同体包括家庭、性爱关系、崇拜关系、民族共同体、军队的团队精神等。以理性驱动的纯粹结合体模式包含严格意义上的自由交易的市场、自由协商的单纯的专业联合体（同一部队、同一班级、同一办公室、同一车间等）以及价值理性驱动的教派。

---

① 〔德〕马克斯·韦伯著：《社会学的基本概念》，顾忠华译，桂林：广西师范大学出版社2005年版，第54页。

② 同上，第57页。

基于此，韦伯注意到，大多数结合体关系中存在自然的集体特征，即行动者并非只关心自己的兴趣，而几乎总是留意其他人的希望、需求和行为。在人们卷入结合体互动之处，总会发现共同体的潜在可能性，那些持续性的联系会特别产生互相依存的共同感觉。进而，韦伯强调，结合体与共同体有着密切的联系，不能以静态的观点来看待"共同体"和"结合体"之间的区别。大多数的社会关系部分具有共同体性质，部分具有结合体性质，"不论社会关系的主要考虑是如何冷静的可计算性或目的理性（如同商人对待顾客一般），皆有可能涉入情绪性价值，并超越功利性的原始目的……每种超越立即性共同目的的追求的社会关系，若持续一段时间让同样一群人交往，而且不是一开始便限定只在技术性的范围之内结合，多少会出现共同体的连带关系"。①"相反的，一种通常被视为主要是共同体的社会关系，可能会有部分甚或全体成员在行动上或多或少地指向目的理性或考虑"。② 在复杂的社会整体中，两类社会关系相互嵌入、相互融合、相互转换。

（三）齐格蒙特·鲍曼对"共同体"的认识

英国学者鲍曼以其与众不同和充满睿智的方式剖析了原始意义上的共同体，并从共同体的意义、构建等角度进行全新的分析、界定和评价。鲍曼将"共同体"泛指为，"社会中存在的、基于主观上或客观上的共同特征（这些共同特征包括种族、观念、地位、遭遇、任务、身份等等）而组成的各种层次的团体、组织，既包括小规模的社区自发组织，也可指更高层次上的政治组织，而且还可指国家

① 〔德〕马克斯·韦伯著：《社会学的基本概念》，顾忠华译，桂林：广西师范大学出版社 2005 年版，第 55 页。

② 同上，第 56 页。

和民族这一最高层次的总体，即民族共同体或国家共同体。既可指有形的共同体，也可指无形的共同体"。① 可见，相对于滕尼斯而言，鲍曼对共同体的定义更为宽泛，泛指现实社会中各式各样的实体。

随着现代性的增长，传统的共同体逐步消解。"共同体的纽带日益变得可有可无了……随着民族联系、地区联系、共同体联系、邻里联系、家庭联系以及最后与某人自我前后一致的理念的联系的持续弱化，个人忠诚的范围也缩小了。"② 伴随着共同体的解体，人们获得了自主性，却失去了确定性、可靠性和安全感。在世界动荡不定、民族国家主权式微，流动性越加频繁的全球化时代里，人们陷入了隔离、孤立与焦虑的困境之中，人与人之间变得冷漠而疏远。此时，人们更热切地期盼着温暖的栖息之所：共同体。在鲍曼看来，"共同体总是好东西"，③ 给人许多美好的感觉：温馨、友善、相互依靠、彼此信赖。共同体意味着"一种传统的稳定生活，象征着互助、和谐和信任，传递着一种安全、愉悦和令人神往的美妙感觉"。④ 共同体是"一个温暖而又舒适的场所。它就像是一个家，在它的下面，可以遮风避雨；它又像是一个壁炉，在严寒的日子里，靠近它，可以暖和我们的手。"⑤ 这一生动的比喻反映了共同体对其成员的精神意义：一种确定性和安全感。尽管不同共同体的表现各不相同，

---

① 〔英〕齐格蒙特·鲍曼著：《共同体：在一个不确定的世界中寻找安全》，欧阳景根译，南京：江苏人民出版社 2003 年版，第 1 页。

② 同上，第 57 页。

③ 同上，第 2 页。

④ 〔英〕泽格蒙特·鲍曼著：《自由》，杨光、蒋焕新译，长春：吉林人民出版社 2005 年版，第 2 页。

⑤ 〔英〕齐格蒙特·鲍曼著：《共同体：在一个不确定的世界中寻找安全》，欧阳景根译，南京：江苏人民出版社 2003 年版，第 2 页。

为共同体成员提供生活的某种确定性和安全感，却是共同体的基本功能之一。在温馨而舒适的共同体中，成员们拥有一种独特的安全感，不再心存芥蒂，彻底而完全地释放自己的痛苦与欢乐。人与人之间相互帮助、相互依赖、相互信任，彼此满怀同情地倾听，而不必担心他人的嘲笑，或是幸灾乐祸。在某种意义上，共同体不再是一个已经获得和享受的世界，而是一种"我们将热切希望栖息、希望重新拥有的世界"。"这是一个失去了的天堂，或者说是一个人们还希望能找到的天堂。"①

当然，鲍曼也意识到，共同体之中面临着"安全"和"自由"两种基本价值的矛盾与争执，对立与统一。个体既需要保障生命延续的安全，也需要追求更美好生活的物质和精神自由，人们试图在保障安全与追求自由之间谋求一种动态的和谐。关涉安全和自由之间的争执，永远不可能解决。"失去共同体，意味着失去安全感；得到共同体，如果真的发生的话，意味着将很快失去自由。确定性和自由是两个同样珍贵和渴望的价值，它们可以或好或坏地得到平衡，但不可能永远和谐一致，没有矛盾和冲突。"② 个体进入任何一种共同体都是为了得到它的某种庇护，但为了服从共同体的某些规范也不得不放弃一定的自由。显而易见，共同体是一个令人欢迎而又捉摸不定的地方，它凸现了人类想象力和生存现实的实然紧张。在共同体内部存在着难以克服的个人意志与集体秩序规范之间的实然紧张，体现出因价值追求的迥异而凸显的"安全"和"自由"之间的张力。

---

① 〔英〕齐格蒙特·鲍曼著：《共同体：在一个不确定的世界中寻找安全》，欧阳景根译，南京：江苏人民出版社 2003 年版，第 4 - 5 页。

② 同上，第 6 - 7 页。

二、"共同体"思想的评述

工业化、城镇化推动着社会发生急速变迁，社会变迁成为社会学家关注的焦点主题之一，社会学家用"共同体—社会"这对概念来描述传统社会向现代社会的变迁。学者们的研究有助于我们更为清晰地理解"共同体"的主要特征。

其一，共同体具有同质性。没有共同结合基础的聚合，不能称为共同体。正是由于某些共同分享的东西把人们结合在一起，引发互动，才形成共同体。"共同体"具备诸多深刻而持久的"共同性"：共同的生活环境、共同的生活特征、共同的物质利益。共同体由共同生存的地域、一脉相承的血缘或相同的劳作方式来维系，成员们遵守稳定而一致的习俗、规范和传统，个体与个体之间、个体与群体之间利益相连，休戚与共。任何成员的价值、功绩和名誉，同时也是其他成员乃至整个群体的财富；前者的增加或减少，意味着后者的同时增加或减少。[①]

在这些共享的基础要素中，使共同体维持不坠的要素是共同体成员态度和观念上的共同性。"共同体"是"一个拥有某种共同的价值、规范和目标的实体，其中每个成员都把共同的目标当作自己的目标。……共同体不仅仅是指一群人，它是一个整体"。[②] 共同体成员"具有共同的规范和价值准则"，"共同的价值取向和善观念"，"具有共同的目标、志趣或利益，及由此而产生的成员之间的相互依

---

① 〔美〕A. 麦金太尔著：《追寻美德》，宋继杰译，南京：译林出版社 2003 年版，第 1290 页。

② 俞可平："从权利政治学到公益政治学"，载刘军宁等编：《公共论丛：自由与社群》，北京：三联书店 1998 年版，第 175 页。

存性"。共同体成员之间"共有的理解"或"共享的思维"是先天性的，其成员之间具有共同的价值认同和生活方式，共同的利益和需求，以及强烈的认同意识。"一部分人一旦发现他们具备了其他人所不具备的共同的观念、利益、情感和职业，那么在这种相似性的影响下，他们不可避免地会相互吸引、相互寻觅、相互交往、相互结合。这样，一个特定的群体就在整个社会中慢慢地形成了。"① 这种相似的同质性，驱使人们自发形成一个共同体。

其二，共同体具有情感性。在古希腊，这种群体及其观念的形成与希腊人的"共餐制"有关。城邦成员在公共餐桌上共同进餐，以促使城邦公民"意识到他们在某种意义上都是'同胞'兄弟，（因为）没有什么比在同一张饭桌上分享同一个灶台里煮出的食物更能加强这种信念了。共餐是一种交流，它在共餐者之间建立起一起存在的认同和一种亲如手足的关系"。② 可见，"共同体"不仅意味着一群人共同生活，而且意味着这群人在共同生活中形成休戚与共的亲密关系。

遵循这条思路，滕尼斯认为，作为与"社会"相对的一种生活，"共同体"特指那种凭传统的自然感情而紧密联系的交往有机体。鲍曼亦指出，共同体是一个美妙的感觉，是一个温暖而舒适的场所，是一个温馨浪漫的家。当我们谈到"共同体"时，更多是在传达着自身的感觉：共同理解，和睦相处，温馨圈子……只有社会成员在行动上频繁互动、紧密关联，在情感上彼此认同、相互守望，共同体的美好感觉才得以产生。在温馨的共同体中，人们将对方看作是

---

① 〔法〕埃米尔·涂尔干著：《社会分工论》，渠东译，北京：三联书店2000年版，第26页。

② 崔延强著：《正义与逻各斯》，济南：泰山出版社1998年版，第118页。

可信赖的人，把对方视为"我们中的一员"，① 在相互支持、相互关爱中找寻内心渴求的安全感。从这个意义上说，共同体具有情感性。积极的情感如同发酵剂一样，催生着共同体成员相互关爱，形成对共同体的归属感和认同感。

其三，共同体具有伦理性。共同体成员相互间共同的、有约束力的思想情感信念，形成了共同体的"默认一致"。这种"默认一致"就是把人作为一个整体成员团结在一起的特殊社会力量和同情。作为一种"自然的法"，"默认一致"能够形成共同体的自我意志，其本质是一种伦理的力量，直接促成了共同体伦理生活和伦理秩序的形成。共同体超越地域或是血缘的界限，突出人与人之间所形成的共同伦理意识。伦理是共同体成员彼此相互依赖、相互联系的内在纽带，是共同体存续不可或缺的影响因素。没有或者丧失了伦理，共同体就是不健全的。

共同体不仅为个体提供了生活背景与伦理框架，更担负着教化的功能和提升的责任。个体不是脱离社会的存在，如果脱离甚至损害了社会其他成员的利益，片面追求自身利益，必然走向如托马斯·霍布斯所说的"人对人像狼一样"的战争状态，最终背离个体利益，走向自我毁灭。共同体成员共同参与、真诚合作，形成伦理和精神上相互依存的关系。此种伦理不是基于个人权力和需要之上，而是存乎于各种人伦关系之中，在人与人、人与周围环境的社会联系之中。共同体本质上就是通过强而有力的伦理凝聚力，遏制拆解共同体的力量，把个体对自身利益的不合理的过度追求约束到最大限度实现共同利益的轨道中来，以协调个体、群体和共同体内部以

---

① 〔英〕齐格蒙特·鲍曼著：《共同体：在一个不确定的世界中寻找安全》，欧阳景根译，南京：江苏人民出版社2003年版，第8页。

及相互之间的利益关系。在共同体中，成员以人类的共同利益为出发点和归宿，并把个体的利益和命运寄托在共同体的价值目标之上。从这个意义上说，共同体是"善"与"美"的代名词，是人类善良生活的基础，是以人类共同利益为核心的道德性联合。

总的看来，在社会学家眼中，共同体由共同生存的地域、一脉相承的血缘或相同的劳作方式来维系，在共同的生活中人们形成休戚与共的亲密关系，形成强烈的归属感和认同感。"共同体"与"社会（结合体）"是两种不同的社会联结方式。"共同体"基于共享的价值与观念之上，依靠忠诚、善良、身份认同、责任、义务以及互惠等情感、集体意识为个体间联结的纽带，以礼俗作为维护秩序的手段。而"社会（结合体）"则基于理性主导的利益权衡之上，依赖于对回报的承诺或是外力的威胁等理性化利益为个体间联结的纽带，以法理作为维护秩序的手段。当然，学者们也意识到，"共同体"和"社会（结合体）"是人类生活中的两种极端状态，在真实的生活中，共同体（结合体）和社会相互嵌入，相互融合，相互转换。

第二节　灵性共同体的内涵与意义

一、灵性共同体的内涵与特征

灵性共同体以组织成员的灵性发展为根本目标，组织成员体验内心的平静、共享深度的反思、追逐共同的希望、感受彼此的关爱，凝聚成一个相互认同、信任和支持的有机体。组织成员在内心平静之中体验静谧，在深度反思之中领悟真理，在彼此关爱之中感受快乐，进而达到灵性提升的共同目标。

（一）灵性共同体成员体验内心的平静

在浮躁与喧嚣的社会中，"天下熙熙，皆为利来；天下壤壤，皆为利往"。[1] 人们忙于应酬、交际、娱乐，工作节奏不断加快，心态平静实属难得。灵性领导明白，如果组织成员内心不能达到平静的状态，组织发展将受到影响，甚至可能被引入危险的歧途和可怕的深渊。只有在原初本真素朴的心境下，才能感受到无尽幽远的意境，感受到宇宙生命的律动。只有在空灵而虚静的心灵中，才能享受悠然自得的乐趣，享受闲静快适的心情。进而，灵性领导呵护组织成员的内心平静，并将之作为一笔宝贵的精神财富，一种高超的领导艺术。

无论在官场，还是在商界，无论是与流水浮云为伴，还是在嘈杂的世俗生活中，灵性共同体成员涤除内心杂念，修养自身静气，聚敛生命的深度与厚度，追求心灵的超拔与自由，进入恬淡澄明、高远洒脱、无拘无束、自由自在的精神境界。虚静纯净的心境，使得灵性共同体成员破除声色犬马、功名利禄的执著，救治生命本能的盲目冲动，平衡由于人的自然本性和外物追逐引起的心理眩惑与精神散乱，始终胸怀崇高的责任感，与社会保持一种理智的和谐，以激发内在思维的活跃，工作效能的提升。

（二）灵性共同体成员共享深度的反思

在灵性共同体中，共同体成员在入情、入理、入心的反思之中逐步走出个体的局限，走入更宽宏的思维视野，步入灵性修炼的美妙空间。共同体成员的反思模式从片断式的线性思考转向系统性的整体思考，由彼此孤立、静止的思维方法转向相互联系、动态的思

---

① 〔西汉〕司马迁著：《史记》，北京：中华书局2006年版，第752页。

维方式，用一种新的方式认识自己与周遭世界。此时，反思成为凝聚共同体成员的方式之一，成为共同体倡导的内部规范。

在传统的工业化组织中，每个流程都被分割成独立的操作空间，组织成员被封闭在单一的框架之中，缺少相互间的交流。每位组织成员都有自己独特的经验，一位成员的经验是正确的，并不代表另一位成员的经验是错误的，也许只是看待问题的角度不同而已。虽说没有哪种经验是全面的、是万能的，却可从中找出较适合于当时情境的经验与做法。在灵性共同体中，成员打破自给自足的空间状态，超越依靠单枪匹马的幻想，把自我置身于一个与他者、与世界密切互动的背景之中。通过"反思"，共同体成员与自我、与他人、与世界"真诚"对话，坦然呈现自己的观点和立场，尊重差异、呵护差异，分享每位成员的经验和成果，依靠个性差异的原动力，探索、交流和建构一个新的世界，帮助成员更好地灵性成长。此时，灵性共同体成员相互倾听和回应、相互切磋和激荡，在反思之中分享共同的信仰和利益，分享彼此的经验和智慧，体验独特的态度和情感，探究真实而复杂的实践问题，重新建构隐含于问题背后的知识，追求心灵的成长与自我的实现。

共同体成员的实践性智慧不仅仅来自于个人的阅读和钻研，还来源于彼此的相互诘难、辩驳和争论。由此，灵性共同体将公共知识转化为个人知识，将个人难题转化为公共难题，借助于集体智慧解决个人所面临的困境，组织由孤立的氛围变为充满对话、协商的活跃气氛，由少数人掌握决策权变为所有共同体成员共同领导。此时，灵性领导将时间、空间、人力、精力、技术等系统参数调整至最佳状态，创造宽松、愉悦的工作环境，提升自我与自我、与他人、与世界良好互动的能力，最大限度地发挥个人潜能。

（三）灵性共同体成员追逐共同的希望

希望是一种精神的期待和超越，是人对美妙未来的向往和追求。而共同希望，则是共同体成员精神的共同期待和超越，是共同体成员心中所共同持有的愿望或景象。共同希望并不等同于通常所说的组织目标。组织目标是管理层自上而下推行的、外在的强制性目标，而共同希望则源自每位组织成员内在的心灵希望，是组织文化的精髓之所在。灵性共同体并不像一般组织那样强调外在的制度性约束和契约性关系，而是更多强调群体内成员之间的共同理想和内在精神连接。那些由志同道合的个体自愿组成社会、政治和宗教团体，均属于灵性共同体。共同希望来自于组织成员的内在需要，是组织成员根据自身的价值观和理念形成并自愿达成的愿景和理想。从这个意义上来看，共同希望是灵性共同体的连接纽带之一。

从中国现状看来，大多数人缺少了一点诗人的气质，缺少了一点创造的冲动，缺少了一点青春的活力，这些都与希望或多或少相关联。希望是最有力的、最具激励性的因素之一。一个没有希望的人或一个没有共同希望的组织不可能走太远。相反，一个拥有希望的人沉浸在激情与智慧之中，拥有完整、现实、有血有肉的人生体验。一个拥有共同希望的组织凝聚着一股不可阻挡的前进动力。"我们为什么存在"？"我们为什么在一起"？由此引发的共同希望是共同体成员所共有的精神追求，是灵性共同体成员彼此忠诚的根基。一个清晰而有效的共同希望生动地传递着组织未来的发展图景，像一只"看不见的手"给予人们理想与愿景，增强人们之间的认同、联合和协作，调动成员的使命感与能动性，激发成员强劲的凝聚力、驱动力和创造力，成为他们变革和创造的不竭动力。即便遭遇混乱或阻力时，在共同希望的召唤下，共同体成员仍能继续沿着正确的路径前行。

灵性领导深知，共同希望是在共同体成员心目中滋长一股令人深受感召的力量。当我们将希望与一个清楚的"现况景象"同时在脑海中并列时，"心中便产生一种'创造性张力'，一种想要把二者合二为一的力量"。① 进而，灵性领导呵护组织成员的精神成长，创设组织成员的共同希望，营造组织成员的"理想村落"与"精神家园"。在成员的"共同希望"之中，灵性领导将领导过程视为一个理解、欣赏和引导组织成员内心世界的过程，在一个更高、更新、更美的理想境界之中，激发、唤醒和催生灵性共同体成员的内在激情。透过希望的唤醒和引导，共同体成员相信自我具有无限发展的可能，挑战自我、激励自我，成为有理想、有追求的真正的人。

（四）灵性共同体成员感受彼此的关爱

关爱是一种极富道德价值的个体经历和体验，也是人格养成的必经之路。在灵性共同体中，灵性领导表达内心真挚的情感，激发人性本原中对爱的渴望和内在需求，促成成员之间富有意义的交往，丰富"自我"与他者、与世界的交往层次。灵性共同体成员真诚地关爱自己，关爱组织成员，关爱与自己有关系、没关系的人，关爱动物、植物和自然环境，与此同时，也获得他人的关爱。如此，充溢着关爱元素的灵性共同体对于构建包容、平和的伦理秩序，保障每位成员免受伤害，有着其内在的积极意韵。

事实上，人类每时每刻都生活在关爱之中，"关爱是人对其他生命所表现的同情态度，是发自内心深处最深刻的渴望，是轻轻擦肩

---

① 〔美〕彼得·圣吉："管理者如何实现自我超越"，张成林译，载《当代经理人》，2009 年第 9 期，第 104－107 页。

而过的瞬间怜悯，是人世间所有的担心、忧患和苦痛"。① "两个人中，一方付出关爱，另一方接受关爱。如果双方中任何一方出现问题，关爱的关系都会遭到破坏"。② 一旦招致破坏，意欲重新建立彼此坦诚、相互关爱的关系则需要付出更多的努力和精力。在灵性共同体中，组织成员不仅将"工作"看作是一种安身立命的方式，还将之视为是一种"为了实现人的幸福"的伟大事业。正是依靠这一坚定的信仰之力，灵性领导相信每位组织成员的潜力和品性，不懈地支持和激励着每位组织成员。在充溢着神圣关爱之情中，组织成员简简单单、实实在在的相处，不是表现一副关怀备至的样子，而是追求亲密无间与漠不关爱之间的深刻理解与真正和谐。此时，组织成员对他人快乐、恐惧、忧郁、受挫等各种情绪体验感同身受，体现为一系列精心设计而看似自然的鼓励和支持。

在关爱的支持下，灵性共同体不依赖于行政等外力因素，不带有任何义务性和强制性，自然而然生成一个温馨、舒适而又安全的"家"。灵性共同体成员相互尊重、相互信任，休戚与共、同甘共苦，不计较利害得失、不计较名誉得失，自愿分享思想，主动交流经验，坦然流露真情，真心实意为他人着想。在和谐而纯净的人际氛围中，共同体成员以协商和合作的方式探讨问题解决的有效对策，各种不同的见解、模式和风格同时共存，和而不同。通过对他者存在方式的了解，借助于他者与自我角色的换位，组织成员将"自我"置于一个意义丰富的背景之中，超越"自己"的局限和片面，丰富"自我"的生命意义，获得生命灵性的生长。

---

① 〔美〕内尔·诺丁斯著：《学会关心——教育的另一种模式》，于天龙译，北京：教育科学出版社 2003 年版，第 23 页。

② 同上，第 23 页。

总的看来，灵性共同体是一个共同体成员平静、反思、希望和关爱的精神家园。在动态开放、充满灵性的境遇之中，灵性领导关注生命的成长，关注灵性的提升，引导"我—你"、"我—我们"、"我们—他们"之间保持一种"拉"与"推"的平衡张力，进行着生命与生命的对接、交融与摄养。组织成员体验内心的平静、共享深度的反思、追逐共同的希望、享受彼此的关爱，实践性经验和能力得以传承，组织认同感和归属感得以增强，个体和组织灵性得以提升。

二、构建灵性共同体的意义

构建平静、反思、希望和关爱的精神家园，对于个体成长、组织发展具有重要意义。在社会发展加速、知识更新加快、技术手段翻新的今天，人们更期望灵性共同体的出现，以满足情感需求，提升理性认知，增进伦理德性。

(一) 满足成员的情感需求

在工业化模式下，统一化、标准化的管理造就了同等"规格"、同等"质量"的产品。人们的生活过程完全变成一种纯粹的目标追逐，沦落为工具理性主宰下的技术主义，而完全遮蔽对人的存在意义的深切关怀，成员的个性被忽略，代之以整齐划一的行为规则，情感因素似乎离人们越来越远。个体生命因存在意义的单调或缺失，成为时间向度上的匆匆过客。面对不断变化着的未知世界，人们越发滋生出对共同体精神复归的需求，力图从中寻找可以有把握归属于其中的团体。灵性共同体弥补了现代社会灵性领地的缺失，为组织成员找到一种类似于"家"的共有感觉。根植于关爱他人和被人关爱的精神渴求，共同体成员不以孤立的个体自居，而把自己看成大家庭中的成员，彼此拥有共同的理念、信念和价值观，相互尊重与认同，相互信任与关爱，形成强烈的归属感和认同感。在灵性共同体中，成员走进彼此的心灵深处，体会生命内奇妙的变化，享受由平静、关爱、希望和反思所带来的快乐和幸福，组织亦日益蜕变为一个不可分割、凝聚力极强的整体。

事实上，人际关系学派代表者梅约早就用霍桑实验证明了这点。生产效率的高低主要取决于工人的士气，而工人的士气则取决于他们感受到各种需要的满足程度。在这些需要中，金钱与物质方面的需要只是很少的一部分，更多的是获取友谊、得到尊重或保证安全等方面的社会需要。只要雇主能激起雇员"我们所有的人都在同一条船上"的内在感觉，就能增进雇员对组织的忠诚，并使他们铭记个人表现对共同体努力的意义。梅约坚信，如果雇主尊重工人对尊严、价值和荣誉的追求，尊重他们天生固有的对无效用和无意义惯例的怨恨，那么奖金和薪水的增加，就和严密的监视一样都是不重要的。霍桑实验提示那些泰勒制的坚持者，已被遗忘和忽视的共同体对有意义的行动仍然非常重要。[①] 依赖于坚固而和谐的依存关系，灵性共同体成员得以有机团结。此时，成员们的工作激情、自觉自律不是源于胡萝卜或是大棒，而是源于共同的事业和希望。在忠诚、信任和关爱的关系之中，共同体成员体验到工作的快乐和人生的意义。

（二）完善成员的理性认知

处于平静、反思、希望和关爱的氛围之中，共同体成员超越纯粹的个人反思，转向成员之间的相互学习。由此，共同体成员从

---

① 〔英〕齐格蒙特·鲍曼著：《共同体：在一个不确定的世界中寻找安全》，欧阳景根译，南京：江苏人民出版社2003年版，第41–43页。

"我"逐渐走向"我们"，旧我经验和新我经验不断交汇协商，丰富实践性知识，完善个体的理性认知。

在工作实践中，情境的复杂性和不确定性要求共同体成员具备经验性、情境性和个人性的"实践性知识"。个人实践性知识属于缄默的知识，具有"只可意会，不可言传"、"非逻辑性"、"情境性"等特点。每位共同体成员都拥有自己的实践性知识，但多年以来，实践性知识一直处于被"流放"的地位，较少获得人们的关注。而正是这些被忽视的实践性知识，对于工作绩效提升而言尤为关键。一般说来，实践性知识产生于处理复杂性和不确定性情境过程本身，难以通过外在形式获得，只能在实际情境中去亲身"体悟"。灵性共同体以实践中遇到的问题为基础，创造知识交流和经验共享的平台，帮助共同体成员摆脱个体经验的局限，客观系统地对自己、对他人的工作实践进行持续不断地探究与反思。在灵性共同体中，成员既是"实践者"，又是"研究者"。共同体成员真诚地倾听每位成员的实践性知识，尊重和包容他人的观点和风格，个体经验式、无意识的朦胧感觉得以向系统、有意识的知识理念不断演进。此时，工作不再是一种繁杂乏味的义务，而是一种幸福的享受。共同体成员有意识地构建清晰而明了的工作理念，不断更新原有的实践性知识结构与体系，从中完善理性认知，获得理性升华。

（三）提升成员的伦理德性

在灵性共同体中，成员们不断反思：组织仅仅是一个追求绩效的组织吗？组织得以凝聚的真正基础是什么？成员们从古希腊沿袭下来的共同体精神中找寻到了些许启示。组织不仅是追求绩效或某个预设目的的工具，还是一种人类联结方式的文化隐喻和价值追求，更是追求与分享共同价值和共同的善的凝聚体，一种符合人性的人群"结合"方式和生活方式。处于工业化、城市化进程之中，伦理德性追求是对人类生活世界异化的有力回击，伦理精神也成为抵御市场化、物质化的有力工具。灵性共同体用"应当"这一理想标尺来衡量成员的思想和行为，旨在使共同体趋于至善至美的最高道德境界。

实际生活中，组织生存于一个高度市场化的社会之中，多数组织偏向于理性组织有其内在的合理性与必然性。而灵性领导力图超越理性组织的弊端，构建一个超越于工具理性的、具有道德本性的灵性共同体。灵性共同体与现代普通组织的差异之一在于，灵性共同体是一种道德盟约的社会关系联结，而现代普通组织是一种基于计算的契约式人类联结关系。现代普通组织以计算、交换、个人利益、科层等级等维系人与人之间的关系，而在灵性共同体中，责任、关爱、希望维系着人们之间的关系，基于此达到一种人性、道德的存在。灵性共同体以工作、生活作为载体，唤醒成员的责任与关爱，激发成员的希望与潜能，从而形成一种强大的道德责任感和克服困难的坚强意志，实现组织文化的彻底转型。建立富含道德意义的灵性共同体，实现组织的道德重构，这才是灵性共同体的真正目的之所在。在充分尊重个体独立的基础上，灵性共同体建立道德意义上的个体自治联盟，既抵御组织对人的奴役，又防止个人主义的泛滥，在共同体生活中推动人的社会实现。

灵性共同体思想挑战着传统的组织理念，以工作、生活为载体，关注生命的成长、灵性的提升，建构一个平静、反思、希望和关爱的精神家园。此时，管理或领导不再是"选择和淘汰"，而是"培育和发展"，为灵性的萌生和发展提供良好的发展空间，共同体成员亦从中获得情感的愉悦、理性的升华和德行的提升。

第三节　灵性共同体的构建策略

构建灵性共同体是提升组织灵性的重要方式之一。灵性领导通过建立共同愿景、创建制度体系、培育灵性文化等方式构建灵性共同体，以推动个体和组织灵性的共同提升。

一、观念分享：建立灵性共同体的共同愿景

"愿景就是我们想创造的景象。"① 愿景拥有清楚及吸引人的意象，开启了人们的情感与活力，并把活力与承诺带进工作职场之中。② 建立共同愿景是发展灵性共同体的有效之道。清晰而明确的共同愿景既符合共同体的实际，又满足成员的需求，既具有长远性，又具有现实性，共同体成员彼此认同、衷心向往。灵性领导的职责之一就是创造"未来"，为共同体创设并表达一个可信的、现实的、吸引人的未来美景，以促使共同体及成员获得持续改善、变革和成长。

彼德·圣吉曾指出，建立共同愿景的第一步是放弃愿景总是由高层宣布或是来自组织制度化规划过程的传统观念。建立共同愿景，必须放弃来自管理层的愿景。共同愿景不是领导者个人的意志，不是由管理层制定出来的、由上至下灌输的方案，而是成员经过反复交流、协同后自下而上协商而来的集体性产物。领导者的愿景只能

① 〔美〕彼德·圣吉等著：《第五项修炼·心灵篇》，张成林译，北京：中信出版社2010年版，第124页。

② Nutt, P. C. and Backoff, R. W. （1997）. Facilitating Transformation Change. the Journal of Applied Behavioral Science, 33 （4）, 490 – 508.

让成员"遵从"，而非"奉献"，难以激发个体内在的动力与希望，难以与个体的生命力相互依存。

建立共同愿景，必须与共同体成员的个人愿景结合起来。愿景具有高度个人化色彩，每位共同体成员都有着自己的愿景。个人愿景并不仅指个人的利益问题，还包含着个人对家庭、组织、社区甚至对全世界的关注。个人愿景不仅促使自己有益于他人和社会，更重要的是满足成员作为人的尊严、需要与自我价值的实现。如果组织成员没有自己的愿景，他们所能做的仅仅是顺从，而不是发自内心的意愿。真正的愿景根植于个体的价值观、关注之中，这如同汉诺瓦保险的欧白恩索观察到的那样，"我的愿景对你并不重要，惟有你的愿景才能够激励自己"。①

灵性共同体成员主动敞开自我，倾听他人的心声，觉察内外环境的变化，尊重组织成员的个人愿景，担负起建构共同愿景的职责和义务。在强烈的归属感和认同感之中，共同体成员感受到尊重与关爱、安全与放松，在共同愿景和个人愿景之间找寻共同的抱负、目标、需求与梦想。在"我愿中有你，你愿中有我"之中，共同体成员激发人性需求的力量，全身心投入到事业之中，以确保共同愿景的达成。

二、制度保障：创建灵性共同体的制度体系

灵性共同体的培育不仅需要组织成员的自觉参与、自发觉醒，还需要配以招聘、评价和培训等制度予以保障。"如果你想改变人们的观念，你不应该试图从理智上说服他们。你需要做的就是把他们

---

① 〔美〕彼得·圣吉著：《第五项修炼——学习型组织的艺术与实务》，郭进隆译，上海：上海三联书店 1998 年版，第 244 页。

引入一定的情境，使其必须依赖新观念行动，而不要争辩这些观念。"① 一旦结构和情境发生变化，旧的行为模式变得不合时宜，人们将被迫改变自己的行为。系统的组织制度保障有助于灵性共同体的培育。

（一）基于灵性的人才招聘机制

在成员招聘时，组织将灵性意识和灵性能力作为考核的条件之一，将反思、希望、关爱和平静等因素列入考核评价指标体系之中，并占据一定权重。通过行为事件访谈法、问卷调查法、任务分析法等多种途径建立适合组织和岗位的灵性胜任特征模型。将灵性测评系统植入组织招聘过程中，在同等条件下，优先聘用内心平静、善于反思、胸怀希望、关爱他人的人员。

值得注意的是，共同体成员需要保持适度的异质结构。唯有保留共同体成员之间职能、兴趣的适度差异，才会实现永久的结合。异质性，决定着城邦的兴旺。同理，异质性也决定着共同体的内在生命力。成员间的异质化程度过高，没有适度的交叉融合，成员之间的互动就很难进行或进行得不充分。反之，成员间的异质化程度过低，亦会影响互动的充分展开。异质性可以有效地缓和群体内部矛盾，促使共同体成员形成内在的相互依赖关系。适度异质的成员构成对灵性共同体的良好建构具有重要意义。

（二）基于灵性的发展性评价机制

组织中长期惯用的"奖优罚劣"评估机制呈现出显著的理性化和技术化特征，而忽视了组织成员作为一个"人"理应具有的情感及个性的完整性。在这种评估制度的导引下，组织成员彼此间相互

---

① 〔美〕Stephen D. Brookfield 著：《批判反思型教师 ABC》，张伟译，北京：中国轻工业出版社 2002 年版，第 310 页。

猜疑、矛盾和对立，容易产生不良的竞争关系，也难以形成真正的灵性共同体。而灵性共同体则打破原有的"奖优罚劣"评估机制，建立基于灵性的发展性评价机制。所谓基于灵性的发展性评价，指的是系统而持续地选择、收集和评价组织成员日常工作生活中的灵性信息，通过对话和讲故事等方式达成对灵性发展目标、发展水平和发展潜力等方面的共识，并将评价结果作为促进组织成员灵性发展的一种手段，从而实现个体与组织灵性共同成长的一种形成性评价。具体而言，基于灵性的发展性评价具有如下主要特征：

1. 主体性

基于灵性的发展性评价以成员自我评价为核心，共同体成员既是基于灵性的发展性评价的评价对象，又是基于灵性的发展性评价的评价者。基于灵性的发展性评价根植于组织成员的日常生活，倾听组织成员的心声，重视组织成员的处境，肯定组织成员的个人生活实践对于其灵性成长的重要意义，以叙事的方式关注组织成员的灵性认知、情感、意志、行为及其情境。这些客观存在的叙述资料，不仅具有第一手评价资料的价值，更具有心灵轨迹实录的意义，其中可能包含着丰富的内心体验，可能蕴藏着细腻的情感变化，可能反映出潜在的缄默知识。基于此，深入理解和全面评价组织成员的灵性"真相"，以不断发展组织成员的灵性能力。

2. 合作性

每位评价者有着其独特的知识结构、价值取向和个人经历，这些因素影响着他评价组织成员灵性的前见，这些前见——枷达默尔谓之"合法的偏见"——甚至构成了他评价组织成员个体灵性水平的看不见的思想前提。因而，面对同样的原始资料，不同评价者会建构起不同的评价框架，这就需要借助于合作的力量、众人的智慧，促使评价变得更为客观和全面。基于灵性的发展性评价把传统评价中的单向或双向交流，改变为不同评价主体之间的多向交流。在民主和合作、尊重和信任、宽容和关爱的合作氛围中，组织成员、上下级等多元评价主体通过对话达成有关组织成员个体的灵性发展目标、发展水平和发展潜力等共识，全方位、全过程地对组织成员灵性进行评价。

3. 发展性

基于灵性的发展性评价不仅关注组织成员当前的灵性表现，更为注重组织成员长期的灵性表现，不仅着眼于提升少数组织成员的灵性状况，更为注重共同体全体成员的灵性发展。基于灵性的发展性评价呵护组织成员的独特性，尊重组织成员的人格，关注组织成员的每一步灵性成长。在对组织成员灵性现状了解的基础之上，构建科学而详细的不同阶段灵性发展性评价指标体系，设计符合组织成员个体特征的可行性个人灵性发展目标，用以激励组织成员内在的灵性发展动力，完善组织成员的灵性认知，促进组织成员的灵性发展。

在基于灵性的发展性评价中，组织评价由外在性向内在性、由鉴定性向激励性、由终结性向过程性转变。灵性领导从灵性目标的构建、灵性信息的搜集、灵性信息的评价三个流程来思考评价的实施。

其一，灵性目标的构建。传统评价是一种重视"事"的评价，是一种整齐划一的评价，是一种远离组织成员内心世界的评价。在这种远离组织成员内心世界的评价标准中，组织成员感受到外在物欲的高压，难以持续体验所谓"成功"的喜悦，其结果是人们尽管部分获得生活所赖以生存的丰富物质，却离幸福、快乐很遥远。基于灵性的发展性评价不仅将组织视为获得经济利益的载体，还将组织视为人类的生活场所，进而更多关注组织成员的个体生命、生活。组织成员是生活着的个体，是发展中的个体，在灵性水平上也存在着明显的差异。组织成员的灵性评价目标体系之中既有长期目标，也有短期目标；既有共性目标，也有个性目标。一方面，从组织成员生活实际出发制定长期灵性评价目标，长期灵性评价目标具有共性，注重组织成员平静、反思、希望、关爱等的全方位评价。另一方面，针对不同时期不同组织成员个体的评价侧重点，制定短期灵性评价目标。在长期灵性评价目标的框架内，根据每位组织成员的灵性基础，根据不同个体的特殊状况，确立不同的阶段性评价目标，采用个体内差异评价，让组织成员在处理现实问题和情境中，真实地展现灵性"真相"，获得客观的灵性评价。

其二，灵性信息的收集。建立组织成员的灵性档案袋，有助于基于灵性发展性评价的顺利开展。所谓灵性档案袋，是一段时间内组织成员个体灵性成长的信息集合。一般而言，共同体成员的灵性困惑源于主体和规范之间的张和弛，源于主体多重角色和多重使命之间的分和合，是成员灵性生成、运动、发展永不枯竭的原动力，也是成员们发展性灵性评价的切入口。灵性档案袋切入共同体成员生活世界的基底，关注成员内心世界的冲突，以叙事的方式描述组织成员的平静、反思、希望和关爱的内心修炼历程，展现着个体亲历与体验灵性的过程，正视冲突的存在，理解困惑的两难，关注艰难的选择。灵性档案袋由工作日志、个人总结、谈话纪要等材料组成，之中不仅记录着个体灵性成长的状况，也记录着同事间灵性共同成长的状况，深入而全面地展现组织成员的灵性成长"真相"，亦为客观评判组织成员的灵性水平打下扎实而全面的信息基础。年终时，每位组织成员提交一份灵性记录（如反思日志、小组谈话实录、心得等），用以制作灵性档案袋。灵性档案的质量优劣，亦是绩效考评的重要依据之一。值得注意的是，灵性档案袋不是存放组织成员灵性信息的容器，不是组织成员灵性信息的杂乱收集，而是为了某一目的选择性收集、系统记录组织成员灵性发展的结构性信息，其最终目的都是为了促进组织成员的灵性发展。当然，灵性信息的收集过程中，也要尊重组织成员的隐私，保护组织成员的隐私，增强组织成员的心理安全感，以提高评价的效度和信度。

其三，灵性信息的评价。基于灵性的发展性评价发挥多元评价主体的作用，使发展性评价成为组织成员自身、上下级同事等评价主体共同参与、有机结合的交互活动，以真实而准确地评价组织成员灵性状况。首先，成员自身是灵性评价的主体。组织成员对照标准，客观记录自己的灵性状况。在自评过程中，组织成员主动加入到灵性问题的有意识探索与研究之中，挖掘冲突所蕴藏的内在根源，明晰冲突多方利益和立场，认识到冲突的复杂性、多样性和歧义性，探寻冲突和组织成员、组织情境之间的相互作用，洞悉和解释自己原有的灵性认知，反思那些只可意会、不可言传或不证自明的灵性知识、价值和态度等，找到自身的灵性发展和不足，不断调控自身的灵性认知和灵性行为。其次，上下级同事亦是灵性评价的主体。在日常生活中，上下级同事关注个体的灵性体验和灵性困惑，察觉个体的灵性感悟和灵性行为，随时随地对组织成员表现出来的灵性倾向进行观察、记录和评价，不定期地讨论组织成员灵性发展过程中的效果和不足。组织成员通过别人的眼睛来观察自己，审视自己的行为，更有目的地改进自己的行为，促进自身的灵性朝着预定目标发展。在组织成员自身、上下级同事等评价主体共同参与的交互活动中，评价相关者怀着深深的谦虚和忍耐，通过自我对话、同事间对话等方式，诚恳地敞开自己的心扉，朴素地诉说自己的灵性阅历，分享组织成员的灵性认识，关注组织成员的灵性体验，觉察组织成员的灵性行为，反思组织成员的灵性两难，理解组织成员冲突中所蕴含问题的复杂性。在民主和合作、尊重和信任、宽容和关爱的发展性评价氛围中，多元评价主体之间通过"协商"达成组织成员灵性发展水平、发展潜力以及未来发展目标的共识，进而客观地评价组织成员的灵性状况，有效地提升组织成员的灵性水平。

总的看来，基于灵性的发展性评价注重营造一种共同参与的环境，尊重组织成员的诉求，强调评价标准的民主、协商与共建过程，创造组织成员相互交流、相互沟通的机会，把外在评价变为内在评价，把甄别性评价变为发展性评价，建立对自我更为客观、全面的认知，以不断提升个体和组织的灵性水平。

（三）基于灵性的人才培训机制

灵性领导以生命经验为主轴，引导组织成员制订和完善自我的灵性成长计划，通过对话、讲故事和艺术等方式加深个体对灵性重要性的认识，唤醒个体潜在的灵性特质，分享个体美妙的灵性生活，提升个体和组织层面的灵性水平。

灵性领导尊重组织成员的灵性思想，创设激发工作场所灵性的组织条件，帮助他们将自己的灵性思想与组织的价值观联系起来。在灵性工作中，通过对平静、反思、关爱、希望的体悟，经由静思或是觉察，组织成员大胆敞开心扉，毫无保留地探究自己的灵性生活，畅谈生命中的痛苦和快乐，暴露自己的不足与缺陷，逾越生命中的障碍和闭塞，真切感受生命的限度与软弱，宇宙的神奇与浩瀚。在平静的主题中，组织成员感受到对内心欲望的解脱，对固有认知的超越。在反思的主题中，组织成员专注地省思生命、省思人生，获得内在生命的复苏。在希望的主题中，组织成员激发生命的潜能与创造力，走向自我的生命愿景。在关爱的主题中，组织成员彼此信任，走入利他的精神家园。在灵性主题的分享之旅中，组织成员不断追问自己：哪些主题曾经触动过自己的内心深处？哪些主题曾经带给自己深刻的启示？借此，组织成员重新调整脚步，积极面对人生的挑战，了解生命过程的艰辛与喜悦，增进生活的智慧与勇气，活出生命的喜乐与丰盛，获得内在的灵性成长。

　　沉浸于灵性之旅中，是一件幸福的事情，也的确是一件不容易的事情。每一次感悟，都是一种人生的修炼，一种心灵的提升。每一滴泪水，都是一种人生的洗礼，一种心灵的净化。在体验灵性、体悟人生的过程中，组织成员不囿限于某一宗教、教义和教规之中，而是关注生命中的潮起潮落、起起伏伏，从不同角度触及生命生活中的核心问题，亦即我们所称的"终极关注"问题。通过内在自我的释放，组织成员感受到原有价值观的冲击与碰撞，历经许多痛苦与艰辛、挣扎与彷徨，勇敢跨越恐惧与软弱，透过与内在自我的分享和释放，慢慢走出生命的阴霾，逐渐浮现心灵的曙光，以意想不到的方式绽放出美丽的生命之花。在相互学习、互相碰撞的过程中，共同体成员由封闭走向开放，由控制走向激发，由抽象走向具体，由最初彼此的不熟悉，逐渐过渡到愿意和同伴们分享自己的生命成长史与人生经验，逐渐改变对灵性生命的认知与感受。在平静、反思、希望和关爱之中，组织成员直面人生的痛苦与磨炼，见证生命的神奇与珍贵，感受生命的力量与潜能，体悟生命的多元与多变，对未来充满无限希望与祝福，激励组织成员直面人生的困境与挑战，追寻生命的蜕变与圆满，获得心灵的转换与灵性的提升。

通过人才招聘、人才选拔和人才培训等制度，灵性共同体吸纳具有灵性需求的人才，加强成员的灵性交流，将灵性元素纳入绩效管理之中。在互动共生的过程之中，灵性领导引导成员的灵性需求，丰富成员的灵性体验，实现灵性成长从外源性到内源性的升华，从自发状态向自觉状态转变，以切实提升成员灵性发展的内在能力，促进灵性共同体的构建与发展。

三、文化滋养：培育灵性共同体的灵性文化

文化是一种流动着的、穿行于个体之间的无形之物，形成一个笼罩着个体身心的"钟型罩"，人们沐浴其中，无时无刻不感受到它的存在。文化是灵性共同体的灵魂，对共同体成员的心理和精神产生着切实的影响。

（一）灵性领导是培育灵性文化的灵魂

形成灵性文化的先决条件之一就是，共同体成员愿意公开自己的困境、不确定性和所遭受的挫折，通过心灵去接近无限且永远不会结束的真实过程。在培育灵性共同体的过程中，需要创设一种鼓励公开揭示个人错误的氛围，其关键是那些掌握象征性权力或掌握权力的领导做出自我揭示的典范。领导是培育灵性文化的灵魂，其态度往往决定着灵性文化培育的成败。如果领导不带头接近真实、自我揭示，不主动让组织成员质疑他们显赫的职业地位，组织成员进行自我揭示就是不可能的，领导们公开宣称自己的错误和缺陷比其他任何因素都更为重要。

由于生存与发展的需要，领导被一种无形的枷锁所束缚，没有人去戳穿他的不足。人们害怕实质性评论给领导的权威和面子带来挑战，会将领导带入不悦的情境之中，公开显露自身的不足，就是

公开承认自己的无能或是缺乏能力，这对于领导而言是一种致命之伤。领导缺少安全的地方去诉说内心对不确定性的恐惧，无法减轻自己想做一位好领导，至少是个有能力的领导的焦虑。沉浸于恐惧之中的领导害怕有朝一日自己的"虚弱"被人当众揭开，害怕失去自己所拥有的一切，害怕辜负别人对自己的期望，害怕灾难会接踵而至，……在深层的恐惧和匮乏中，生活在戏剧中的领导不得不让自己时刻表现得似乎无所不能，在孤独中挣扎着"成功"地度过每一天。进而，领导竭尽所能地逃避真相、抗拒事实，借由谎言来保护自己。而在任何情况下，如果选择掩盖真相，不去面对内心巨大的痛苦，我们就进入了一个谎言的生活世界。

灵性领导深知，尽管发现真相时，我们会感觉到痛苦和恐惧，但是只有在这种痛苦和恐惧的体验之中，我们才能接触无意识里的真相，辨识生命的本体，体验内心深处的平静、反思、关爱和希望。进而，灵性领导将这种困惑和恐惧视为灵性成长的必经历程，袒露真相、接纳当下、直面困惑，勇敢走出充满谎言的生活世界，鼓励组织成员对自己的决策提出另类看法，在与他人的对话乃至争论中探索问题解决的合理方案。灵性领导将每位个体视为促进自我成长的丰富资源，在开放的心胸和视野之中接受新的事物，在与他人自觉、积极的交流与合作中实现真正的反思乃至交往，不断取得新的进步。

（二）组织成员是培育灵性文化的核心力量

构建灵性共同体，不仅需要灵性领导的率先垂范，还需要组织成员的同心协力。组织成员的参与并非是外在要求或是强迫的形式化应对，而是基于自我发展需要而具有的自觉行为。唯有如此，灵性文化才能切实体现在组织成员的群体价值观念、道德准则和行为方式之中。

灵性共同体为成员们提供一个安全的天堂，一个情感的缓冲器。由于没有利益之争，共同体成员没有必要去保护自己，自我变得不再是最为重要的。在可靠、安全和温馨的灵性共同体中，每位成员都有机会发表自己的见解，没有绝对的"权威"，从而避免了由于话语权而失语的现象发生。共同体成员商定一两个亟待解决的共性问题，相互依赖与支持，用彼此间的诘问与应答激起更为深入的思考，构建一种促进学习与发展的合作性同事关系。

每位组织成员不仅关注"我的灵性成长"，还与他人一起构筑"我们的灵性成长"。在相互理解、包容和激发的情境之中，组织成员突破彼此封闭与孤独的状态，打破部门之间的界限，为不同领域、专业和地域的组织成员打开一片平静、反思、希望和关爱的灵性空间。在互动合作的灵性交流平台上，共同体成员完全开放自我，逐步走出个体的局限，消除彼此的疑虑、隔阂与对立，减少人际关系的矛盾与冲突，从对方的立场来分析问题，走入更宽宏的思维视野，在人情、人理和人心的反思和对话中逐渐明晰内心的想法。此时，共同体成员对不可预见、意想不到的事情保持开放心态，共同分享自己灵性提升中的感受，有意识地唤醒彼此的灵性体验，有力地促进彼此的灵性成长，达成对事物的深层理解。在彼此敞开与倾听，彼此接纳与信任的精神相遇过程中，共同体成员增强彼此的认同感和归属感，自觉调适组织目标与个人利益之间的关系，组织凝聚力得以增强，组织效能得以提升。

（三）"我"和"你"的平等关系是培育灵性文化的良好基石

在孤立、个人主义的组织氛围中，寻求帮助或提出问题会被视为能力不足的表现。组织成员多是依赖于一个人的力量独立解决各种问题，形成了单枪匹马、各自为政的局面。在灵性领导看来，每位组织成员都拥有完全不同的家庭背景、成长经历、个性特征，每位组织成员的经历、体验都是一个巨大的宝藏，在走入彼此丰富的人生经历和生命体验之时，我们也就触摸到了生命里最细微的内在感受。只有在安全和挑战之间保持适度的动态张力，只有在"心理安全"和"心理自由"之中，组织成员才能公开而坦诚自己或他人的错误，才能自觉而积极地分享各种信息，才能自由而主动反思。

进而，灵性领导将平等意识嵌入每位组织成员精神、情感、态度与愿望的深处。组织成员带着个体的经验、主观的情感和批判的眼光，超越纯粹个人的反思，发表各自不同的见解，以一种开放的心态吸纳各方信息，彼此提出挑战性的问题。在相互尊重、理解、包容和信任的平等关系中，"我"与"你"充分交流，"我"与"我们"共同分享，"我们"与"他们"相互形塑，彼此"走进"对方的生活世界，视灵性共同体为自己灵性成长的"圣地"，进行体验与体验的交流，生命对生命的关照，个体知识得以社会建构，实践智慧得以集体共享，促进组织变革与发展。稻盛和夫就曾提到，"在实践阿米巴经营的同时，我还经常举办'联谊会'以增强员工凝聚力。……大家围坐一团，在相互敬酒之际，畅谈工作中的烦恼、岗位的现状，甚至人生，可以说是无话不谈。……每一家工厂，都备有一间专门用于举办联谊会的日本式房间。之所以准备日本式房间，是因为没有一种沟通方式的效果能胜过促膝交谈。只有在这个时候才没有上下级之分，全体成员都可以敞开心扉，坦率地表达出自己的意见。在旁人看来，或许以为我们是在吵架，但我们就是通过如此激烈的争论，将京瓷哲学的精髓传达给员工。联谊会是心灵交汇的最佳平台，也是最有效的教育平台。"①

在这种"我"和"你"的平等关系建构中，组织成员相互依赖，相互融合，摆脱身份的局限，超越具体的对象和事实，分享彼此的思想与资源，追逐共同的愿景和信念，促使个体、组织从狭隘走向广阔，生成更为深刻的意义世界。此时，灵性领导不是作为外在行政的领导者、思想的评判者或者行为的监督者出现，而是作为普通一员参与组织的活动。组织成员由一个被动的接受者变成了一个积极的求知者和探索者，灵性领导则从一个支配者转变为一个环境的创设者，一个提问的发起者，一个组织成员表达独特见解的倾听者和欣赏者。组织成员分享彼此的观念、经验和知识，关注着旧我经验和新我经验不断交汇协商，产生一种"沉浮与共"的共同体意识和情感，达成共识、共享和共进。

灵性共同体是人类和睦相处中天真、原初的状态，是"人类美好的精神家园"，是动态复杂、多元开放的生态有机系统。在灵性共同体中，成员并非为了获取某种可见的报酬，而是为了获得美好的生活，精神的充盈，灵性的滋养。在充盈着平静、反思、希望和关爱的灵性共同体中，成员们充满积极能量和内在活力，寻求属于自己的生活，而免于在"常人状态"之中沉沦。当然，灵性的萌生、成长与发展并非一蹴可及，它需要时间的累积、经验的触发、对生命意义及生命世界的体悟等。即便灵性共同体业已形成，也处于一种易受伤害的脆弱状态，需要成员们在理论上不断反思，在实践中大胆尝试。

---

① 〔日〕稻盛和夫著：《稻盛和夫自传》，陈忠译，北京：华文出版社2010年版，第91–92页。

结　语

一、研究的主要工作和结论

在前期已有文献基础之上，本研究采用规范研究和实证研究相结合、质化研究和量化研究相结合的设计理念，从个体、团队和组织层面探讨灵性领导的内涵维度、修炼策略和实现路径，建构系统全面的灵性领导理论体系，为领导的灵性提升提供行动指南和建议对策。具体而言，本研究的主要工作和结论如下：

探究中国灵性领导的内涵意蕴与维度构成。在文献查询、深度访谈和问卷调查的基础之上，经由严格程序编制中国情境下灵性领导量表。经过探索性因素分析发现，平静、反思、希望和关爱是灵性领导的主要维度。

1. 平静，指的是灵性领导超越欲望、情感与认知，进而获得内心的平静、行为的沉稳。平静是灵性领导智慧思想的前提、健康生活的基础、有效领导的保障。灵性领导平静的修炼策略由心灵修炼和行为修炼两部分组成。在心灵修炼中，灵性领导力图"虚"掉"欲望"、"情感"和"知识"，在"虚"的心灵之旅中达至澄明之境。在行为修炼中，灵性领导涵容万物、感通万物、波澜不惊、从容不迫，展开"默"、"沉"和"稳"的行为修炼之旅。

2. 反思，指的是灵性领导自觉、持续地反思事物的本质规律，反思自我的生存意义，反思自己与自我、与社会、与自然的关系，以不断提高领导效能，提升心性修为。反思是灵性领导凝聚生活意义、认识客观世界、实现智慧领导的重要方式，是灵性领导不断自我更新、自我超越的必由之路。强烈的自我超越意识、问题意识是灵性领导反思的内在动力。"人情"、"人理"和"人心"是灵性领导反思的参考框架。阅读、写作、实践是灵性领导反思的路径依赖。与自我、与社会、与自然的关系则是灵性领导反思的主体向度。

3. 希望，指的是灵性领导不断探寻"尚未"的、"可能"的和"美好"的未来，成为理想生活的守护者。希望是人对美好未来的向往和追求，是人的社会存在和价值实践的思想反映。灵性领导提供和创设希望的场景和情景，呵护组织成员的希望意识，激活组织成员的希望意识，孕育组织共同希望，将组织成员引向更为广阔的生命之路。

4. 关爱，指的是灵性领导不以血缘、乡情为前提，不以人的仁爱之心为前提，全心主动地付出自己的善与爱，期望对方发展与幸福，而不求任何回报。关爱是重新构建领导—组织关系的立足点，是组织成员精神成长的沃土，是组织发展的灵魂和核心。尊重是灵性领导关爱的基石，宽容是灵性领导关爱的精髓，利他是灵性领导关爱的灵魂。

对话是灵性培育的策略之一。在对话中，对话双方倾听个体生命的灵性意愿，理解个体境遇的复杂独特，在敞开的视域中产生观察、分析问题的新视角、新思想，达成内心的平静、反思、希望和关爱。讲故事是灵性培育的策略之二。在故事编撰、故事叙说和故事反思的过程中，灵性领导走进组织成员的灵性世界，关怀组织成员的灵性生活，尊重组织成员独特的灵性实践，发掘或揭示内隐于故事背后的灵性思想或理念。艺术是灵性培育的策略之三。灵性领导在艺术与自我间建立起富含艺术精神的隐喻关系，体悟生命之静谧、意义和超越，抚慰内心的心灵世界，强健内在的精神世界，促进灵性提升，塑造完美人格。

灵性共同体以组织成员的灵性发展为根本目标，组织成员体验内心的平静，共享深度的反思，追逐共同的希望，感受彼此的关爱，凝聚成一个相互认同、信任和支持的有机体。灵性共同体的构建有助于人们满足情感需求、提升理性认知、增进伦理德性。灵性领导通过建立共同愿景、创建灵性制度体系、培育灵性文化等方式构筑灵性共同体，以推动个体灵性和组织灵性的共同提升。

从上述各章研究侧重点和结论之间的关系来看，彼此之间紧密相连，且相互佐证对应，具体表现如下：其一，个体、团队与组织层面的灵性提升层层相扣。第三章至第六章中，平静、反思、希望和关爱的论述更多侧重于灵性领导的个体修炼。而第七章"灵性领导的灵性培育策略研究"与第八章"灵性共同体：灵性组织的实现路径"的论述则更多从团队和组织层面探讨灵性领导的群体修炼。个体层面、团队层面与组织层面之间相互联系、相互支撑，形成一个完整、连贯的灵性领导理论体系。其二，理论实证紧密相连。在第二章中，笔者通过文献法、访谈法、问卷调查法研究获知，灵性领导的四个维度分别是：平静、反思、希望和关爱。在后继的研究中，从个体层面的灵性修炼到团队层面的灵性培育，再到组织层面的灵性共同体建构都紧密围绕着这一实证维度进行论述，前后相连，形成内在的逻辑关联。

二、未来研究展望

灵性领导研究是一项涉及领域广泛的综合性研究，需要长期不懈地深入研究，本研究仅仅是这项综合性研究的尝试性探索，取得了一些阶段性成果，但是无论从方法上，还是内容上，还存在着许多不足之处，也还有许多尚待进一步深入研究的问题。

首先，研究样本有待于进一步扩充。由于研究样本的不易取得，本研究采用方便抽样的方式，以中国党政领导干部作为研究对象，数据是否具有代表性还有待于更多实证研究加以检验。为进一步确认本研究结论的准确性，探究灵性领导的内在规律，有必要进一步扩大研究样本，扩及至企、事业组织，甚至 NGO 组织，增加研究对象的类型和数量，藉以进一步检验灵性领导量表的效度及信度，观察和研究更多的灵性领导样态。

其次，研究方法有待于进一步丰富。本研究试图整合西方客观分析的研究范式与中方主观阐释的研究范式，借助于哲学、心理学和管理学等相关学科研究视角，采用文献法、访谈法和问卷调查法等方法来考察灵性领导内涵维度、修炼策略和实现路径。未来研究还可进一步借鉴和丰富研究范式和研究方法，比如，运用实验法、案例法等获取灵性领导的第一手资料，借助于伦理学、历史学，乃至于神学、宗教学的相关研究，针对灵性领导内涵特征、制约因素等进行超学科研究，从而丰富研究思路和设计，形成探讨灵性领导的更完整、更复杂研究范式。

最后，研究领域还有待于进一步拓展。（1）灵性领导的内在机理研究。本研究探索了灵性领导的内涵维度、修炼策略和实现路径，未来还可进一步探悉灵性领导的内在机理。比如，将自我强化、人口统计学变量、工作挑战性、环境支持感等作为灵性领导的前因变量，将组织承诺、工作满意度、组织文化或组织效能等作为灵性领导的后因变量，探寻灵性领导的作用机制。（2）基于灵性的干部任用、考核和培训研究。本研究探索了灵性领导的修炼策略和实现路径，未来研究还可更注重实务应用，从人力资源管理的角度提供更丰富的政策建议。譬如：领导干部任用、培训、绩效考核或选拔时可将是否蕴含灵性作为评估标准之一，在日常考核中进行长期观察及评价，以了解候选人是否具备公共服务的精神，足以面对日益复杂的工作挑战，确保其担任党政职务时能有卓越的绩效表现。再譬如，近年来，社会涌现了"公务员热"，有些投身于公务员队伍的人员未必由衷以公共服务为工作志向，反而抱持"铁饭碗"、享受特有阶层利益的消极心态。如果希望保持社会的良性、稳定、可持续发展，就应该从最基本的"人"的工作做起，在培养党政领导干部的灵性理念、提高党政领导干部的灵性素质上大下功夫。党政机关可以开设诸如身心放松之训练、内外修持的课程、无私服务的关怀课程等系列课程，或是安排党政领导干部担任志愿者，强调公共服务事业的崇高、神圣及使命，通过公共服务的形式体察社情民意，以培养领导干部对灵性的认知，丰富领导干部的内在生命及工作意义。

　　领导理论研究从特质论、行为论、权变论，向愿景型领导、魅力型领导、变革型领导等一路演变发展而来，各种领导理论因应社会环境变迁不断推陈出新。任何一种领导理论都无法单独回答解释所有的领导现象，只是从不同侧面、不同方法对领导问题进行研究。同时，领导理论之间的关系并非矛盾对立、水火不容，它们之间有着内在逻辑联系，互为补充、相互支持。灵性领导研究有其毋庸置疑的重要性，而灵性领导是否能为领导理论研究另辟蹊径而开花结果，则有待于进一步观察。灵性领导研究是一项涉及领域广泛的综合性研究，本研究仅是此项综合研究的初期探索，上述问题还有待在今后研究中不断改进和完善。

附录：组织环境状况调查问卷

尊敬的领导：

　　您好！

　　组织环境对于组织的生存和发展起着决定性作用。本调查问卷旨在了解组织环境的状况，纯供学术研究之用，请您安心填答。请把题目所叙述内容和你的真实情形进行比较，根据符合程度，在对应项目下划"√"。

　　感谢您的合作与协助！

组织环境状况调研课题组

二〇一一年十月

＊＊＊＊＊＊＊＊＊＊＊以下为调查问卷正文＊＊＊＊＊＊＊＊＊＊＊

性　别		职　务	
所属省份		工作年限	
学　历		年　龄	

组织环境状况调查问卷

请依据您个人的感受，根据符合程度在对应选项下划"√"。

总时有很从
是常时少未
这这这这这
样样样样样

1. 一般情况下，我会坦然承认自己的错误……………… □□□□□

2. 我常常注意到许多人不能注意到的细节………………… □□□□□

3. 我是一个有信仰的人 …………………………………… □□□□□

4. 我努力营造一个尊重、宽容与利他的组织氛围……… □□□□□

5. 我能够很快忘记那些不愉快的事情 ………………… □□□□□

6. 我喜欢思考事物的内部规律 …………………………… □□□□□

7. 我感觉，我为我的理想和价值而活着………………… □□□□□

8. 在需要的时候，我会快乐、毫无保留地帮助同事…… □□□□□

9. 我做事力求稳妥，不做无把握的事情………………… □□□□□

10. 我能透过事物表面看到问题的实质 ………………… □□□□□

11. 即使受到挫折，我仍坚信我从事着很有意义的工作 … □□□□□

12. 我愿意为组织发展付出，而不计较个人得失 ……… □□□□□

13. 遇到意想不到的突发事情，我能冷静应对 ………… □□□□□

14. 我常把问题放在一个具体的情境中去思考 ………… □□□□□

15. 我常向下属强调，我们肩负着崇高的使命 ………… □□□□□

16. 我知道，我的工作对我而言有什么意义 …………… □□□□□

17. 我强调团队精神，鼓励同事间的合作与支持 ········ □□□□□

18. 我们组织的愿景影响着我，激励着我 ················ □□□□□

19. 我经常鼓励同事不断学习，追求自我的价值 ········ □□□□□

感谢您的合作与支持！

参考文献

一、中文部分

1. 〔春秋〕李耳著，梁海明译注：《老子》，太原：山西古籍出版社 2001 年版。

2. 〔战国〕庄周原著，张耿光译注：《庄子全译》，贵阳：贵州出版集团、贵州人民出版社 2009 年版。

3. 〔战国〕张远山注译：《庄子复原本（中）》，南京：凤凰出版传媒集团、江苏文艺出版社 2010 年版。

4. 〔西汉〕刘向编撰，李奕主编：《说苑（三）》，北京：学苑音像出版社 2004 年版。

5. 〔西汉〕司马迁著：《史记》，北京：中华书局 2006 年版。

6. 〔宋〕周敦颐著，陈克明点校：《周敦颐集》，北京：中华书局 2009 年版。

7. 〔宋〕朱熹、吕祖谦撰，斯彦莉译注：《近思录》，北京：中华书局 2011 年版。

8. 〔宋〕朱熹撰，金良年今译：《四书章句集注（上）》，上海：上海古籍出版社 2008 年版。

9. 〔宋〕朱熹撰，金良年今译：《四书章句集注（下）》，上海：上海古籍出版社 2008 年版。

10. 〔宋〕程颢、程颐著：《二程集（上）》，北京：中华书局

2004 年版。

11. 李峰主编：《臣轨》，北京：学苑音像出版社 2004 年版。

12. 〔清〕胡达源撰辑：《胡达源集》，长沙：岳麓书社 2009 年版。

13. 李秀云主编：《曾国藩经世要谈》，哈尔滨：哈尔滨出版社 1996 年版。

14. 王焕镳撰：《墨子集诂（上）》，上海：上海古籍出版社 2005 年版。

15. 苏凤捷、程梅花注说：《墨子》，开封：河南大学出版社 2008 年版。

16. 黎翔凤撰：《管子校注（中）》，北京：中华书局 2004 年版。

17. 熊公哲注译：《荀子（下）》，重庆：重庆出版社 2009 年版。

18. 胡平生、陈美兰译注：《礼记·孝经》，北京：中华书局 2007 年版。

19. 杨曾文编校：《神会和尚禅话录》，北京：中华书局 1996 年版。

20. 张卫国注译：《金刚经·坛经》，武汉：崇文书局 2007 年版。

21. 上海师范大学古籍整理组校点：《国语》，上海：上海古籍出版社 1978 年版。

22. 黄宗羲："答董吴仲论学书"，载沈善洪主编：《黄宗羲全集》（第十册），杭州：浙江古籍出版社 2005 年版。

23. 刘小枫主编：《二十世纪西方宗教哲学文选》（下卷），杨德友等译，上海：三联书店 1991 年版。

24. 陈向明著：《质的研究方法与社会科学研究》，北京：教育科学出版社 2000 年版。

25. 傅佩荣著：《完整人生－I》，北京：北京理工大学出版社2011 年。

26. 崔延强著：《正义与逻各斯》，济南：泰山出版社1998 年版。

27. 杜丽燕著：《爱的福音：中世纪基督教人道主义》，北京：华夏出版社2005 年版。

28. 高清海著：《人就是"人"》，沈阳：辽宁人民出版社2001 年版。

29. 贺来著：《现实生活世界：乌托邦精神的真实根基》，长春：吉林教育出版社1998 年版。

30. 陆俊著：《理想的界限》，北京：社会科学文献出版社1998 年版。

31. 廖申白著：《亚里士多德友爱论研究》，郑州：河南人民出版社2000 年版。

32. 金生鈜著：《理解与教育：走向哲学解释学的教育哲学导论》，北京：教育科学出版社1997 年版。

33. 夏凡著：《乌托邦困境中的希望：布洛赫早中期哲学的文本学解读》，北京：中央编译出版社2008 年版。

34. 薛晓阳著：《希望德育论》，北京：人民教育出版社2003 年版。

35. 杨韶刚著：《寻找存在的真谛》，武汉：湖北教育出版社1999 年版。

36. 衣俊卿等著：《20 世纪的新马克思主义》，北京：中央编译出版社2001 年版。

37. 张斌贤、褚洪启等著：《西方教育思想史》，成都：四川教育出版社1994 年版。

38. 张世英著：《进入澄明之境——哲学的新方向》，北京：商务出版社 1999 年版。

39. 张志平著：《情感的本质与意义——舍勒的情感现象学概论》，上海：上海人民出版社 2006 年版。

40. 宗白华著：《美学散步》，上海：上海人民出版社 1981 年版。

41. 周国平：《安静》，太原：北岳文艺出版社 2002 年版。

42. 林鸿信著：《莫特曼神学》，台北：礼记出版社 2002 年版。

43. 〔美〕罗斯著：《社会控制》，秦志勇等译，北京：华夏出版社 1989 年版。

44. 〔美〕埃里克·布斯著：《艺术，是个动词》，张颖译，南昌：二十一世纪出版社 2009 年版。

45. 〔美〕弗洛姆著，冯川主编：《弗洛姆文集》，北京：改革出版社 1997 年版。

46. 〔美〕埃里希·弗罗姆著：《精神分析的危机》，许俊达等译，北京：国际文化出版公司 1988 年版。

47. 〔美〕埃·弗罗姆著：《爱的艺术》，康革尔译，北京：华夏出版社 1987 年版。

48. 〔美〕埃里希·弗罗姆著：《逃避自由》，陈学明译，北京：工人出版社 1987 年版。

49. 〔美〕埃里希·弗洛姆著：《健全的社会》，孙恺详译，贵阳：贵州人民出版社 1994 年版。

50. 〔美〕安东尼·华尔士著：《爱的科学》，郭斌等译，北京：团结出版社 1999 年版。

51. 〔美〕大卫·洛耶著：《爱的理论》，单继刚译，北京：社会科学文献出版社 2004 年版。

52. 〔美〕大卫·M. 列文著:《倾听着的自我:个人成长、社会变迁与行而上学的终结》,程志民等译,西安:陕西人民教育出版社1997年版。

53. 〔美〕约翰·杜威著:《我们怎样思维·经验与教育》,姜文闵译,北京:人民教育出版社2005年版。

54. 〔美〕弗林斯著:《舍勒思想评述》,王芃译,北京:华夏出版社2003年版。

55. 〔美〕亨德里克·威廉·旁龙著:《宽容》,姚伟编译,武汉:武汉出版社2009年版。

56. 〔美〕马斯洛著:《马斯洛人本哲学》,成明编译,北京:九州出版社2003年版。

57. 〔美〕A. 麦金太尔著:《追寻美德》,宋继杰译,南京:译林出版社2003年版。

58. 〔美〕内尔·诺丁斯著:《学会关心:教育的另一种模式》,于天龙译,北京:教育科学出版社2003年版。

59. 〔美〕沃尔斯托夫著:《艺术与宗教》,沈建平等译,北京:中国工人出版社1988年。

60. 〔英〕帕特丽夏·怀特著:《公民品德与公共教育》,朱红文译,北京:教育科学出版社1998年版。

61. 〔美〕彼德·圣吉著:《第五项修炼——学习型组织的艺术与实务》,郭进隆译,上海:上海三联书店1998年版。

62. 〔美〕彼德·圣吉等著:《第五项修炼·心灵篇》,张成林译,北京:中信出版社2010年版。

63. 〔美〕史蒂芬·丹宁著:《故事的影响力》,刘莉译,北京:中国人民大学出版社2010年版。

64. 〔美〕Stephen D. Brookfield 著：《批判反思型教师 ABC》，张伟译，北京：中国轻工业出版社 2002 年版。

65. 〔美〕小约瑟夫·巴达拉克著：《沉静领导》，杨斌译，北京：机械工业出版社 2003 年版。

66. 〔美〕托马斯·J. 萨乔万尼著：《道德领导：抵及学校改善的核心》，冯大鸣译，上海：上海教育出版社 2002 年版。

67. 〔美〕A. J. 赫舍尔著：《人是谁》，隗仁莲译，贵阳：贵州人民出版社 1994 年版。

68. 〔美〕P. 蒂利希著：《存在的勇气》，成显聪、王作虹译，贵阳：贵州人民出版社 1988 年版。

69. 〔美〕特伦斯·加吉罗著：《管理者要学会讲故事》，孙立武译，北京：人民邮电出版社 2007 年版。

70. 〔英〕得特勒夫·霍尔斯特著：《哈贝马斯传》，章国锋译，北京：东方出版中心 2000 年版。

71. 〔英〕齐格蒙特·鲍曼著：《共同体：在一个不确定的世界中寻找安全》，欧阳景根译，南京：江苏人民出版社 2003 年。

72. 〔英〕泽格蒙特·鲍曼著：《自由》，杨光、蒋焕新译，长春：吉林人民出版社 2005 年版。

73. 〔英〕约翰·密尔著：《论自由》，许宝骙译，北京：商务印书馆 1959 年版。

74. 〔日〕稻盛和夫著：《稻盛和夫自传》，陈忠译，北京：华文出版社 2010 年版。

75. 〔日〕稻盛和夫：《活法（叁）》，蔡越先译，北京：东方出版社 2009 年版。

76. 〔日〕今道友信著：《关于爱和美的哲学思考》，王永丽、周浙平译，北京：三联书店（文化生活译丛）1997年版。

77. 潘竞贤、周来阳编著：《松下幸之助管理日志》，北京：中信出版社2010年版。

78.〔日〕野家启一："生命的逻辑——西田哲学的现代意义"，载卞崇道主编：《东方文化的现代承诺》，沈阳：沈阳出版社1997年版。

79.〔德〕奥斯瓦尔德·斯宾格勒著：《西方的没落》，齐世荣等译，上海：上海三联书店2006年版。

80.〔德〕古茨塔夫·勒内·豪克著：《绝望与信心——论20世纪末的文学和艺术》，李永平译，北京：中国社会科学出版社1992年版。

81.〔德〕费迪南·费尔曼著：《生命哲学》，李健鸣译，北京：华夏出版社2001年版。

82.〔德〕海德格尔著：《存在与时间》，陈嘉映、王庆节合译，北京：生活·读书·新知三联书店1987年版。

83.〔德〕黑格尔：《小逻辑》，贺麟译，北京：商务印书馆2002年版。

84.〔德〕雅斯贝尔斯著：《什么是教育》，邹进译，北京：生活·读书·新知三联书店1991年版。

85.〔德〕克劳塞维茨著：《战争论》（第一卷），中国人民解放军军事科学院译，北京：商务印书馆2005年版。

86.〔德〕斐迪南·滕尼斯著：《共同体与社会——纯粹社会学的基本概念》，林荣远译，北京：商务印书馆1999年版。

87.〔德〕马克斯·韦伯著：《社会学的基本概念》，顾忠华译，桂林：广西师范大学出版社2005年版。

88.〔德〕马克思著,刘丕坤译:《1844 年经济学—哲学手稿》,北京:人民出版社 1979 年版。

89.〔德〕马克思、恩格斯:《马克思恩格斯选集》(第四卷),中共中央马克思恩格斯列宁斯大林著作编译局编译,北京:人民出版社 1995 年版。

90.〔德〕马克斯·舍勒著:《价值的颠覆》,罗悌伦等译,北京:三联书店 1997 年版。

91.〔德〕M·舍勒:《爱的秩序》,林克等译,北京:生活·读书·新知三联书店 1995 版。

92.〔德〕马克斯·舍勒:《伦理学中的形式主义与质料的价值伦理学:为一门伦理学人格主义奠基的新尝试(上册)》,倪梁康译,北京:三联书店 2004 年版。

93.〔德〕莫尔特曼著:《耶稣基督－我们的兄弟,世界的救主》,王成章编,台北:台湾神学院 1996 年版。

94.〔德〕莫尔特曼著:《神学思想的经验:基督教神学的进路与形式》,曾念粤译,香港:道风书社 2004 年版。

95.〔德〕莫尔特曼著:《创造中的上帝:生态的创造论》,隗仁莲等译,北京:三联书店 2002 年版。

96.〔德〕莫尔特曼著:《来临中的上帝》,曾念粤译,香港:道风书社 2002 年版。

97.〔德〕文德尔班著:《哲学史教程(下卷)》,罗达仁译,北京:商务印书馆 1993 年版。

98.〔法〕埃米尔·涂尔干著:《社会分工论》,渠东译,北京:三联书店 2000 年版。

99.〔法〕弗朗索瓦·于连著:《圣人无意:或哲学的他者》,

闫素伟译，北京：商务印书馆 2004 年版。

100. 〔法〕帕斯卡尔著：《思想录》，何兆武译，北京：商务印书馆 1985 年版。

101. 〔印〕克里希那穆提著：《最初和最终的自由》，于自强、吴毅译，上海：华东师范大学出版社 2005 年版。

102. 〔俄〕C. 谢·弗兰克著：《社会的精神基础》，王永译，北京：生活·读书·新知三联书店 2003 年版。

103. 〔意〕维柯著：《新科学（上册）》，朱光潜译，北京：商务印书馆 1989 年版。

104. 〔瑞士〕皮亚杰著：《发生认识论原理》，王宪钿等译，北京：商务印书馆 1981 年版。

105. 〔前苏联〕H·奥斯特洛夫斯基著：《钢铁是怎样炼成的》，王志冲译，上海：上海译文出版社 1999 年版。

106. 〔古希腊〕亚里士多德著：《政治学》，吴寿彭译，北京：商务印书馆 2006 年版。

107. 〔古希腊〕亚里士多德著：《尼各马可伦理学》，苗力田译，北京：中国人民大学出版社 1997 年版。

108. Miller, J. P：《生命教育：推动学校的灵性课程》，张淑美主译，台北：学富出版社 2007 年版。

109. Alfons Deeken 著：《生与死的教育》，王珍妮译，台北：心理出版社股份有限公司 2002 年版。

110. 宝贵敏："庄子与孔子境界论比较研究"，载《西南民族大学学报》（人文社科版）2007 年第 7 期。

111. 蔡进雄："提升教育领导的新境界：论灵性与教育领导"，载《教育研究月刊（台北）》2006 年第 146 卷。

112. 葛荣晋："儒家的性情论与企业的情感管理"，载《理论学刊》2007 年第 2 期。

113. 黄光玉："说故事打造品牌：一个分析的架构"，载《广告学研究》2006 年第 26 集。

114. 李源："故事就是力量"，载《中外管理》2008 年第 6 期。

115. 廖申白："友爱在亚里士多德伦理学中的地位"，载《哲学研究》1999 年第 5 期。

116. 林爱华："生命原理的解答——艺术的价值"，载《福建论坛·社科教育版》2010 专刊。

117. 罗安宪："敬、静、净：儒道佛心性论比较之一"，载《探索与争鸣》2010 年 6 期。

118. 潘明："艺术教育中人文精神与情感教育的集中体现"，载《中国成人教育》2007 年第 9 期。

119. 齐亚萍："论旅游的美育使命"，载《天津商学院学报》2002 年第 6 期。

120. 钱小军："于无声处听惊雷——推荐《沉静领导》"，载《全国新书目》2003 年第 3 期。

121. 任俊："儿童希望的培养——心理学意义上的分析"，载《常州工学院学报（社科版）》2006 年第 10 期。

122. 杨克平："护理实务中之灵性照护"，载《护理杂志》1997 年第 3 期。

123. 王丽荣："浅谈我国道德教育的广泛政治化倾向"，载《现代哲学》2001 年第 1 期。

124. 王毓珣："关于教育爱的理性思索"，载《中国教育学刊》2001 年第 4 期。

125. 王治河："斯普瑞特奈克和她的生态后现代主义"，载《国外社会科学》1997 年第 6 期。

126. 萧雅竹："灵性概念之认识与应用"，载《长庚护理（台北）》2002 年第 4 期。

127. 袁祖社："意义世界的创生及其自为拥有——人的超越性与自由本质探究"，载《陕西师范大学学报（哲学社会科学版）》2001 年第 1 期。

128. 邹吉忠："现代宽容及其合理性探究"，载《社会科学辑刊》1999 年第 2 期。

129. 张淑美、陈慧姿："高雄地区高中教师灵性健康现况之研究"，载《生死学研究》2008 年第 7 期。

130. 仲理峰："心理资本对员工的工作绩效、组织承诺及组织公民行为的影响"，载《心理学报》2007 年第 2 期。

131. 周乔建："周敦颐的主静说及其审美情趣"，载《九江师专学报》1995 年第 2 期。

132. 约安娜·库茨拉底："论宽容和宽容的限度"，黄育馥译，载《第欧根尼》1998 年第 2 期。

133. 彼得·圣吉："管理者如何实现自我超越"，张成林译，载《当代经理人》2009 年第 9 期。

二、英文部分

1. Adams, D. W. , & Csiernik, R. （2002）. Seeking the Lost Spirit：Understanding Spirituality and Restoring It to the Workplace. Employee Assistance Quarterly, 17, 31 – 44.

2. Ashmos, D. , & Duchon, D. P. （2000）. Spirituality at Work：

A Conceptualization and Measure. Journal of Management Inquiry, 9 (2), 134 – 145.

3. Banks, R. L. , Poehler, D. L. , &Russell, R. D (1984). Spirit and Human-spiritual Interaction as a Factor in Health and in Health Education. Health Education, 15 (5), 16 – 18.

4. Barton, R. H. , & Ford, L. (2008). Strengthening the Soul of Your Leadership: Seeking God in the Crucible of Ministry. Downers Grove, IL: InterVarsity Press.

5. Beazley, D. A. (2002). Spiritual Orientation of a Leader and Perceived Servant Leader Behavior: A Correlational Study. Minneapolis, Walden University.

6. Beazley, D. A. , & Gemmill, G. (2005). Spirituality and Servant Leader Behavior: A Correlational Study. Paper presented at the International Conference on Applied Management and Decision Sciences, 23 – 24 January, Athens, Georgia, USA.

7. Benefiel, M. (2005). The Second Half of the Journey: Spiritual Leadership for Organizational Transformation. The Leadership Quarterly, 16, 723 – 747.

8. Berry, G. R. (2001). Telling Stories: Making Sense of the Environmental Behavior of Chemical Firms. Journal of Management Inquiry, 10, 58 – 73.

9. Biberman, J. , & Whitty, M. (1997). A postmodern spiritual future for work. Journal of Organizational Change Management, 10 (2), 130 – 138.

10. Blackaby, H. , & Blackaby, R. (2001). Spiritual Leadership. TN: Broadman and Holman.

11. Bolman, L. G. , & Deal, T. E. (1995). Leading with Soul:

An Uncommon Journey of Spirit. San Francisco, CA: Jossey-Bass.

12. Bolman, L. G. , and Deal, T. E. , (2003). Reframing Organizations. San Francisco: Jossey-Bass.

13. Boozer, Robert and E. Nick Maddox. (1992). Leadership and Spirituality. Journal of Management Education, 16 (4), 503 – 510.

14. Brewer, E. W. (2001). Vocational Souljourn Paradigm: a Model of Adult Development to Express Spiritual Wellness as Meaning, Being, and Doing in Work and Life. Counseling and Values, 45, 83 – 93.

15. Brown, J. S. , & Duguid, P. (1991). Organizational Learning and Communities of Practice: Toward a Unified View of Working, Learning, and Innovation. Organization Science, 2, 40 – 57.

16. Bruce, Willa & Novinson, John (1999). Spirituality in Public Service: a Dialogue. Public Administration Review, 59 (2), 163 – 169.

17. Burack, Elmer H. (1999). Spirituality in the Workplace. Journal of Organizational Change Management, 12 (3), 280 – 291.

18. Cacioppe, R. (2000). Creating Spirit at Work: Re-visioning organization Development and Leadership-Part I, Leadership & Organization Development Journal, 21 (1), 48 – 54.

19. Canda, Edward R. and Leola D. Furman. (1999). Spiritual Diversity in Social Work Practice: The Heart of Helping . New York: Free Press.

20. Cathy Driscoll & Margaret McKee (2007). Restorying a Culture of Ethical and Spiritual Values: A Role for Leader Storytelling. Journal of Business Ethics, 73 (2), 205 – 217.

21. Cavanagh, G. F. (1999). Spirituality for Managers: Context and Critique. Journal of Organizational Change Management, 12, 186 – 199.

22. Clark, Emma. (2001). Spirituality Goes to Work. BBC News Online 8 August 2001 in http: //news. bbc. co. uk/2/hi/business/

1475995. stm. Latest update 17 March 2009.

23. Conger, J. A. (1994). Spirit at Work: Discovering the Spirituality in Leadership. San Francisco, CA: Jossey-Bass.

24. Colin, M. (1999). Religion in the Workplace, Business Week Nov. , (1), 150 – 158.

25. Covey, S. R. (1991). Principle-centered Leadership. New York: Fireside/Simon & Schuster.

26. Dean, K. L. (2004). Systems Thinking's Challenge to Research in Spirituality and Religion at Work. Journal of Organizational Change Management, 17, 11 – 25.

27. Deborah M. Wharff. (2004). Expressions of Spiritually Inspired Leadership in the Public Sector: Calling for a New Paradigm in Developing Leaders, www. spiritatwork. org/knowledgecenter/ dissertations /Wharff_ dissertation. pdf.

28. Dent, E. B. , Higgins, M. E. , &Wharff, D. M. (2005). Spirituality and Leadership: An Empirical Review of Definitions, Distinctions, and Embedded Assumptions. The Leadership Quarterly, 16 (5), 625 – 653.

29. Duchon, Dennis and D. Ashmos Plowman. (2005). Nurturing the Spirit at Work: Impact on Work Unit Performance. The Leadership Quarterly, 16 (5), 807 – 833.

30. Dyson J . Cobb M. Forman D. (1997). The Meaning of Spirituality: a Literature Review. Journal of Advanced Nursing, 26 (6), 1183 – 1188.

31. Elkins, D. N. , Hedstrom, L. J. , Hughes, L. L. , Leaf, J. A. , &Saunders, C. L. (1988). Toward a Humanistic-phenomenological Spirituality: Definition, Description, and Measurement. Journal of Hu-

manistic Psychology, 28, 5 - 18.

32. Emmons, R. A., (2003). The Psychology of Ultimate Concerns: Motivation and Spirituality in Personality. New York: The Guilford Press.

33. Eugene Kelly (1997). Structure and Diversity: Study of Phenomenological Philosophy of Max Scheler, Kluwer Academic Publishers.

34. Fairholm, G. (1996). Spiritual leadership: Fulfilling wholeself needs at work. Leadership and Organization Development Journal, 17 (5), 11 - 17.

35. Fairholm, G. W. (1998). Perspectives on Leadership: From the Science of Management to its Spiritual Heart. Westport, CT: Praeger.

36. Fairholm, G. W. (2000). Capturing the Heart of Leadership: Spirituality and Community in the New American Workplace. Westport: Praeger.

37. Fairholm, Matthew R. (2004). Different Perspectives on the Practice of Leadership. Public Administration Review, 64 (5), 77 - 590.

38. Faver, Catherine A. (2004). Relational Spirituality and Social Caregiving. Social Work, 49 (2), 241 - 249.

39. Fernando, M., Jackson, B. (2006). The Influence of Religion-based Workplace Spirituality on Business Leaders' Decision-making: An Inter-faith Study. Journal of Management and Organization, 12 (1), 23 - 39.

40. Fineman, S., ed. (1993). Emotion in Organizations. Newbury Park, CA: Sage.

41. Fleming, K. Y. (2004). Soulful Leadership: Leadership Characteristics of Spiritual Leaders Contributing to Increased Meaning in Life and Work. Phoenix, AZ, University of Phoenix.

42. Fornaciari, C. J. , & Dean, K. L. (2001). Making the Quantum Leap: Lesson from Physics on Studying Spirituality and Religion in Organizations. Journal of Organizational Change Management, 14, 335 -351.

43. Freire, Paulo (1994). Padagogy of Hope: Reliving Padagogy of the Oppressed. New York: Continuum Publishing Company.

44. Fry, L. W. (2003). Toward a theory of Spiritual Leadership. Leadership Quarterly, 14 (6), 693 - 727.

45. Fry, L. W. , Vitucci, S. , & Cedillo, M. (2005). Spiritual Leadership and Army Transformation: Theory, Measurement, and Establishing a Baseline. Leadership Quarterly, 16 (5), 835 - 862.

46. Fry, L. W. & Slocum, J. W. (2008). Maximizing the Triple Bottom Line through Spiritual Leadership. Organizational Dynamics, 37 (1), 86 - 96.

47. Fry, L. W. (2011). Impact of Spiritual Leadership on Unit Performance . The Leadership Quarterly, 22, 259 - 270.

48. Garcia-Zamor, Jean-Claude. (2003). Workplace Spirituality and Organizational Performance. Public Administration Review, 63 (3), 355 - 363.

49. Gardner, H. (1999). Intelligence Reframed: Multiple Intelligences for the 21st Century. New York: N. Y. Basic Books.

50. Geaney, M. M. (2003). Spirituality and Business Transformation: Exploring Spirituality with Executive Leaders. (Doctoral dissertation). Florida, The Union Institute.

51. Geh, E. & Tan, G. (2009). Spirituality at Work in a Changing World: Managerial and Research Implications. Journal of Management, Spirituality & Religion, 6 (4), 287 - 300.

52. Goethals, G. R. , & Sorenson, G. L. J. (2006). The Quest for a General Theory of Leadership: New horizons in Leadership Studies. Cheltenham, UK: Edward Elgar Publishing Ltd.

53. Goleman, Daniel. (1998). What Makes a Leader? Harvard Business Review , 76 (6), 92 – 102.

54. Golden, J. , Piedmmont, R. , Ciarrocchi, J. , & Rodgerson, T. (2004). Spirituality and Burnout: An Incremental Validity Study. Journal of Psychology & Theology, 32 (2), 115 – 125.

55. Giacalone, R. A. , & Jurkiewicz, C. L. (2003). Handbook of Workplace Spirituality and Organizational Performance . Armonk, N. Y. : M. E. Sharpe.

56. Grant, K. (2008). Shift in Spiritual Leadership: Analysis of Metanoia Stories to Get at the Spiritual Aspect. (Doctoral dissertation). Virginia Beach, VA, Regent University.

57. Greenleaf, R. K. (1977). Servant-leadership: A Journey into the Nature of Legitimate Power and Greatness. New York: Paulist Press.

58. Gull, G. A. , & Doh, J. (2004). The "Transmutation" of the Organization: Toward a More Spiritual Workplace. Journal of Management Inquiry, 13, 128 – 139.

59. Hale, J. , & Fields, D. (2007). Exploring Servant Leadership Across Cultures: A Study of Followers in Ghana and the USA. Leadership, 3, 397 – 417.

60. Hayes, M. (2001). The Emergence of a Fourth Force in Psychology: A Convergence Between Psychology and Spirituality? In S. Porter, M. Hayes, & D. Tombs (Eds.), Faith in the millennium (pp. 106 – 122). Sheffield, England: Sheffield Academic Press.

61. Heaton, D. H. , Schmidt-Wilk, J. and Travis, F. , (2004),

Constructs, Methods, and Measures for Researching Spirituality in Organizations, Journal of Organizational Change Management, 17 (1), 62 - 82.

62. Hernandez Lopez, L. , Ramos Ramos, R. , & Ramos Ramos, S. (2009). Spiritual Behaviour in the Workplace as a Topic for Research. Journal of Management, Spirituality & Religion, 6 (4), 273 - 285.

63. Hicks, S. (2000). Leadership Through Storytelling. Training & Development, 54 (11), 63 - 65.

64. Hicks, D. A. (2002). Spiritual and Religious Diversity in the Workplace. Implications for Leadership. The Leadership Quarterly, 13, 379 - 396.

65. Hicks, D. A. (2003). Religion and the Workplace: Pluralism, Spirituality, Leadership. Cambridge, UK: Cambridge University Press.

66. Houston, P. D. (2002). Why Spirituality, and Why Now? The School Administrator, 59 (8), 6 - 8.

67. Houston, David J. and Katherine E. Cartwright. (2007). Spirituality and Public Service. Public Administration Review, 67 (1), 88 - 102.

68. Hoyle, J. R. (2002). The Highest Form of Leadership. The School Administrator, 59 (8), 18 - 21.

69. Hutson, S. (2000). Why Religion Matters: The Fate of the Human Spirit in an Age of Disbelief. New York: Harper & Row.

70. Ichniowski, Casey et al. (1996). What Works at Work: Overview and Assessment. Industrial Relations, 35 (3), 299 - 333.

71. Idler, Ellen L. et al. (2003). Measuring Multiple Dimensions of Religion and Spirituality for Health Research: Conceptual Background

and Findings from the 1998 General Social Survey. Research on Aging 25, (4), 327 – 365.

72. Jürgen Moltmann (1993). Theology of Hope: On the Ground and the Implications of a Christian Eschatology, thans. James W. Leitch. Minneapolis: Portress Press.

73. Jurkiewicz, C. L., Giacalone, R. A. (2004). A Values Framework for Measuring the Impact of Workplace Spirituality on Organizational Performance. Journal of Business Ethics, 49 (2), 129 – 142.

74. Krahnke, K., Giacalone, R. A., & Jurkiewicz, C. L. (2003). Point-counterpoint : Measuring Workplace Spirituality . Journal of Organizational Change Management, 16, 396 – 405.

75. Kriger, M. P., & Seng, Y. (2005). Leadership with Inner Meaning: A Contingency Theory of Leadership based on the Worldviews of Five Religions. The Leadership Quarterly, 16, 771 – 806.

76. Krishnakumar, S., and Neck, C., (2002). The What, Why and How of Spirituality in the Workplace. Journal of Managerial Psychology, 17, 153 – 164.

77. Kinjerski, V., & Skrypnek, B. J. (2006). Creating Organizational Conditions Forester Employee Spirit at Work. Leadership & Organization Development Journal, 27, 280 – 295.

78. Kinjerski, V. & Skrypnek, B. J. (2006) A Human Ecological Model of Spirit at Work, Journal of Management, Spirituality & Religion, 3 (3), 232 – 239.

79. Konz, G. N. P., & Ryan, F. X. (1999). Maintaining an Organizational Spirituality: No Easy Task. Journal of Organizational Change Management, 12, 200 – 210.

80. Korac-Kakabadse, N., Kouzmin, A., & Kakabadse, A.

(2002). Spirituality and Leadership Praxis. Journal of Managerial Psychology, 17, 165 – 182.

81. Larson M, Luthans F. (2006). Potential Added Value of Psychological Capitalin Predicting Work Attitudes. Journal of Leadership & Organizational Studies, 13, 45 – 62.

82. Lips-Wiersma, M. (2002a). Analyzing the Career Concerns of Spiritually Oriented Peoples: Lessons Form Contemporary Organizations. Career Development International, 7, 385 – 397.

83. Lips-Wiersma, M. (2002b). The Influence of Spiritual "Meaning-making" on Career Behavior. Journal of Management Development, 21, 497 – 520.

84. Lowery, Daniel. (2005). Self-Reflexivity: A Place for Religion and Spirituality in Public Administration. Public Administration Review, 65 (3), 324 – 334.

85. Marques, J. F. (2006a). The Spiritual Worker: an Examination of the Ripple Effect that Enhance Quality of Life in- and outside the Work Environment. Journal of Management Development, 25, 884 – 895.

86. Marques, J. F. (2006b). Removing the Blinders: a Phenomenological Study of US Based MBA Students' Perception of Spirituality in the Workplace. The Journal of American Academy of Business, 8, 55 – 61.

87. Martin Buber (1970). I and Thou. NewYork: Charles Scribner's Sons.

88. Maslow, A. H. (1968). Toward a Psychology of Being. New-York: Van Nostrand Reinhold.

89. Maslow, A, H., (1969). Z Theory, Journal of Transpersonal Psychology, 1 (1): 31 – 47.

90. Maslow, A. H. (1969). The Farther Reaches of Human Nature. Journal of Transpersonal Psychology, 1, 1 –9.

91. Maslow, A, H. , (1971). The Farther Reaches of Human Nature, NY: Penguin Arkana.

92. McDonald, M. (1999). Shush. The Guy in the Cubicle is Meditating: Spirituality is the Latest Corporate Buzzword. U. S. New and World Report, 126 (17), 46 –47.

93. Morgan, S. &Dennehy, R. F. (1997). The Power of Organizational Storytelling : A Management Development Perspective. Journal of Management Development, 16 (7), 494.

94. Moxley. R. S. (2000). Leadership and Spirit . San Francisco, CA: Jossey-Bass;

95. Milliman, J. , Ferguson. J. , Trickett, D. , & Condemi, B. (1999). Spirit and Community at Southwest Airlines: an Investigation of a Spiritual Values-based model. Journal of Organizational Change Management, 12, 221 –233.

96. Milliman, J. , Czaplewski, A. J. , & Ferguson, J. (2003). Workplace Spirituality and Employee Work Attitudes. Journal of Organizational Change Management, 16, 426 –447.

97. Mitroff, Ian and Elizabeth A. Denton. (1999). A Spiritual Audit of Corporate America: A Hard Look at Spirituality, Religion, and Values in the Workplace . San Francisco, C. A. : Jossey-Bass.

98. Nanda Kishore Das Padayachee (2009). The Application and Relevance of Spiritual Leadership in the JSE Top 40 Companies, Master thesis, University of Pretoria.

99. Neck, Christopher and John Milliman. (1994). Thought Self-Leadership: Finding Spiritual Fulfillment in Organizational Life. Journal of

Managerial Psychology, 9 (6), 9 – 16.

100. Neufeldt, V. , & Guralnik, D. B. (1991). Webster's New World Dictionary. New York: Simon&Schuster.

101. Noddings Nel. (2002), Starting at Home: Caring and Social Policy. Berkeley, University of California Press.

102. Nutt, P. C, Backoff, R. W, (1997). Facilitating Transformation Change, the Journal of Applied Behavioral Science, 33 (4), 490 – 508.

103. Rea, L. , Parker, R. , (1992). Design and Conducting Survey Research: A Comprehensive Guide, San Franciso: Jossey-Bass Publishers.

104. Reave, L, (2005). Spiritual Values and Practices Related to Leadership Effectiveness University of Western, 16 (5), 655 – 687.

105. Reed. G. (1992). An Emerging Paradigm for the Investigation of Spirituality in Nursing Research Nursing and Health, 15 (5), 349 – 357.

106. Robbins, Stephen P. and Tim Judge. (2006). Organizational Behavior . Upper Sadde River, N. J. : Prentice Hall.

107. Rubenstein, R. L. (1987). Spirit matters: The Worldwide Impact of Religion on Contemporary Politics. New York: Paragon House.

108. Sanders, J. O. (1988). Christian Spiritual Leadership. Seoul, South Korea: Ae Chan Co.

109. Shahjahan, R. A. (2004). Centering Spirituality in the Academy: Toward a Transformative Way of Teaching and Learning. Journal of Transformative Education, 2 (4), 294 – 312.

110. Shaw, J. D. (1999). Job Satisfaction and Turnover Intentions: The Moderating Role of Positive Effect. Journal of Social Psychology, 139, 242 – 244.

111. Smith, J. G. (2007). Spirituality in the Sales Person: The Impact of the Golden and Personal Faith on Workplace Job Attitudes. Unpublished doctoral dissertation, Taxas A&M University. College Station, Taxas, United States of America.

112. Snyder. C. R. (2000) Handbook of hope: Theory, Measure, and Applications. San Diego, CA: Academi Press.

113. Snyder C. R, Feldman DB, Taylor JD, et al. (2000) The Roles of Hopeful Thinking in Preventing Problems and Enhancing Strengths. Applied and Preventive Psychology, 9, 249 – 270.

114. Snyder C. R. , Cheri Harris, John R. Anderson, Sharon A. Holleran, Lori M. Irving, Sandra T. Sigmon, Lauren Yoshinobu, June Gibb, Charyle Langelle, Pat Harney (1991). The Will and the Ways: Development and Validation of an Individual- Differences Measure of Hope. Journal of Personality and Social Psychology , 60 (4), 570 – 585.

115. Soder, R. (2002). A Way to Engage Not Escpe. The School Administrator, 59 (8), 29 – 31.

116. Sparks, B. N. (2008). Journey: A Traveler's Guide to Leadership. Durbanville, Republic of South Africa: Imaging Data Solutions.

117. Stamp, K. (1991). Spirituality and Environmental Education. Australian Journal of Environmental Education, 7 (1), 79 – 86.

118. Stevison, M. , Dent, E. & White, D. (2009). Toward a Greater Understanding of Spirit at Work: A Model of Spiritat Work and Outcomes. In Academy of Management Proceedings of Academy of Management Annual Meeting, August 7 – 11, Chicago, IL, 1 – 6.

119. Thompson W. (2000). Can you Train People to Be Spiritual? Training & development, 54 (12), 273 – 279.

120. Trott, D. (1996). Spiritual Well-being of Workers: An Ex-

ploratory Study of Spirituality in the Workplace. Doctoral dissertation, U-
niversity of Texas at Austin.

121. Underwood, Lynn G. and Jeanne A. Teresi. (2002). The Daily
Spiritual Experience Scale: Development, Theoretical Description, Reliabili-
ty, Exploratory Factor Analysis, and reliminary Construct Validity Using
Health-Related Data. Annals of Behavioral Medicine, 24 (1), 22 – 33.

122. Wolman, R. N. , (2001). Thinking with Your Soul: Spiritual
Intelligence and Why it Matters. New York: Harmony Books.

123. Wilson, B. R. & Cresswell, J. (2001). New Religious
Movements: Challenge and Response. Padstow, Cornwall, Great Britain:
TJ International Ltd.

124. Witmer, J. M. & Sweeney, T. J. (1992). A Holistic Model
for Wellness and Prevention over the Life Span. Journal of Counseling &
Development, 71, 140 – 148.

125. Yukl, G. A. (2002). Leadership in Organizations. Upper
Saddle River, NJ: Prentice Hall.

126. Zohar, D. , Marshall, I. (2004). Spiritual Capital: Wealth
We Can Live By. San Francisco, CA: Berrett-Koehler Publishers Inc.

127. Zukav, G. , & Francis, L. (2001). The Heart of the Soul.
New York: Simon & Schuster source.

图书在版编目（CIP）数据

灵性领导研究／何丽君著．—北京：中国法制出版社，2013.6
（新世纪学术文库）
ISBN 978 - 7 - 5093 - 4651 - 8

Ⅰ．①灵…　Ⅱ．①何…　Ⅲ．①领导学 - 研究　Ⅳ．①C933

中国版本图书馆 CIP 数据核字（2013）第 129208 号

策划编辑　马　颖　　　　责任编辑　黄丹丹　　　　封面设计　蒋　怡

灵性领导研究
LINGXING LINGDAO YANJIU

著者/何丽君
经销/新华书店
印刷/三河市紫恒印装有限公司
开本/880×1230 毫米　32　　　　　　　印张/11.25　字数/260 千
版次/2013 年 9 月第 1 版　　　　　　　2013 年 9 月第 1 次印刷

中国法制出版社出版
书号 ISBN 978 - 7 - 5093 - 4651 - 8　　　　　　　　定价：35.00 元

北京西单横二条 2 号　邮政编码 100031　　　　　　传真：010 - 66031119
网址：http://www.zgfzs.com　　　　　　编辑部电话：010 - 66010678
市场营销部电话：010 - 66033296　　　　　　邮购部电话：010 - 66033288